教师教学基本能力解读与训练

中学物理

主编：尹德利　颜季州

北京理工大学出版社

BEIJING INSTITUTE OF TECHNOLOGY PRESS

图书在版编目（CIP）数据

教师教学基本能力解读与训练 . 中学物理 / 尹德利，颜季州主编 . — 北京：北京理工大学出版社，2017.9

ISBN 978-7-5682-4254-7

Ⅰ . ①教…　Ⅱ . ①尹…②颜…　Ⅲ . ①中学物理课 – 教学法 – 中学教师 – 师资培训 – 教材　Ⅳ . ① G633

中国版本图书馆 CIP 数据核字（2017）第 155648 号

出版发行 / 北京理工大学出版社有限责任公司
社　　址 / 北京市海淀区中关村南大街 5 号
邮　　编 / 100081
电　　话 /（010）68914775（总编室）
　　　　　（010）82562903（教材售后服务热线）
　　　　　（010）68948351（其他图书服务热线）
网　　址 / http：//www.bitpress.com.cn
经　　销 / 全国各地新华书店
印　　刷 / 定州市新华印刷有限公司
开　　本 / 787 毫米 ×1092 毫米　1/16
印　　张 / 18.5
字　　数 / 359 千字
版　　次 / 2017 年 9 月第 1 版　2017 年 9 月第 1 次印刷
定　　价 / 53.00 元

责任编辑 / 张荣君
文案编辑 / 党选丽
责任校对 / 周瑞红
责任印制 / 边心超

前　言

教育大计，教师为本。习近平总书记指出：一个人遇到好老师是人生的幸运，一个学校拥有好老师是学校的光荣，一个民族源源不断涌现出一批又一批好老师则是民族的希望。可以说，有好的老师，就会有好的教育。

在"十二五"期间，针对教师教学能力现状，结合教师专业发展阶段的规律和特点，基于《教师教学基本能力检核标准》（以下简称《标准》）和《标准》解读，遴选了最为重要的 10 个能力要点，研发了中（职高）小学和一整套训练内容和方法，开发了《教师教学基本能力解读与训练》（共 23 个学科分册）学科教师培训教材。依据智慧技能的形成特点，通过"测、讲、摩、练、评"五个环节开展了基于实践、问题的教师培训，培训教师近 2 万人次。

在培训实施过程中，针对各学科教龄 10 年以下的青年教师和 10 年以上的成熟教师，遴选其中 4～6 个能力要点，分层开展学科教师培训，在培训目标、培训内容、培训形式以及考核要求等方面都做了针对性的细化处理。在《标准》解读、案例研讨、在线交流和考核测试的基础上，开展了基于能力要点的课堂教学实践与改进。不同类型的培训实践不仅检验了基于教师教学能力标准的培训课程的培训效果，同时也促进了教师教学能力的精进与提升。

基于《标准》的教师培训，突出了"培训课程标准化"的培训资源建设观。通过率先在全国研制、实践并推广系列《标准》，满足并引领了培训课程建设的品质需求，改进和完善了教师发展支持体系，推进了培训工作制度化、规范化，基本破解了分层、分类、分岗开展培训的难题，增强了教师参训的针对性、实效性和获得感，切实提升了教师培训的专业性，受到了区内外使用该培训教材教师的一致好评。

为了进一步发挥《标准》的指导作用，推进教师教学能力的持续提升，基于原有教材的开发和实施经验，每个学科结合现阶段本学科特点和教师专业发展需求，另外遴选了 8～10 个能力要点，开发了"十三五"中小学教师培训教材《教师教学基本能力解读与训练》（共 24 个学科分册）。在教材编写过程中，我们努力将《标准》揭示的一般规律、共性问题迁移融通于各学科，且通过案例凸显各学科教学能力的基本特征，还将关键的结果指标与各学科教学实践中的实际问题进行对接，以期深化教师对《标准》的理解，明确教学实践改进的方向和路径，提升自身的实践智慧。

当前，我国基础教育正处在深化综合改革的关键时期，各学科核心素养的提出，进一步明确了学科的育人价值，为学科育人提供了指南。为此，在教材开发过程中，各位编委对本学科的学科核心素养也给予了充分关注，在《标准》的解读中、案例的分析中、训练的任务中，对此都有不同程度的涉及与体现，为实现学科育人理念、发展学生的学科素养探索了具体的路径。

每一册教材的编写团队中都聚集了一批一线的骨干教师，他们边学习《标准》，边践行《标准》，并结合学科教学实践进行反思形成了鲜活的案例。可以说，他们是《标准》的首批实践者，也是培训资源的开发者，正是由于他们的深度参与，才使这套教材真正落实了"基于实践""基于问题"的价值追求，大大提高了教材的实践价值。

由于"教师专业标准"还是一个尚待完善改进的领域，同时我们自身的水平和经验也有限，尤其是践行《标准》的有效实践还需要进一步加强，教材中必然存在着不甚妥当或值得深入探讨之处，诚挚期望得到专家和同行们的指正。

我们期待本套教材能在广大中小学教师教学能力的提升中发挥重要的作用，并在应用中不断完善。我们更期待，广大教师立足课堂教学实践，不断深度学习反思，持续提升教学能力，做学生锤炼品格、学习知识、创新思维和奉献祖国的引路人。

致学习者

学习，是人一生发展过程中的一个重要组成部分。随着个体踏出校门、进入职场学习并未停止，而是开启了一个崭新的学习征程。可以说，通过工作生活进行学习，寓工作于学习、寓学习于工作是成年人每天思想和行动的必然产物。

成人学习是基于个体经验和汇集个人经验的学习，需要学习者主动参与到课程内容中；教师的学习是懂教育的人的学习，需要学习者驾驭学习方法，达到比较高的学习境界。

依据智慧技能的形成过程，我们将学科教师培训分成"测、讲、摩、练、评"五个环节，通过完成智慧技能原型定向阶段与原型操作阶段的任务，强化各学科教师基于课堂教学研究的实践与反思，促进教师从原型定向阶段向原型内化阶段迈进。下面，我们就从上述五个环节分别为您的学习提出相应建议，以帮助您快速驾驭学习内容。

●测——前测。在每个专题培训的第一步，我们将和您一起找到您在该教学能力存在的问题，判断该能力所处的状态，以开始学习。这其中，有对一些教学事件的认同，有对问题的分析和判断，也有一些测试，目的就是一个：帮您找准自己学习的起点。

●讲——讲解。我们将基于具体的教学案例，围绕该项能力的一些表现行为进行理性分析，阐述行为产生的原因和导致的结果，阐释所表征的能力取向和能力发展层次。这些分析将使您对该项能力的含义获得更为深入的理解，对形成能力的合理行为有较高的期待。如果您实践跟进得快，边学习边实践，在这一阶段就能够获得提高。

●摩——观摩。在学习中会提供一些案例进行观摩，有些拿来就可以使用，但一定不要满足于拿来就用，更多的内容需要您边观摩边分析，在其背后寻找为什么，这样您获得的将不仅是一招一式，而是新的专业发展点和教育实践智慧的增长点。

●练——训练。方法技能的掌握和提升一定要通过训练才能实现。一方面，我们将在培训中安排模拟微型课堂进行教学技能的分解训练；另一方面，我们也有实践模拟训练。然而，训练时间是有限的，期望您从培训第一天开始，就将自己一线的课堂作为实训基地，不断尝试，不断分析尝试后的效果，不断提出改进方案，并开展新的尝试。同时，同伴老师可以帮助您进行观察和改进。

●评——评价。包括自评、互评等。训练是否有效需要进行针对性评价,发现自己的进步,明确现存的问题,清晰新的学习起点,这样才能开始新的一轮学习、反思和改进活动。当然,您会在这样的反复中获得自我提升的方法。您将学会主动的发现问题,通过自主学习过程解决问题。这一系列解决问题能力的提升才是培训的最终目的。

本教材提供的观摩案例,给您留下了很多思考的空间,也提供了很多训练方法的指导、训练内容的点拨,愿它伴随您这一段时间的学习,成为您的良师益友。

亲爱的教师朋友们,我们正处在一个学习的时代,一个"互联网+"的时代。我们的职业又是一个特别需要终身学习的职业。让我们勇于面对新的挑战,不断基于实践提出新的学习任务,在战胜挑战后,我们还迎接更新一轮的挑战,而唯有学习才是应对各种挑战的制胜法宝。

这就是教师的职业。

CONTENTS

模块一　科学确定教学内容

学习目标

◆通过学习，了解本模块各层级要求，对结果指标有明确认识。

◆会根据课程标准、教材和学生实际科学确定教学内容。

◆会根据课程标准对教材进行整体分析和章节分析。

◆知道重点、难点形成的原因，根据学科知识和学生实际准确地确定教学重点、难点，掌握突出重点、化解难点的策略。

◆根据学生实际情况对教学内容和相关资源进行整合。

一、问题提出

▶▶ 活动1　热身

（1）如果现在请您给幼儿园大班的学生讲一节科学课，您将选择哪些与物理学科相关的内容并采用什么方法给孩子们讲解？

_____

_____

（2）现在正是招生季，假如您面对下列人群，请您分别用2分钟的时间介绍一下自己所在的学校。

针对有意向报考您学校的（初中、小学）毕业生，您怎样介绍您的学校？

_____

_____

针对学生家长，您怎样介绍您的学校？

_____

_____

针对（初中、小学）毕业生的班主任，您怎样介绍您的学校？

_____

_____

▶▶ **活动2 讨论交流**

（1）回忆一下，上中学时您在学习物理的过程中有没有遇到过困难？给您印象最深的困难是什么？是什么原因造成您学习上的困难？

_____

_____

（2）教材上有什么就教什么不行吗？为什么还要科学地确定教学内容？

_____

_____

二、科学确定教学内容标准解读

《北京市朝阳区教师教学基本能力检核标准》（以下简称《标准》）对科学确定教学内容的检核标准如表1-1所示。

表1-1

能力要点	合　格	良　好	优　秀
科学确定教学内容	能够根据课标要求和教材内容，确定教学的重点与难点	能够根据课标要求、教材内容和学生的学习基础，确定教学的重点与难点	能够根据课标要求、教材内容和学生的学习基础，整合教学内容

▶▶ **活动3 阅读《标准》**

（1）尝试用自己的话表述《标准》中的要求，并将不理解的地方用横线画下来。

（2）根据自己的理解向小组中的同伴讲述《标准》中的要求，将不理解的问题提出来，看是否能得到同伴的帮助。将小组中没有理解的问题写在下面。

_____

_____

（3）您怎么理解《标准》的"良好"层次中"学生的学习基础"的含义、"优秀"层次中"整合教学内容"的含义呢？

_____

_____

（一）名词解释

1. 教学内容

教学内容是指为实现教学目标而要求学生系统学习的知识、技能和行为经验的总和，此处的经验包括间接经验（现成的知识）和直接经验。

2. 科学确定教学内容

科学确定教学内容是指根据《义务教育物理课程标准》（以下简称《课程标准》）教材、学生实际情况以及时代特点和区域特点，确定学生为掌握知识、技能、经验、方法而需要学习的内容。

科学确定教学内容蕴含着教师的智慧，蕴含着用教材教和教材为学生服务等理念。首先，需要教师从不同角度对教材进行深入透彻的挖掘与分析；其次，需要教师及时关注多方面信息，关注物理与生活、生产、科技的密切联系，将那些鲜活的物理现象和物理事实带入课堂。

3. 教学重点

教学重点简称重点，是指教学中的重点内容，是课堂教学中需要解决的主要矛盾，是教学的重心所在。教学重点是针对教材中的学科知识系统、文化教育功能和学生的学习需要而言的。因此，它包含重点知识和具有深刻教育性的学科内容。重点的形成主要有以下三个方面：

从学科知识系统而言，重点是指那些与前面知识联系紧密，对后续学习具有重大影响的知识、技能，即重点是指在学科知识体系中具有重要地位和作用的学科知识、技能。从文化教育功能而言，重点是指那些对学生有深远教育意义和功能的内容，主要是指对学生终身受益的学科思想、精神和方法。

从学生的学习需要而言，重点是指学生在学习过程中遇到困难需要及时得到帮助解决的疑难问题。

对于形成重点的三个方面，重点可分为知识重点、育人重点和问题重点。而按重点的地位和作用又可把重点分为全书重点、章节重点（或单元重点）和课时重点。全书重点一般是贯穿于整个中学物理的重要思想、方法和起核心作用的物理知识与技能，它是重点的最高层次；章节重点（或单元重点）是贯穿于全章节（或单元）的主干知识、技能与方法，它的地位和作用不如全书重点大，属于中等层次；课时重点是指课堂教学时的重点。课时重点可以是章节重点（或单元重点），也可以不是。例如，对于学生在学习中普遍存在的疑难问题，教师教学时就会专门拿一节补救课（或称为纠错课）来解决。这时如何消除学生存在的疑难问题就成了教学的重点，即课时重点，但问题解决后，若它在后面的学习中不起支撑和奠基作用，那么它就不再是重点了。对这类只限于该节课的重点（一旦该节课学习结束后它就不再是重点了），称其为"暂时重点"。

4．教学难点

教学的难点是指学生不易理解的知识，或不易掌握的技能、技巧。难点是根据学生认知水平的不同而不同，同样一个问题在不同学生中不一定都是难点。

难点的形成主要有以下几个方面的原因：

一是该知识远离学生的生活实际，学生缺乏相应的感性知识；

二是该知识较为抽象，学生难于理解；

三是该知识包含多个知识点，知识点过于集中；

四是该知识与旧知识联系不大或旧知识掌握不牢或因大多数学生对与之联系的旧知识遗忘所致。

在教学中，难点如果属于第一种，教学中则应通过利用学生日常生活经验，充实感性知识得以突破；若属于第二种，教学中则利用直观手段，尽量使知识直观化、形象化，使学生看得见、摸得着。因此，突破难点关键在于对造成难点的原因进行分析，只要原因找准了，对症下药就可以。

5．整合

整合是指把一些零散的东西通过某种方式而彼此衔接，从而实现信息系统的资源共享和协同工作。其主要的精髓在于将零散的要素组合在一起，并最终形成有价值、有效率的一个整体。①

6．教学内容的整合

教学内容的整合是指在把握教学重点、难点的同时，充分考虑知识的形成线索和学生学习的认知规律，在此基础上通过补充、修改、调换、删减等方法合理取舍教学内容，完善教材资源，适度调整课时。

阅读理解 1　科学确定教学内容的理论依据——建构主义的主要观点

建构主义强调，学习者并不是空着脑袋进入学习情境中的。在日常生活和以往各种形式的学习中，他们已经形成了有关的知识经验，他们对任何事情都有自己的看法。即使是有些问题他们从来没有接触过，没有现成的经验可以借鉴，但是当问题呈现在他们面前时，他们还是会基于以往的经验，依靠他们的认知能力，形成对问题的解释，提出他们的假设。

教学不能无视学习者的已有知识经验，简单强硬的从外部对学习者实施知识的"填

---

① 百度百科。

灌"，而是应当把学习者原有的知识经验作为新知识的生长点，引导学习者从原有的知识经验中，生长新的知识经验。教学不是知识的传递，而是知识的处理和转换。教师不单是知识的呈现者，也不是知识权威的象征，而应该重视学生自己对各种现象的理解，倾听他们时下的看法，思考他们这些想法的由来，并以此为据，引导学生丰富或调整自己的解释。

教师与学生、学生与学生之间需要共同针对某些问题进行探索，并在探索的过程中相互交流和质疑，了解彼此的想法。由于经验背景的差异不可避免，学习者对问题的看法和理解经常是千差万别的。其实，在学生的共同体中，这些差异本身就是一种宝贵的课程资源。建构主义虽然非常重视个体的自我发展，但是它也不否认外部引导，即教师的影响作用。

（二）对结果指标的解读

根据《标准》和物理教学的特点与现状，我们确定该能力要点的结果指标如表1-2所示。

表1-2

科学确定教学内容	根据《课程课标》要求、教材内容和学生基础,恰当确定教学内容(如必要的实验、习题等),确定重点、难点
	根据《课程课标》要求、教材内容和学生基础，以及学生反馈的信息，及时、有效地整合教学内容

1. 根据《课程课标》要求、教材内容和学生基础，确定教学重点、难点

（1）教师能够认真研读、感悟、领会教材，对教材进行整体分析和章节分析，准确表述国家《课程标准》中对该教材的学习内容和学习要求，并能够以此为依据，制订教学计划。

（2）了解学生的学习基础和现状，找准学习起点，根据学生的实际情况，确定好教学的重点、难点。教师要了解学生是否掌握了与要学习的新知识有关的基础知识和技能，有多少人掌握、掌握的程度怎样，确定哪些知识应重点讲解，哪些知识可以略讲或不讲，从而抓准教学的真实起点。

在分析重点时可以参照《课程标准》，尽管《课程标准》中没有对教学重点、难点给予明确的说明，而只是规定了达到什么要求、需要学习哪些模块，不过在每一个模块内容中，课程标准仍然使用了不同的行为动词来界定，如"了解""认识""理解""应用"等，其中对于要求较高的，应视为该部分知识内容的重点。例如，《课程标准》规定"理解位移、速度和加速度"，可见位移、速度、加速度概念就是教学重点。

（3）设计好课时教学方案。应设计贴近学生生活的教学内容。每节课的容量要适当，要根据教学目标决定取舍，有的内容尽管好，但与教学目标不符，就要下决心舍去。

▂▂▎案例1

高中物理必修1《摩擦力》

本案例由北京工业大学附属中学郑蔚青老师提供

一、教学内容分析

1. 课标要求

（1）初中课标要求：通过常见实例或实验，了解重力、弹力和摩擦力，认识力的作用效果。

（2）高中课标要求：通过实验认识滑动摩擦、静摩擦的规律，能用动摩擦因数计算摩擦力。

2. 教材要求

高中物理"摩擦力"是在初中摩擦力知识基础上的延伸与拓展，是必修一第二章《相互作用》的重点内容。本节课主要学习静摩擦力和滑动摩擦力的产生、方向和大小。学生将通过观察、实验和讨论交流学会分析、计算摩擦力，并了解摩擦力在生产生活中的应用。

让学生理解并接受摩擦力，不但使学生对力的理解再上一个层次，也为学生学习力的合成与分解及牛顿运动定律的应用奠定必要的基础。

3. 高考说明要求

滑动摩擦：动摩擦因数（Ⅱ）

静摩擦：最大静摩擦力（Ⅱ）

说明：不要求知道静摩擦因数。

二、学情分析

1. 学生基础

学生在初中学习过摩擦力，生活中也经常见到摩擦现象（如雪天汽车轮要安装防滑链等）。

学生通过对重力和弹力的学习，了解了一些学习力的方法和思路，例如以掌握"力的三要素"和"力的产生条件"为重点展开学习，这对摩擦力的学习有一定帮助。

2. 学生特征

高一学生的思维正从直观形象型向逻辑抽象型过渡，但思维还常常与感性经验直接联系，仍需具体形象的图片、视频、生活实例来支持。

针对重点班的分析：学生基础较好，对新鲜事物感兴趣，求知欲强，乐于动手，有一定的观察分析能力，这有利于对本节课进行自主的实验探究。

针对普通班的分析：学生基础不太好，对新鲜事物感兴趣，但自控能力较差，深入学习和思考的意识不足，不利于自主探究。因此本节课将在教师演示和问题的引领下一步步由浅入深地认识、理解摩擦力。

3. 学习障碍

本节课来源于生活中的大量实例，但学生对相关新事物、新情况的了解较为片面，不能很好地由感性认识上升为理性认识。例如，学生会因为思维定式的困扰而认为"只有在相对滑动时才有摩擦""只要接触面粗糙就一定有摩擦""摩擦力一定与物体运动方向相反"……

三、教学内容的确定

1. 通过"筷子提米"等小实验认识静摩擦力，了解其产生条件；通过实验观察什么情况下会出现最大静摩擦力。

2. 通过探究实验了解滑动摩擦力的大小与哪些因素有关，得到滑动摩擦力的计算式，会用动摩擦因数计算滑动摩擦力。

3. 通过发散性问题的讨论，进一步理解摩擦力的产生条件，会在实际问题情景中应用"运动趋势分析法""假设光滑法""平衡法"等判断摩擦力的方向。

4. 知道生产生活中增大或减小摩擦力的方法，能举出实例，有将物理知识应用于生活的意识。

四、重点、难点分析

1. 教学重点

静摩擦力和滑动摩擦力的方向判断；计算滑动摩擦力的大小。

2. 教学难点

（1）静摩擦力是否存在、静摩擦力的大小及方向的判断。

本难点的形成因素：

思维定式的困扰——学生认为"只有在相对滑动时才有摩擦""只要接触面粗糙就一定有摩擦"。

不会运用想象来分析物体的相对运动趋势，进而无法正确分析出静摩擦力的方向。

思维综合性强——静摩擦力是否存在，以及大小、方向无法单纯从现象"看出来"，还必须经过对现象的深入分析才能得出。

（2）摩擦力与相对运动（或相对运动趋势）的方向相反。

本难点的形成因素：

思维定式的影响——总认为"摩擦力阻碍运动"。

相关生活经验不足——混淆"相对运动"和"运动"。

形象思维能力欠缺——想象不出两物体都相对地面运动时它们之间的相对运动情况。

3. 针对重点、难点的教学策略

由于摩擦力问题的复杂性，在具体问题中表现出"动中有静，静中有动"，尤其是静摩擦力在许多情形下又是"若有若无，方向不定"，因此对初学者来说不易理解。

在教学中准备先从静摩擦力入手，在实验和观察中逐步引向滑动摩擦力。不过，由于摩擦力的知识在后续学习"受力分析""共点力平衡""牛顿运动定律"中还会用到，学生对其认识也会进一步加深，因此不必在一节课上一步到位，要循序渐进，螺旋上升。

案例分析

　　　　本案例中,教师能够认真研读初中、高中《课程标准》中对于"摩擦力"的要求,感悟、领会《摩擦力》一节的教材,从知识的地位与作用对教材进行整体分析,较为准确地表述了学习内容和学习要求。能针对不同层次的学生（重点班、普通班）进行学习基础和学习现状分析,找准学习起点,根据学生的实际情况,确定教学的重点、难点,确定好教学内容。本案例符合"结果指标"中的一级要求。

　　2.根据课标要求、教材内容和学生基础,整合教学内容

　　（1）教师要对《课程标准》、教材中所呈现的核心内容的学科本质有透彻的理解和把握,领悟《课程标准》、教材所渗透的物理学思想、方法。

　　（2）教师要考虑学生的知识能力背景,依据学生实际需求,对教材进行"再度开发",在用好、用活教材的基础上,针对教材中的不足之处进行改进和补充。教师要及时关注多方面的信息,关注物理与生活、生产、科技、社会等的密切联系,将更多鲜活、真实的物理现象融入课堂,帮助学生学懂物理、会用物理。

　　（3）授课时,关注学生的反映,采用提问、讨论、实验操作等多种方式了解学生对知识、技能、方法的掌握程度,充分利用学生的反馈信息,及时调控和整合教学内容,更好地为学生的学习服务,以适应学生发展的需要。

案例2

高中物理必修2《探究动能定理》

本案例由北京工业大学附属中学赵春英老师提供

【教学内容及学情分析】

　　《探究动能定理》属教科版高中物理必修2第四章第4节动能、动能定理的"活动"部分内容。动能定理是力学中最重要的规律之一,它贯穿于以后的许多章节,教材创造性地采用了实验探究的方法,定量地研究合外力做功与物体动能变化的关系,这不仅能使学生通过自主学习得出规律,让学生第一次从定量的角度亲身体验到"功是能量转化的量度",而且使学生第一次在思维活动和实践活动中将运动、力、功以及能量联系在一起,为培养学生综合分析问题的能力打下基础。

　　在教学中可以将"探究动能定理"安排在这一节教学的第一课时。通过本章前三节的学习,学生已经树立了功是能量转化的量度的观念,知道什么是正功和负功,建立了动能的概念。那么力对物体所做的功与物体动能的改变量之间又存在着什么关系呢? 这是学生急待解决的问题。

【教学目标】

1. 能根据探究要求设计实验，并进行实验操作和相关物理量的测量。

2. 能够科学地记录实验数据，分析和处理数据，求得合外力做功和动能变化的关系。

3. 能够通过合作交流得出实验结论，并归纳得出动能定理。

【重点、难点分析】

教学重点：通过实验探究得到做功和动能变化的关系。

教学难点：使学生理解合外力做功对应物体动能的变化。

【教学过程】

教学环节	教师活动	学生活动	设计意图
环节1	**通过情景，确定研究问题** 上节课我们学习了动能。现在请同学们举出生活中动能发生变化的例子。 物体从一种运动状态到另一种运动状态的过程中，物体的动能一般也要随着变化，动能的变化有什么共同点吗？ 现在观察前面轨道上的小车，请同学来前面改变小车的动能。	学生讨论交流： 汽车起动，熟苹果落地，骑车子上坡，踢出去的足球 能量发生转化的同时伴随着外力做功	从实际情景出发，唤起学生已学知识，并让学生体会生活中的动能变化和做功情况
环节2	引导思考：是什么力对物体做功使物体动能发生了变化？ 做功与物体动能变化的关系。 要想探究这个问题，我们需将生活中的情景转化成物理模型。 **根据研究问题，设计实验方案** 你们能否将汽车起动及行驶的情景转化成物理模型呢？ 实验装置如图所示： 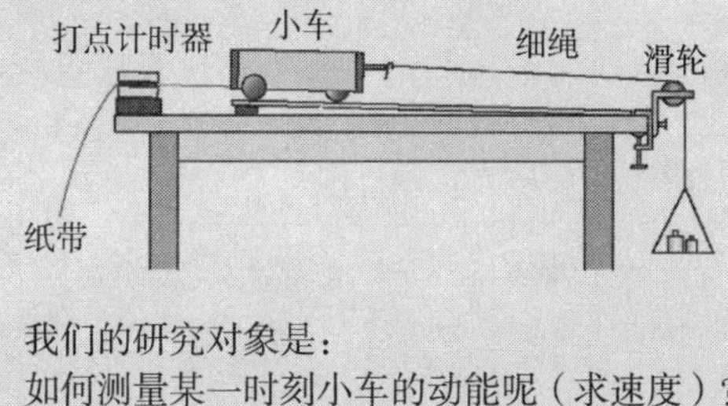 我们的研究对象是： 如何测量某一时刻小车的动能呢（求速度）？如何求速度呢？（借助纸带来求）。 那到底是拉力使小车的动能发生变化呢？还是小车受到的合力使得小车的动能发生变化呢？	小车受到的拉力、摩擦力 验证力和运动的关系 小车 求速度 学生回忆并设计实验： 同学A：钩码的重力等于小车受到绳子的拉力 在小车上加上配重（钩码提供的是50 g左右的质量，只有运动物体的质量远大于钩码质量时，才能近似地认为钩码的重力等于运动物体受到的拉力） 同学B：黑板板书	培养学生设计实验，处理实验数据的能力

在图中标注：打点计时器　小车　细绳　滑轮　纸带

教学环节	教师活动	学生活动	设计意图
环节3 环节4	如果想探究"拉力做功和小车动能变化的关系"，我们需要怎样进行测量哪些量？具体怎么操作？ （提示学生将滑轮伸到桌子外） 怎么处理得到的纸带可以解决研究问题？ （A、D 为纸带上两个计数点。以 A 和 D 点为例，板书分析求某一点的动能） 如何求 A 点和 D 点的动能？ 如何求从 A 点到 D 点的过程中拉力所做的功？	同学 C：平衡摩擦力，使小车受到的拉力是小车受到的合外力 同学 D：准确检验应不加钩码使小车能够拖动纸带打出一条痕迹均匀的纸带	从不同情境设计实验，使学生认识到规律的得出应从普遍的情景中得出
环节5 环节6	如果想探究"合外力做功和小车动能变化的关系"我们需要进行怎样的操作？如何测量合外力？具体通过怎么操作来平衡摩擦力呢？ 处理纸带的方法一样 （提示：做实验时，请记录是否平衡了摩擦、拉力的大小、小车和配重的总质量，以及纸带相应的位移。） 那如何将苹果落体的情景转化成物理模型呢？同样要想记录下落的运动情况需借助纸带，只是这时候打点计时器应竖直安装。 引导学生如何记录竖直方向运动的纸带（板书示意分析纸带的数据处理）。 **根据设计方案，学生进行分组探究** 关于曲线运动的情景，有兴趣的同学可以课下探究，本节课我们分两组：一组借助探究牛顿第二定律的实验装置；另外一组则让重锤沿竖直方向移动（10 min）。 分析实验数据，归纳总结实验结论。 首先：分析水平运动的情景：计算出 A 点到 D 点拉力做功大小，以及 A 点和 D 点的速度、动能大小和 A、D 两点的动能变化（5 min）。 通过比较得到拉力（即小车合力）做功 W 和动能 E_k 以及 ΔE_k，你们发现了什么？ 其次：我们看一下竖直运动的重锤，计算出重锤在 A 点和 D 点的动能。 因此我们的实验结论是：合外力对物体所做的功等于物体动能的变化量，这个结论就是动能定理。 补充：物体的动能变化和物体受到合外力做功有一定的误差，等我们学习完机械能守恒律后再进行详细分析。 根据实验结论进行练习，从理论方面进一步论证。 质量为 m 的物体在拉力 F 作用下沿光滑水平面移动 x 米，速度从 v_1 变为 v_2。此过程中拉力做功和动能的关系：	同学 C：将打点计时器固定在桌子的下边缘 可以让小车拖着纸带沿竖直方向运动，处理数据和水平方向一致 同学 D：关于曲线运动的情景能不能借助平抛运动呢？ 同学 E：黑板板书或者实物投影学生结果 同学 F：合外力做功和动能的变化量有关，即从 A 点到 D 点的过程中拉力做功近似和两点间动能的变化量相等 同学 G：板书，并分析重锤的受力：重力和摩擦力	使得学生能够从繁杂的数据中提炼有用信息 将设计实验时的情景以例题的形式进行渗入，通过理论验证得出规律 学以致用的同时，也体会动能定理的优越性

续表

教学环节	教师活动	学生活动	设计意图
	利用新学知识，进行拓展延伸。 　　如图所示，半径 $R=0.2$ m 的四分之一粗糙圆弧轨道 AB 置于竖直平面内，轨道的 B 端切线水平，且距水平地面高度为 $h=7.0$ m。现将一质量 $m=0.2$ kg 的小滑块（可视为质点）从 A 点由静止释放，小滑块沿圆弧轨道运动至 B 点以 $v=2$ m/s 的速度水平抛出，不计轨道摩擦，$g=10$ m/s，求：小滑块着地时的动能。	学生板书或实物投影	

对教学内容整合的说明

1.为何利用在水平运动的小车和在竖直运动的重锤来探究动能定理

传统教学中，只是通过水平方向上小车的运动实例来探究动能定理，个人感觉比较单薄，缺乏说服力。因此我在传统实验的基础上，进行了改进，除了研究水平方向上小车的运动，也对竖直方向上重锤的运动进行了研究。这样除了丰富了课堂内容，更增加了这节课的说服力，让学生明白动能定理的应用不受方向的局限。同时，也为之后的竖直方向上机械能守恒的实验做铺垫。

2.如何利用学生已有的知识、技能和经验来完成本探究

首先将探究内容进行实验设计，然后从学生熟悉的"探究加速度和力、质量的关系"入手，设计水平方向物体动能和做功的关系。通过引导，使学生明确如何测量物体运动的动能，从而进一步明确具体是由哪个力做功造成的，如何去测量。通过学生讨论出来的思路，设计出具体的探究方案。接下来引导学生进行竖直方向上的实验设计，学生能够想到将打点计时器竖直放置，让重物竖直运动。

其次，通过对"探究加速度和力、质量的关系"实验的迁移，使得学生对力学实验探究的基本技能有了一定的整合能力和迁移能力。而且，对竖直方向的实验设计也将为接下来的"验证机械能守恒"奠定基础，在一定程度上整合了新旧知识间的衔接，使得学生对实验技能有进一步的理解和掌握。

3.为何让学生进行误差分析

完成实验探究后，将实验探究中各数据的记录采用图景的形式呈现，根据学生实验前整合的数据记录情景图，在一定程度上引导学生对实验数据再整合，使学生更加明确所记录数据对应的物理情景和意义。随后，分别让两个模型中的一到两个小组的

学生，结合记录的数据进行处理和分析：并板书分享他们的结果，严格尊重数据的真实性。

学生对得到的实验数据进行分析：在水平方向上，物体所受合外力做功有的略大于物体获得的动能，有的略小于物体获得的动能，在误差范围内近似相等；在竖直方向上，物体受到的重力做功也略大于物体获得的动能，在误差范围内近似相等，物体在做自由落体时，所受合力即为物体的重力。综上所述，得到的结论即物体所受合力做功等于物体的动能变化。数据中出现误差的原因是什么呢？针对竖直方向上模型中重力做功略大于物体动能的变化，学生猜想的原因是物体下落过程中纸带和打点计时器间有摩擦，除了获得动能之外还有摩擦产生的热；针对水平方向上模型中做功略大于动能，学生想到了可能是摩擦力的平衡没到位，拉力大于物体实际受到的合力，而对做功略小于动能的分析，学生想到可能的原因是摩擦平衡过多了。

最后，通过对误差的分析，使得学生对知识有了进一步的整合和理解，对实验前的设计思想、实验中的操作以及实验后结论的得出都有了一定程度上的整合。

案例分析

本节课，老师将学生已有的知识、方法、技能作为生长点，很自然地运用了学习的迁移，巧妙地整合了已学内容和新内容，帮助学生建立起研究做功与动能变化的模型，将学生带入了对新问题的探究。

（1）教师以学生已经掌握的力和运动的关系为知识的生长点，引导学生猜想出物体动能变化可能是由所受的合外力做功引起的。

（2）教师以学生曾经做过"探究加速度与力和质量的关系"这一实验为方法的生长点，引导学生设计出探究合外力做功与小车动能变化的实验方案。

（3）教师以学生已经掌握的纸带处理技能（如长度的测量、速度的计算等）为生长点，放手让学生独立进行实验操作和数据处理，进而探寻规律。

（4）更值得一提的是，本节课增加了教材上没有的"关于竖直方向物体动能变化的探究"，并且利用了后续学习中《验证机械能守恒定律》的实验装置，这不仅使学生对于动能定理的得出有更全面的情景依托，而且为后续学习机械能守恒定律奠定了基础。

在本节课中，教师考虑到学生的知识能力背景，依据学生实际需求，对教材进行"再度开发"，在用好、用活教材的基础上，又进行改进和补充。此外，充分利用学生实验中的反馈信息，适时地整合教学内容，引导学生分析实验误差，更好地为学生的学习服务，以适应学生实验探究能力发展的需要。本设计符合结果指标的二级要求。

阅读理解2 科学确定教学内容的方法

要科学确定教学内容，首先需要对教材进行整体分析和章节分析，其次要掌握确定教学目标和重点、难点的一般原则和程序。

（一）进行教学内容的分析

1.研读课标

《课程标准》是国家课程的基本纲领性文件，是国家对基础教育课程的基本规范和质量要求。《课程标准》对本学科的课程目标、各个知识模块教学目标以及教学建议进行了非常精辟的阐述，仔细研读，对实现各个知识模块之间的沟通与整合，对教学设计的撰写都将起到事半功倍的效果并奠定坚实的基础。

在做学期教学计划时要对各个学段的内容仔细揣摩，整体把握该学科的部署。在章节备课中，要重点分析学习要求和活动建议。

2.吃透教材

（1）要全面正确地理解教材，明确教学内容的地位和作用（所授教学内容在整个知识体系中处在什么地位，它是前面哪些知识的延伸与应用，又是后面哪些知识的基础）。

（2）吃透教材的主要线索，把握各项知识、技能的纵横联系。

（3）吃透教材的重点、难点和训练点。

（4）吃透教材内容的广度、深度和密度。

（5）吃透教材的德育因素。

应明确教师"教什么"、学生"学什么"，并对教材进行再组织、再创造，实现用"教材教"。

（二）了解学生

（1）学生已有哪些知识基础与生活经验？

（2）处在这个学段的学生有哪些心理特点、思维特点？

如小学生活泼好动，好奇心强，形象思维能力强，逻辑思维能力弱，厌烦枯燥、抽象、难懂的概念；初中生兴趣更广泛，情绪转移快，容易动感情，具有一定的抽象能力；高中生求知欲强，兴趣更加集中且兴趣与奋斗目标有了联系，逻辑思维能力有了很大提高。

（3）学生在学习中可能出现哪些困难，或有何需求？

如知识、技能基础的缺失或不足；前概念的负迁移；思维定式的影响；……会影响哪部分知识的学习或技能的掌握。

应明确教师该"如何教"，学生该"怎么学"。

（三）确定重点、难点（见阅读理解3）

（四）整合教学内容

围绕重点、难点，整合教学内容，寻找更好的教学方法。（见阅读理解4）

阅读理解 3 教学重点、难点的联系与区别

教学重点和难点具有不同的性质。难点具有暂时性和相对性。难点内容一旦经过教学被学生理解和解决了，难点就不复存在了，这就是难点的暂时性。同一知识与方法对一些学生（一般学校）可能是难点，而对另一些学生（重点学校）就可能不是难点，这就是难点的相对性。而重点一般都具有一定的稳定性和长期性（只有少数的课时重点具有暂时性，即暂时重点）。它并不因为学生的理解和掌握就退避三舍，而是在一定的教学阶段中它会贯穿于教学的始终。这是由于重点内容大多都是在知识系统中和育人功能上具有重要的地位和作用所致。如高中物理中重要的思想方法：等效思想、极限思想、理想模型的思想等就具有稳定性和长期性，它是一直贯穿于整个高中物理教学始终的教学重点。

教学重点与难点又有一定的联系。有些内容是重点而不是难点，有些是难点而不是重点，而有些则既是重点又是难点。

如法拉第电磁感应定律既是重点又是难点。一方面它是定量描述电磁感应中感应电动势大小的重要规律，依据这一定律人们制造出发电机，使电能的大规模生产和远距离输送成为可能，并且这一定律在高考中也是经常出现的内容，因此它是电磁感应部分教学的重点；另一方面由于它与实际联系紧密，对应的实际情景变化繁多，运用的灵活性较大，而且还需要相关的磁场知识、电路知识、数学方法等，对大多数学生来说的学习、掌握都有一定的难度，因此它又是物理教学中的难点。

▶▶ **活动 4**

（1）平时您是怎样进行教材分析和学情分析的？举个例子跟大家分享。

_____

_____

（2）您是如何理解教学的重点和难点的？有哪些成功的经验？跟大家分享。

_____

_____

阅读理解 4 遵循认知规律，整合教学内容

教材立足于促进每一个学生的充分发展，将学科内容与学生的生活、现实社会实际有机联系起来，使教材变得综合化、情趣化、情境化、生活化，教材的编写为教师对教材的再创造留有很大空间，教材中许多知识的呈现都能激发教师的创造性。有了这样的外在条件，教师就应该放开手脚，为学生的创造性学习创造机会和空间。而要很好地做到这一点，教师需要从学生的实际出发，遵从学生的认知规律，根据自己学生的具体情况合理增删教材、整合教学内容、调整教法。这就是说，处理教材要依据学生而"变"。备课应考虑学生的认知水平和兴趣爱好，根据《课程标准》的教学目标要求，对教材进行取舍，努力挖掘教材

中能力训练的素材和具有思维价值的材料，再通过各种方式加以合理组合，使学生对学习内容有兴趣。教材中存储的信息既有学生已经知道的，也有学生未知的。所以有些内容可以一带而过，甚至不讲；而那些容易引发学生思考、培养能力的部分，哪怕是学生一时的灵感火花引发的，也应该作为教学重点，引导学生深入挖掘，直到学生满足为止。

　　总之，教师要以学生发展为中心，对教材进行适当的增、减、调、换，灵活运用教材上的内容，改革教学中脱离学生生活、脱离社会实际的教学内容，从而形成开放的教材观。

案例3

高中物理选修3-2《法拉第电磁感应定律》
本案例由北京工业大学附属中学邓飞老师提供

【教学内容及学情分析】

1. 教学内容

（1）什么是感应电动势。

（2）产生感应电动势的条件。

（3）法拉第电磁感应定律的内容。

（4）法拉第电磁感应定律的数学表达式。

2. 学生情况

（1）学生已知道"变化量"与"变化率"的区别，知道产生感应电流的条件。

（2）会通过实验操作得到感应电流。

（3）有继续研究影响感应电流大小的因素的欲望。

（4）抽象思维能力较弱，还不能独立地从现象直接归纳概括出规律，需要引导。

3. 教学方式

实验演示、实验探究、总结归纳。

4. 教学手段

多媒体教学。

5. 技术准备

多媒体，法拉第电磁感应定律演示仪。

【教学资源准备】

1. 教师演示材料

多媒体，法拉第电磁感应定律演示仪，线圈，磁铁，电池，灵敏电流计，导线，滑动变阻器，导线，发光二极管，强磁铁，直径为4 cm、长度为1 m的塑料管等。

2. 学生学习材料

线圈、磁铁、电池、灵敏电流计、导线、滑动变阻器、学案。

【教学目标】

1. 知识与技能

能说出什么是感应电动势，其大小与哪些因素有关。能说出法拉第电磁感应定律的内容，写出其表达式，并进行简单应用。

2.过程与方法

通过动手实验、观察总结、分析概括出感应电动势的大小与磁通量变化的快慢、线圈匝数有关，从而验证法拉第电磁感应定律的正确性。

3.情感、态度与价值观：了解科学发现对社会文明进程的巨大推动作用，激发学生的求知欲和探究精神，培养学生的观察、思考、辨析、质疑能力。

【教学重点、难点】

1.教学重点

法拉第电磁感应定律的探究过程；对法拉第电磁感应定律的理解。

2.教学难点

通过实验现象概括感应电动势大小的决定因素；对磁通量变化率的理解；对定律的理论验证。

【教学过程】

环节	教师活动	学生活动	设计意图
情景引入	情景演示： 两种手电筒的发光演示 前者内部有电池 后者内部无电池 对比： 谁是电源或相当于电源？ 电源是什么样的装置？	观察两个手电筒的发光情况思考问题 对比两种电路思考问题 干电池，磁铁和线圈 提供电动势	将物理与实际生活联系起来，激发学生的学习热情和兴趣
新课教学	电动势的大小反映了什么？ **一、感应电动势** 1.定义 在电磁感应现象中产生的电动势叫感应电动势（E感）。 注意：产生感应电动势的那部分导体相当于电源。 思考：如果甲中开关都断开，感应电流是否还存在？感应电动势呢？那乙图呢？ 2.产生条件 只要穿过电路的磁通量发生变化，电路中就产生感应电动势。	反映了电源做功本领的大小 思考问题 （可以由甲图推广至乙图）	通过物理情景抽象出物理模型，引入新概念

续表

环节	教师活动	学生活动	设计意图
新课 教学 总结	探究：感应电动势可能跟什么因素有关？回忆上节课所做的实验。 **演示实验1：** （1）将PVC塑料管竖直固定在铁架台上。 （2）将两个带有发光二极管的线圈分别套在塑料管不同的高度处，塑料管下放一个塑料盒，里面放上小毛巾。 （3）将强磁铁从塑料管口释放，观察两个二极管的亮度情况。 结论：磁通量变化越快，产生的感应电动势越大。 **那他们之间是否存在一种定量的关系呢？** **定量演示实验：**法拉第电磁感应定律演示仪，原、副线圈，可变电源，磁感应强度传感器，电压传感器。 	实验、猜想 填写表格 | 现象		操作方式
---	---	---
电流计指针 摆动角度	大	
	小	| 观察实验现象，思考、分析实验，总结、得出结论 观察实验现象 分析实验现象 观察思考、分析 总结所得到的规律	自己动手 亲身体会 科学猜想 通过实验 科学猜想； 再次实验 验证猜想

环节	教师活动	学生活动	设计意图
	二、法拉第电磁感应定律 1. 内容：电路中感应电动势的大小跟穿过这个电路磁通量的变化率成正比。 2. 关系式： $$E \propto \frac{\Delta\Phi}{\Delta t}$$ 若线圈的匝数为 n，则 $$E \propto n\frac{\Delta\Phi}{\Delta t}$$ 实验现象是否如此呢？ 演示实验2： （1）将两根相同塑料管竖直固定在铁架台上，保证塑料管上端在同一水平面上。 （2）将两个匝数不同的线圈（100匝、200匝）套在不同塑料管上相同的高度处，玻璃管下放一个塑料盒，里面放上小毛巾。 （3）将两个相同的强磁铁从玻璃管口同时释放，观察两个二极管的亮度情况。 **若写成等式：** $E = \square\square\dfrac{\Delta\Phi}{\Delta\square}$ 3. 比例系数 k 的选择 $$1\frac{Wb}{s}\cdot 1\frac{T\cdot m^2}{s}=1\frac{N\cdot m}{A\cdot m}\cdot\frac{m^2}{s}=1\frac{1}{C}=1V$$ $$k=1$$ $$E=n\frac{\Delta\Phi}{\Delta t}$$ **三、归纳总结** （1）什么是感应电动势？ （2）感应电动势产生的条件有哪些？ （3）感应电动势与什么因素有关？ （4）法拉第电磁感应定律的内容、表达式。 **四、拓展提高** （1）感应电动势 E 的大小决定于 $\Delta\Phi/\Delta t$，与 Φ 和 $\Delta\Phi$ 的大小无关，与电路中电阻 R 的大小无关；而感应电流的大小由 E 和 R 决定。 （2）磁通量的变化率是 Φ-t 图线上某点切线的斜率。 **五、课堂检测（略）** **六、作业（略）**	观察实验现象 通过量纲推导比例系数 k 一起归纳总结 ！	通过定量实验进一步揭示法拉第电磁感应定律 熟悉量纲建立从量纲的角度考虑问题的思想 回忆本节课所学的内容 将所学知识进一步巩固、升华

对教学内容整合的说明

（1）为什么要设计演示实验1？

学生猜想感应电动势的大小跟磁通量变化的快慢有关。但是磁通量变化的快慢无法直观地观察，这样我就想到用演示实验把它间接地反映出来。强磁铁在PVC管中下落，速度越来越大，越往下通过相同的距离需要的时间就越短，磁通量的变化就越快。但是怎么才能把磁通量变化越快产生的感应电动势越大直观地表示出来，而且一目了然，还有视觉上的震撼？我想到了发光二极管，而且是那种稍大一点的，这样亮度更大，视觉冲击更强。完全相同的线圈放在不同的高度，接上相同的发光二极管，发光的亮度就间接地反映了感应电动势的大小。实验演示时，关上灯拉上窗帘，在较黑暗的教室里，能很明显地看到两个二极管发光的情况不同，下面的二极管明显较亮，还可以改变第一个线圈的高度，将它往上挪动，直到上面的二极管都不发光了为止，这样的对比更加明显且有说服力。

（2）为什么要设计演示实验2？

在通过定量的实验得出感应电动势的大小与磁通量的变化率成正比后，继续研究线圈匝数对感应电动势大小的影响。学生猜想：每匝线圈都会产生感应电动势，匝数越多产生的感应电动势越大，感应电动势与线圈的匝数成正比。这个猜想是否正确？是否也能通过实验直观地反映出来呢？我准备了两个完全相同的PVC管，放在等高的位置，在PVC管上相同的位置固定匝数不同的线圈，连接上相同的发光二极管，让强磁铁同时从管的上端下落，通过观察发光二极管的亮度，就能比较出感应电动势的大小。当时的实验效果也非常明显。

（3）为什么要设计法拉第电磁感应定律定量实验？

学生猜想，感应电动势的大小和磁通量的变化率有关，变化率越大，感应电动势越大，但是它们之间是否是正比的关系，这个很难说明。教材中直接给出感应电动势与磁通量成正比的结论。结论本身没有问题，但是这种呈现方式，缺乏说服力，也不够严谨。于是我利用传感器等实验仪器，将这个定性的实验定量化。通过实验仪器产生一个均匀变化的电流，从而产生一个均匀变化的磁场。改变电流变化的快慢，从而改变磁场变化的快慢，通过反复实验，画出图像，找出感应电动势的大小与磁通量变化快慢之间的关系。通过实验，可以很好地得出了一条感应电动势随磁通量变化而变化的一条直线，进而说明了它们之间的正比关系，增强了这个结论的说服力和严谨性，并让学生亲身感受了法拉第电磁感应定律的得出过程。因此，对法拉第电磁感应定律他们也有了更深刻的认识和感受，同时也培养了他们实事求是、严谨求学的科学态度。

案例分析

　　法拉第电磁感应定律的得出，是这节课的难点。教师巧妙地通过三组精彩且有逻辑性的实验带领学生完成了"观察—思考—猜想—探究—再思考—归纳"这样一个思维探究和动手探究过程。其中，第一组"强磁铁在 PVC 管中下落的实验"是教师自己设计的定性试验，视觉冲击力强，足以激发学生的兴趣，从而引发学生的猜想——"感应电动势大小可能与磁铁下落的快慢有关"；第二组延续了教材上前一节课的实验，在学生熟悉的情境中加入了新操作——"设法使磁通量变化的快慢不同"；当学生感知到感应电动势的大小与磁通量变化的快慢似乎成正比关系时，教师又运用了第三组定量实验，尽管只是演示，但学生由于迫切地想知道自己猜想的结果是否正确，四十多颗大脑紧跟着老师在飞速运转，当正比函数图像显现出的那一刻，学生的思维和情绪都达到高潮，对规律的得出高度认可。在本节课的设计上，教师能够分析并领悟教材所渗透的生物学思想、方法，体会新教材中蕴含的"激发学生自主猜想、自主探究"的理念，考虑学生的知识能力背景，依据学生实际需求对教学内容做了一环扣一环的、精细的设计，在实验方面做了有益的补充。符合《结果指标》的二级要求。

案例4

《弹力、弹簧测力计》的教学内容整合 ①

【教学背景分析】

　　"弹力、弹簧测力计"是人教版九年级物理第十三章的第一节。这节是学生在学习了有关力的作用效果、力的图示等力学基础知识后，对与日常生活息息相关的弹力进行的研究，是高中进一步学习弹力的基础。弹簧测力计是以后研究重力、摩擦力、浮力、机械效率等力学内容的重要测量仪器。相应的高中内容是人教版必修1的第三章第二节"弹力"。弹力是高中力学的基础内容和重要内容，是研究静力学和动力学所必备的预备知识，也是高一学生在学习力学过程中的一个难点。

　　初中"弹力"教材中，先通过学生对日常经验的感性认识，介绍弹性、塑性、弹性限度，再通过压尺子、拉弹簧，感受到这些物体对手有力的作用，从而提出这种力叫作弹力。但究竟什么是弹力，弹力是如何产生的，弹力的大小、方向、作用点又是怎样的，为什么用弹簧测力计可以测量力的大小，学生并不清楚。通过初中的学习，或许学生对弹力概念的理解依然停留在表象认知水平，学生从初中学过的弹力过渡到高中抽象弹力的学习，就要跨过一个较高的"台阶"。下面的教学设计更加注重初、高中在"弹力"内容

---

① 本案例取材于《普通高中物理课程分析与实施策略》.北京师范大学出版集团.2010.269—273，有删减。

上的衔接。

【教学实景描述】

片段一：弹力的概念

1. 探究明显形变

让学生将塑料尺的一端露出桌子边缘，在露出端上放一个吹鼓的小气球，用力向下压气球，观察塑料尺的形变。松开手，气球被弹起。通过引导学生分析气球的受力，让学生找到气球跳起的原因：施力物体是塑料尺，受力物体是气球，发生弹性形变的塑料尺产生了弹力，改变了气球的运动状态。进而引出弹力的概念：弹力是物体由于发生弹性形变而产生的力。这种弹力实质上是塑料尺对气球向上的支持力。

再用气球压塑料尺，观察塑料尺和气球的形变。引导学生分析塑料尺产生形变的原因：由于物体间力的作用是相互的，发生弹性形变的气球也对塑料尺产生弹力，使塑料尺发生了形变。这种弹力实质是气球对塑料尺向下的压力。

让学生将弹簧的一端固定在桌面，向上拉弹簧的另一端，观察弹簧的伸长。

教师提问：既然弹簧伸长了，那么发生弹性形变的弹簧是否也产生了弹力？接着引导学生分析人的手受到的弹力。经分析，这时弹簧产生的弹力实质是弹簧对手向下的拉力。

播放体育比赛视频，让学生找出体育运动中的弹力。再让学生列举日常生活中物体受到弹力的例子，并画出弹力的示意图。

2. 探究微小形变

教师提问：玻璃瓶能产生弹性形变吗？让学生进行猜想，并说出猜想的依据。然后给出实验器材：细玻璃管、水、玻璃瓶。让学生进行实验探究。实验表明：手捏玻璃瓶时，玻璃瓶产生了微小的弹性形变，对手施加了垂直于手指面的弹力，即压力的作用。

再让学生用手按桌面，猜想桌面的形变。然后利用激光笔、平面镜等器材进行演示。实验表明：当桌面上放有物体时，桌面会发生微小的弹性形变，产生垂直于物体表面的弹力，即支持力的作用。

接着分析灯绳微小的弹性形变，说明灯绳对电灯会产生沿着灯绳向上的弹力，即拉力的作用。

最后引导学生归纳：相互接触的物体产生的支持力、压力、拉力本质上都是弹力，支持力和压力的方向都垂直于物体的接触面，弹簧或绳的拉力方向是沿着弹簧或绳的收缩方向。

片段二：弹簧测力计

1. 探究弹簧弹力的大小跟伸长长度（也叫伸长量）的关系

（1）探究弹簧弹力的大小跟伸长长度的定性关系。

让学生用不同的力拉弹簧，感受弹簧对手的拉力大小。讨论后得到定性结论：弹簧受到的拉力越大，它的伸长长度就越长，产生的弹力就越大。

（2）探究弹簧弹力的大小跟伸长长度的定量关系。

提出探究课题：如何探究弹簧产生弹力的大小跟伸长长度的定量关系？

给出实验器材：不同规格的弹簧、曲别针、白纸条、铁钉、长木板、刻度尺、0.5 N钩码若干个。让学生讨论实验方案（包括制定实验步骤、设计记录数据的表格，如何在白纸板上画刻度等）。进行充分的交流后，分小组进行实验。

实验结束后，让学生根据表格中的数据，在坐标纸上绘制出规格不同的 $F—x$ 图像，并总结出定量结论：弹簧发生弹性形变时，弹力的大小跟弹簧伸长长度成正比。

2.使用弹簧测力计

教师提出问题：既然弹簧发生弹性形变时，弹力的大小跟弹簧伸长的长度成正比，这个规律有什么应用价值呢？经讨论，学生发现可以利用这个原理测量力，制造测力计。接着引导学生分析：由于白纸板上的零刻度，以及逐渐加挂钩码时对应力的大小已经标出，那么这套装置就是一个简易的弹簧测力计。然后让学生用这个自制的弹簧测力计测量头发能够产生的最大弹力。

让学生观察实验用的弹簧测力计，讨论使用弹簧测力计应该注意的一些事项，例如指针是否对零、量程、分度值大小、弹簧是否被壳子卡住等。

最后展示日常生活中各种常见的测力计，留下用测力计测物体质量的疑问，让学生带着这个疑问学习下一堂课"重力"。

》》》 案例分析

（一）关于《课程标准》的理解

初中《课程标准》对本节课的要求是"通过常见的事例或实验了解弹力，会测量力的大小"。高中《课程标准》的要求是"知道常见的形变，通过实验了解物体的弹性，知道胡克定律"。可以看出，初中的教学是以观察实验为基础，使学生初步了解弹力的知识及其实际应用。高中的教学是采用观察实验、抽象思维和数学方法相结合，来揭示弹力的本质。本节课的初、高中《课程标准》是连续、衔接的，对学生综合能力的要求是循序渐进的。因此，在本节课的教学上有很大的兼容空间。

（二）关于弹力概念的教学

由于在初中教材中，弹力的概念是一种表象描述，没有重点分析它的三要素。那么学生就不能按《课程标准》要求用示意图描述弹力，学生对弹力的认识是模糊的。因此应该突破教材的束缚，通过有效的教学手段，让学生理解弹力。我们通过研究塑料尺、小气球、弹簧的明显形变，让学生理解常见的支持力、压力、拉力都是弹力。通过让学生画日常生活中的弹力示意图，既可以检验学生对物理概念和规律的掌握情况，又体现了物理课程的基本理念是让学生从生活走向物理，从物理走向社会。通过从可观察的明显形变过渡到不宜观察的微小形变，培养学生的知识迁移能力，符合学生螺旋式上升的认知能力需要。在探究中将微小形变放大，渗透了放大法，让学生了解科学方法在物理研究中的作用。通过归纳弹力产生的原因和方向，使学生从形象思维上升到抽象思维，为学生将来学习高中的弹力概念做好知识铺垫。

（三）关于弹簧测力计的教学

在初中教材中，通过观察弹簧的伸长，引出了弹簧的伸长长度与所受拉力大小的定性关系。通过阅读"弹簧测力计的使用"，尝试测量拉力。高中教材是通过看图像，分析弹力与弹簧伸长量的定量关系，引出胡克定律。高中教材中只有理论上的分析，而没有探究规律的过程，高中教学也不允许有较充分的时间让学生进行规律探究。由于在初中教学中，学生对定量研究的方法已经有了初步认识，并且已经经历了许多应用控制变量法进行实验研究的经历，因此提出"探究弹簧弹力的大小跟伸长量的定量关系"的课题，让他们拟定实验方案、设计记录数据的表格、绘制"F—x"图像，利用表格数据分析或图像分析两种方法正确得出结论。使学生从定性认识上升为定量分析，有利于学生在上了高中后较轻松地学习胡克定律，也为学生以后利用大量的图像研究物理规律积累一定的经验。利用弹簧弹力大小的定量关系，自制弹簧测力计，有利于培养学生的创新意识和创造能力。

总之，这节课的初中教材内容与相应的高中教材内容有较大的跨度，要使学生能从初中弹力的学习较平稳地过渡到高中弹力乃至胡克定律的学习，这给教师提出了更高的要求，不仅要把握好初中的《课程标准》和教材，还要钻研高中的《课程标准》和教材，把初、高中内容当成一个不可分割的整体。教师只有在不超越初中《课程标准》要求的前提下，整合教材资源，搭建好初、高中衔接的"引桥"，引领学生在探究中学会学习，才能促成学生实验与实践、应用与创新的综合能力的提升，使学生能够顺利地跨上高中学习的"台阶"，为学生的终身学习奠定坚实的基础。

三、案例分析

（一）高中教学案例

高一物理必修1《加速度》

本案例由北京工业大学附属中学邓飞老师提供

【教材分析】

加速度是力学中的重要概念，也是高一年级物理课程中比较难懂的概念之一。在赵凯华、罗蔚茵教授的《新概念物理教程 力学》一书中写道:"这是人类历史上最难建立的概念之一,也是每个初学物理的人最不容易真正掌握的概念。"加速度承接着力学和运动学两大体系,是联系力学和运动学的桥梁——力是通过加速度这个物理量与速度、位移建立了联系。加速度还是演绎推导动能定理、动量定理,以及导出动量守恒定律的中间过渡的重要物理量。从小的范围讲,学习加速度可使学生深刻理解加速度的概念,并对所学知识深刻地理解和掌握;从大的范围讲,将影响到对运动学乃至所有涉及动力学知识的学习。加速度概念的抽象性为本节课的教学设置了一个不小的难度。在以往的教学中,常用的教学方法是教师直接把加速度的概念给学生,或是通过对匀变速直线运动的研究得到加速度这个物理量。但是这种教学方式忽略了学生对新知识的认知和学习过程,也不利于学生思维能力的培养。加速度概念的引入,在思维方法上进一步渗透了比值定义方法,这也有利于学生对以后一些概念(如电场强度、感应电动势等概念)的学习。

【学情分析】

生活中,学生经常会遇到比快慢的问题,对物体的运动轨迹、路程、位移、快慢、运动方向等都有足够丰富的、生动的感性认识,这对建立速度概念都是很有用的,因此学生比较容易理解速度。但在学生的感觉中,比较速度变化快慢的现象不多,这就给学生建立加速度概念,对加速度的矢量特性的认识方面带来困难。在区分运动的快慢、速度变化的多少、运动速度变化的快慢方面具有相当的难度,往往认为"速度大,加速度就大,当速度减小时,加速度就减小";这为加速度概念的建立设置了不小的难度。对学生的理解及想象,抽象思维能力提出了相当的挑战。

【教学重难点】

教学重点:加速度概念的建立。

教学难点:对加速度的意义和公式的理解:正确区分加速度(a)与速度(v)、速度的变化量(Δv)、速度的变化率($\Delta v/\Delta t$)之间的关系以及加速度的变化和速度的变化之间的关系并深入理解加速度的矢量性。

【教学目标】

(1)通过大量实例,使学生感受到对速度变化快慢的描述是有意义的;通过分析认识到可以用速度变化量与速度变化所用时间的比值来定义一个描述速度变化快慢的物理量——加速度,进而了解和体会用比值定义物理量在科学研究中的应用。

(2)了解加速度的矢量性,会根据速度与加速度的方向判断物体运动的性质。

(3)理解加速度的概念,区别速度、速度变化量和速度变化率,能在生活中准确使用加速度概念。

(4)能用$v\text{-}t$图像计算加速度的大小,体会数学在物理中的应用。

【教学过程】

教学环节	教师活动	学生活动	设计意图
环节一	**情境引入** 　　我们在生活中遇到的运动多数是变速的。比如你滑滑梯越来越快，你骑自行车时遇到红灯要刹车就越来越慢，等等。 　　视频：飞机、F1赛车、摩托车三者竞速。 　　提出问题：能不能用你的语言详细描述一下三者的运动？ 　　继续启发：你从刚才的视频中发现了什么问题？ 　　肯定学生的细致观察，同时给出不同汽车加速过程和制动过程速度变化的参数，思考研究速度变化的意义。 　　（汽车性能知识参考网址： http://www.autoworld.com.cn/mantan.htm http://auto.sohu.com/）	**观看视频** 　　回答：刚开始，摩托车是领先的，赛车其次，而飞机落在最后，直到经过一段时间后，飞机、赛车才渐渐超越摩托，速度越来越快。 　　回答：虽然赛车、摩托车、飞机都在加速，但是它们速度增加得快慢不一样，开始时摩托车的速度增加得最快，而飞机的速度增加得最慢…… 　　学生讨论后明确： 　　（1）汽车的加速性能是反映汽车质量优劣的一项重要指标； 　　（2）汽车的制动距离也是反映汽车性能优劣的一项指标； 　　（3）研究速度变化快慢是有意义的； 　　（4）需要引入一个物理量来描述速度变化的快慢。	创设情境，引出前概念和情境的矛盾，激发学生学习新知的欲望 　　使学生认识到引入加速度概念的必要性
环节二	**如何描述速度变化的快慢——建立加速度概念** 　　给出数据，引导讨论 　　1. 相同时间内速度变化不同，如何表示速度变化的快慢？ 　　2. 速度变化相同，所用时间不同，如何表示速度变化快慢？ 　　3. 速度变化不同，所用时间也不同，如何表示速度变化快慢？	回答：在所用时间一样的情况下，速度改变大的物体速度改变得快。 　　回答：在速度改变相同的情况下，所用时间越短，速度改变得越快。 　　回答：利用单位时间内速度的改变来比较速度改变得快慢。 　　学习用比值法定义物理量。 　　学生分为两大组设计并完成实验：让玩具四驱车连接上纸带，利用打点计时器记录玩具车加速和减速的运动情况，求出相应的计数点的速度，并利用加速度的定义式求出加速度	通过简单直观的数据引导学生通过分析和讨论逐步过渡到用比值的方法定义加速度概念

环节二 第1小题表格：

时刻/s	0	5	10	15
甲 $v/(\text{m}\cdot\text{s}^{-1})$	20	25	30	35
乙 $v/(\text{m}\cdot\text{s}^{-1})$	10	30	50	70
丙 $v/(\text{m}\cdot\text{s}^{-1})$	35	30	25	20
丁 $v/(\text{m}\cdot\text{s}^{-1})$	50	35	20	5

环节二 第2小题表格：

项目　数据	初速度/$(\text{km}\cdot\text{h}^{-1})$	末速度/$(\text{km}\cdot\text{h}^{-1})$	用时/s
轿车起动	20	50	7
5吨货车起动	20	50	38
10吨货车起动	20	50	50

环节二 第3小题表格：

项目　数据	初速度/$(\text{m}\cdot\text{s}^{-1})$	末速度/$(\text{m}\cdot\text{s}^{-1})$	用时/s
自行车下坡	2	11	4
公共汽车出站	0	6	3
火车出站	0	20	100
飞机在空中飞行	300	300	10

教学环节	教师活动	学生活动	设计意图
	教师总结：我们可以用速度变化量与速度变化所用时间的比值定义加速度。 **小结并板书：** 1. 定义：加速度等于速度的改变跟发生这一改变所用时间的比值。 2. 表达式：$a=\dfrac{\Delta v}{\Delta t}=\dfrac{v_t-v_0}{t}$ accelerate——加速（动词） acceleration——加速度（名词） 3. 单位及符号： 米/秒^2，m/s^2（国际单位制），厘米/秒^2，cm/s^2 教师拿来两辆玩具四驱车，引导学生设计实验方案并测定玩具四驱车起动时的平均加速度和减速过程的平均加速度。 引导学生思考加速度的矢量性	 学生发现：小车在加速过程中的加速度是正的，而在减速过程中求出的加速度是负的	给学生提供动手的机会，在测定玩具车加速度的过程中发现新问题
环节三	**对加速度矢量性的认识，学会根据加速度与速度的方向关系判断物体运动的性质** 结合实际情景和数据，引导学生画矢量图并分析加速度的方向、速度变化的方向与速度方向的关系。 教学说明：对加速度方向的认识取决于对速度变化量 Δv 的认识，而速度变化量对初学矢量的学生是不易被理解的，因为学生很难将速度和速度变化区分开，特别是速度的方向和速度变化的方向可能相同也可能不同。对于程度不太好的学生可以利用速度定义式 $v=\Delta x/\Delta t$ 中的 $\Delta x=x_2-x_1$ 迁移过来，得出 $\Delta v=v_2-v_1$；再结合给出的汽车起动和制动的数据得到汽车起动时 $\Delta v>0$，制动时 $\Delta v<0$。最后引导学生画出矢量图） 提出问题：能不能根据加速度与初速度的关系就判断出物体是做加速运动还是减速运动呢？ **小结并板书：** 4. 加速度是矢量，其方向与速度变化方向一致 若物体加速运动 $v_t>v_0$，$\Delta v=v_t-v_0>0$，则 $a>0$，a 与 v_0 方向相同； 若物体减速运动 $v_t<v_0$，$\Delta v=v_t-v_0<0$，则 $a<0$，a 与 v_0 方向相反。 提出问题：你能说一说 $a=-6$ m/s^2 的含义吗？ 介绍生活中的加速度 分析：课本列表"物体运动的加速度"	学生根据实际数据画出矢量图。 分析得出：当速度增加时，$\Delta v>0$，加速度是正值（与初速度方向相同）；当速度减小时，$\Delta v<0$，加速度是负值（与初速度方向相反）。加速度的方向与速度变化量的方向一致。 回答：可以根据加速度 a、初速度 v_0 的方向关系来分析，只要 a 与 v_0 的方向相同，物体就做加速运动；只要 a 与 v_0 的方向相反，则物体就做减速运动。 回答：$a=-6$ m/s^2 表示 a 的大小是 6 m/s^2，a 与 v_0 的方向相反，物体做减速运动，物体的速度是每秒减少 6 m/s。 学生举例	通过引导学生画矢量图，分析加速度的矢量性，培养学生得逻辑思维能力

教学环节	教师活动	学生活动	设计意图
环节四	**深化加速度概念** 1. 区分速度、速度变化量和速度变化率 讨论如下问题: (1)有可能出现速度大、加速度小的情况吗? (2)有可能出现速度变化量小,而加速度大的情况吗? (3)有可能出现速度方向与加速度方向相反的情况吗? (4)有可能出现加速度方向与速度变化量方向相反的情况吗? (5)有可能出现加速度增大而速度减小的情况吗? 师生共同列表总结		通过问题讨论和对概念进行比较分析,化解学生易将加速度与速度变化量混淆的难点 利用数学图像加深对加速度概念的理解

物理量 属性	速度 v	速度变化量 Δv	加速度 a(速度变化率)
物理意义	描述物体运动快慢和方向的物理量	描述速度变化大小和方向的物理量	描述速度变化快慢的物理量
定义式	$v = \dfrac{\Delta x}{\Delta t}$	$\Delta v = v_t - v_0$	$a = \dfrac{\Delta v}{\Delta t} = \dfrac{v_t - v_0}{\Delta t}$
单位	m/s	m/s	m/s^2
方向的确定	物体运动的方向	由 v_t 和 v_0 的方向和大小决定	Δv 的方向
决定因素	位移及发生位移所用的时间		速度变化量及速度变化所用时间

教学环节	教师活动	学生活动	设计意图
	2. 从 v–t 图像看加速度 引导学生说出:在 v–t 图像上怎样找到速度的变化?怎样反映速度变化的快慢? 3. 拓展引申——只要物体速度有变化,就一定存在加速度 给出几幅图片(汽车减速运动、卡丁车匀速圆周运动、过山车运动)引导学生分析小车是否都有加速度?	速度图像中直线的倾斜程度表示速度的大小,倾斜程度越大,加速度越大。	
	课堂小结	学生总结学习加速度概念的收获	

▶▶ **活动5**

◀◀ **案例分析**

（1）该案例中，教师根据什么确定教学的重点、难点？符合《标准》中的哪一级要求？

_____

_____

_____

_____

（2）该案例中，教师采取了哪些手段整合教学内容？如果您讲授这节课，将怎样处理？请跟大家分享。

_____

_____

_____

_____

_____

（二）初中教学案例

欧姆定律的应用——串联电路中的电阻规律（初中九年级）

本案例由北京工业大学附属中学腾飞老师提供

【设计思路】

《欧姆定律的应用——串、并联电路的电阻规律》这节课在初中的物理教学中是比较特殊的，运用了数学推导来得出物理规律。在教学实践中，大部分学生对于电阻规律的理解和掌握仅停留在计算的使用上，而对于其实际意义，成立条件，以及利用规律去解释实验现象等方面不太关注。

这节课设计的主导思想就是把理论推导和实验现象在课堂上结合起来，让学生从感性和理性两个方面去认识，理解串、并联的电阻规律。整节课的思路基本为：从练习中发现错误，利用数学推导和实验探究双管齐下去分析、解释错误的成因，最终得到正确结论。在这个过程中，希望学生能对物理问题的探究和解决方法有所了解，对于知识的关注角度更加宽阔，在知识的运用上更加灵活。

【教学过程描述及说明】

教学思路	教学环节的设计和实施	课堂教学效果的展现
依据练习中的错误找到学生知识上的"盲点"。	本节课的教学重点非常明确，就是串并联电路中电阻规律的推导和应用。教师从习题中发现了学生认知上的错误。 （1）课前学生已经可以运用串联电阻规律去解题了。 教师没有纠结于结论是否可以使用，而是通过引导学生思考这一规律是如何得出的，是否从旧知识中迁移得出？ （2）而对于并联的电阻规律学生的经验和判断显然出现了问题。 从题目中可以看出，学生仍然认为并联的总电阻也是通过电阻的直接求和实现的，而这显然与事实不相符。教师随后仍然从理论推导和实验探究两个方面来帮助学生认识事实的真相	（1）尊重学生原有认知，引导学生思考规律的成因。 在课前的练习中，学生已经可以比较熟练地去运用串联的电阻规律进行解题了，这一事实发生的契机就是学生为了简化解题的过程。对这一点在教学中要予以学生肯定，同时引导学生思考这样判断的依据和理由，这就将学习中的前后知识联系起来，由点成线。 （2）把握认知冲突，提高课堂实效。 认知冲突是联结学生固有经验与新知识的通道，是认知结构更新的一个必要前提。伴随着认知冲突的产生，学生的大脑开始兴奋，学习积极性增强，思维活动处在最佳状态。这既是教师和学生心理交流的接触点、共振点，又是教与学的共同机遇，是一个有效的教学契机。 利用欧姆定律 $I=U/R$ 和串、并联电路的电压、电流规律可以推导出电阻规律，但是学生在没有认知冲突的情况下去推导会显得目的性不明确，而且也不理解这一推导的必要性。通过对错误的修正，电阻规律的引入就显得顺理成章了
	对于学生在课堂上的数学推导，教师只是提供了工具（欧姆定律、电路规律），没有在推导结束后急于去说明正确与否，而是通过演示物理实验来评估学生的结论。 1. 串联电路 当电阻数量增加之后电流表的示数在减小，与数学推导的结果是相符的。	物理规律既是物理知识的核心内容，同时又是物理思维能力培养的主要途径。物理规律的学习过程实际上就是在培养学生的物理思维。

教学思路	教学环节的设计和实施	课堂教学效果的展现
电阻规律在数学推导和物理实验中的相互验证。	**2. 并联电路** 当加入滑动变阻器之后，干路电流变大，说明总电阻在减小，既证明了学生在练习中的想法是错误的，也验证了数学推导	（1）教师在课堂上通过实验演示了在串、并联电路中增加电阻数量后电路中的电流变化，非常直观地体现了电阻变化所带来的影响，使学生有效地将感性认识和理性认识结合起来。反之，在缺乏物理现象的展示和无法做实验的条件下，上物理课对大多数学生来说，犹如在听天书，而且即使优秀的学生就算听懂了理论，他也会产生怀疑，使物理理论显得很苍白，毫无说服力。 （2）同时物理实验也是纠正学生错误的最好方式。在并联实验中能够看到，电阻数量增加后总电流增大，说明总电阻在减小，这一点与部分学生的判断是不相符的，从而更好地激发了这一部分学生学习的动机，去思考出现错误的原因，以及事实的真相
围绕教学的重点，将问题延伸、发散，培养学生的思维能力。	变化电路是北京物理中考的常考题型之一，其核心就是电路中用电器的电阻发生改变，从而对其他物理量造成影响。在讲完电阻规律之后，正好利用实验对这一问题提出探究。 课堂上教师进行的提问： 关于电阻的问题我们还可以继续进行深入的思考。一般来说，串联电路我们容易发现，当其中的一个电阻变大的时候，总电阻也一定会变大的，因为就相当于增加了电阻的长度。那么在并联电路中，如果让其中一个电阻增大，总电阻是变大还是变小呢？ 演示（实物投影）：将滑动变阻器的阻值从小到大进行改变，观察电流表的大小变化。 教师：这次我们要利用并联的电阻规律来验证一下，看看理论的推导跟实际的现象是否相符？（此处由教师分析，根据 $1/R=1/R_1+1/R_2$，若 R_2 增大，R 会如何变化？） 这里教师将演示实验和理论分析的顺序进行了颠倒，考虑到学生刚刚学习完的实际认知水平，这一改变是有必要的，从课堂来看，也达到了预想的效果	著名数学教育家波利亚说过："一个专心认真备课的教师能够拿出一个有变化但又不太复杂的题目，去帮助学生挖掘问题的各个方面，使得通过这道题就好像通过一道门户，把学生引入一个完整的理论领域。" 电阻规律本身并不是一个知识上的难点，不过在教学中可以从规律上拓展出更多的教学内容，变化电路就是其一，这种拓展可以帮助学生建立起不同题目之间的联系，同时也可以训练学生将知识点灵活运用来解答物理问题。 课上教师通过滑动变阻器来体现串联和并联电路中一个电阻发生变化，总电阻如何改变，利用电流表的示数来予以体现。 这个教学行为的关键不单单在于知识点的掌握与否，更重要的是通过教学环节的设计来提升、培养和训练学生的学习能力，而这一点在整堂课的教学设计中是贯彻始终的。对于学生来说，这种渗透在日常教学中的能力启发更自然，印象也会更深

▶▶ 活动 6

《 案例分析

（1）该案例中，教师怎样整合了教学内容？这样整合符合《标准》的哪一级要求？

_____

_____

_____

（2）如果您讲授这节课，将怎样处理？跟大家分享。

_____

_____

_____

四、训练

确定教学的重点和难点

确定教学目标、教学的重点和难点，是物理教学准备阶段的一个重要环节。要上好一节课，使学生的学习达到预期的质量标准，教师必须事先明确在教学活动中学生应该做什么，学习哪些内容，学习这些内容达到什么知识层次和能力水平；在教学活动中重点要解决什么问题，解决这些问题会遇到哪些困难，如何克服这些困难等。这就同作战之前要制定作战计划一样重要。

对教学起导向作用的通常是《课程标准》，而《课程标准》提出的要求是笼统抽象的。它不可能对每一节教学内容（知识点）提出很具体的要求。这就需要我们在教学之前制定出明确具体的教学目标、重点和难点。

（一）确定教学重点、难点的一般原则

确定物理教学重点、难点要遵循一定的原则，这些原则体现着物理教学的思想。

1. 标准性原则

在确定教学重点、难点时，只能以国家制定的教育方针、《课程标准》要求为基本的标准。《课程标准》是国家规定的用来衡量教学质量的统一标准。只有按国家规定的要求，才能保证学生将来适应社会的需要。在确定教学重点、难点时，必须处理好《课程标准》与教材的关系。教学重点、难点要能逐层次的体现《课程标准》的要求，使《课程标准》和教材的要求具体化、明确化。

2.整体性原则

确定教学重点、难点时要遵循由整体到局部，再由局部回到整体的思路进行考虑，即由中学物理教学的总目标、总重点和难点，到具体实施的章节，知识点的教学目标、重点和难点，构成一个有序的、前后关联的系统整体。

首先要把握住中学物理教学的总目标、重点和难点，再弄清各部分的教学目标、重点和难点。注意到各部分之间的联系和渗透，然后确定各章、节知识点的教学目标、重点和难点。也就是说，要从整个中学物理课程这一角度去考察每一章节所处的地位和作用，最后确定教学目标、重点和难点如何落实到每个知识点上。

如加速度是高中力学中的重要概念，既是教学重点也是教学难点，然而加速度的教学是在"物体的运动""牛顿运动定律""曲线运动"这三章中逐步体现的，同时在其他部分也有广泛的应用。在"物体的运动"一章中，它既是重点又是难点，此时要求学生能从直线运动的角度理解加速度的大小、方向及物理意义。在"牛顿运动定律"一章中，它既不是重点也不是难点，此时要求学生搞清产生加速度的力学原因就可以了。在"曲线运动"一章中，它（向心加速度）又成为教学的重点和难点，这时要求学生理解向心加速度的大小、方向及物理意义。通过这三章的学习，再概括提高，最后达到完成加速度这一单元的教学目标。

因此，在确定某节某个知识点的教学目标、重点和难点时，不能将总目标、总重点和难点的对应条款机械照搬，必须注意到各个不同层次的目标、重点和难点之间的联系，以及与教材严密的科学体系及知识点间的结构，又要注意到学生的认知规律，从而使各章节的教学为达到总目标服务。

上述讲的是认知领域的整体性，同时还必须注意到情感领域和动作技能领域，使三个领域结合为有机的整体，形成三个领域的一体化。

3.适应性原则

确定教学的重点、难点时，必须着眼于全体学生的发展，能最大限度地适应不同程度的学生需要。教学要适应经济、科学和社会发展的多方面需要，全面提高全体学生的物理素养。因此教学的目标、重点和难点必须根据不同学生的实际，具有一定的层次性。也就是我们常说的使基础好的学生吃饱，也要使基础较差的学有所得，使学生在不同基础上都得到充分的发展。

如位移公式 $x = v_0 t + \frac{1}{2}at^2$ 的教学目标应分为三个层次：第一层次使学生掌握 a 的方向表示，取 v_0 为正，加速运动时 a 取正，减速运动时 a 取负；第二层次是会运用公式解决简单的实际问题，如汽车刹车前后的位移；第三层次是认识到公式是矢量式，在一条直线上 a 恒定的往复运动可用公式直接计算。

4. 具体性原则

确定教学的目标、重点和难点时，一定要具体，易操作可实施。一般情况下，教学目标、重点和难点只落实到知识点上，这样就显得粗糙，明确性、具体性较差。一个知识点往往包括许多内容，这些内容所处的地位一般不相同，教学时的水平要求也不同。笔者认为对一个知识点还应分为几个知识要素，教学目标重点难点相应地落实在各个知识要素上。

如初二物理中"温度"这一知识点可分解为：温度、摄氏温度、常用温度计的构造和原理、温度计的使用、体温计和热力学温度。

（二）确定教学重点、难点的一般方法

怎样确定教学中的重点与难点呢？很多优秀教师主要有以下几种方法：地位作用分析法、课题分析法、例（习）题推断法、理论分析法（心理学原理分析）、学情分析法。

1. 地位作用分析法

根据重点的含义，教材知识体系中具有重要地位作用的知识、技能与方法是教学的重点。所以，可以从分析学习内容在教材知识体系中的地位和作用来确定是否为教学重点。

2. 课题分析法

很多情况下学习内容的标题（课题）就明确了将要学习的主要内容，由此可以根据学习内容的标题（课题）来确定教学的重点。

3. 例（习）题分析法

重点内容的学习要求学生要达到理解、掌握和灵活运用，因此，教材中一般都配备了一定数量的例（习）题供学生练习、巩固，并形成技能与能力。所以，分析教材中的例（习）题的安排和配制可以确定教学的重点。

4. 理论分析法（心理学原理分析）

这是指根据教学学习理论分析确定教学重点。根据物理教育学理论，物理学习的关键在于对物理知识的真正理解。只有真正理解了物理知识的意义，才能真正感悟和体会到物理学的精髓和实质，才能体会到物理学的博大精深和无穷魅力，才能真正发挥物理文化的育人作用，才能真正掌握物理学知识本身和灵活运用其解决问题。所以，概念教学和规律教学的第一节课都应把对概念的理解，规律的得出过程以及概念与概念之间、规律与规律之间的相互联系作为教学重点。

5. 学情分析法

学情分析法又叫经验分析法，是指教师根据往届学生学习理解本节内容的困难程度或者根据知识本身的难易程度再结合学生的理解水平来确定教学的重点和难点。这种方法主要用于确定教学难点。具体可根据难点形成的几个方面来分析确定。

确定教学的重点和难点除了掌握以上方法外，还要求教师要具有扎实的物理学专业知

识与技能，以及一定的物理教育理论，否则即使掌握了以上方法也不一定能准确地确定教学的重点。

（三）确定教学重点、难点的一般程序

1. 认真钻研《课程标准》，通读教材

《课程标准》规定了中学物理教学的总目标，物理教科书就是根据这些总目标编写的。我们要确定的是章节和知识点的具体教学目标、重点、难点。总目标、重点、难点是确定具体目标重点、难点的依据。

要认真研究中学物理《课程标准》，通读物理教材。了解教材的编排体系、知识结构、教学内容、目的和任务，以及在知识和能力方面的具体要求。对全书的教学要求、重点和难点开列出来，做到心中有数。哪些章节地位特殊，前后联系紧密，应用广泛，这些地方应是教学的重点；哪些章节与其他学科（数学、化学等）联系过密，概念规律抽象，这些地方可能会出现教学难点。

此外，对物理教学参考书，对初中的"中考说明"，对高中的"会考说明"和"高考说明"，也要认真阅读，它也可以帮助我们确定教学目标的重点和难点。

2. 确定章节的知识点，将知识点分解为知识要素

中学物理中的章节在教材中具有相对独立性。在教学中是一个相对的独立系统。在确定教学目标重点、难点时，首先根据教材的章节顺序和教学内容之间的内在联系，确定出章节中的各个知识点，然后再将各知识点分解为若干个知识要素。

所谓知识点就是我们常说的知识要点。它在物理学科的体系中是一个个相对独立的知识项目，是知识结构系统中的子系统。所谓知识要素就是构成知识要点的重要元素。其特点是不与其他知识要素相交叉、重叠。

在确定知识点和知识要素时必须注意层次性。层次过少，知识点和知识要素就显得粗大，教学中会出现遗漏某些具体内容；层次过多，就显得细碎，教学中难以突出重点。一般来说，每节有 1 ~ 2 个知识点，每个知识点又包括 2 个以上的知识要素。确定知识点的多少，知识要素的多少要适度。要根据教材实际和学生的实际情况而定。对于刚接触物理课的中学低年级宜细一些，对于有一定物理基础的中学高年级宜粗一些。

此外，对于在学习材料和练习中出现的常用解题技巧、常用结论等也应视为知识点。对它们的总结、理解和应用，往往反映了学生学习物理能力的强弱。

3. 制定双项细目表，确定各知识点的等级

章节知识点和知识要素确定之后，接下来的工作就是给各知识点、知识要素划分学习水平的层次。为直观起见，可以列出双向细目表。

知识点的学习水平层次，应根据知识点在物理知识结构和教材体系中的地位、与其他

知识点的关系和习题的难度水平来确定。一般来说,某一重要知识点的目标层次要略低于该章目标层次。学习完该章后,再通过复习课(知识结构分析)及习题课和练习,使之达到本章的目标。章节目标总体看还是稍低于总目标层次。要达到总目标水平,应是在学完某部分或全部后,找到该章与前后知识的联系,应用点、扩散点和加深点之后,并通过练习才能达到。因此某节课某知识点的教学目标层次,不是简单地将总目标中的对应条款下搬、分解,而是根据教材情况和学生的实际制定出切实可行的目标层次。

下面是高中物理必修2《曲线运动》一章的双向细目表,如表1-3所示。

表1-3

序　　号		知识点	知道	了解	理解	应用
第五章 曲线运动	第一节 曲线运动	1. 曲线运动的概念、位移及速度			√	
		2. 曲线运动是变速运动及匀变速曲线运动	√			
		3. 运动的合成分解				√
		4. 曲线运动的条件			√	
	第二节 平抛运动	1. 平抛的概念及其轨迹(抛物线)			√	
		2. 平抛运动的规律				√
		3. 抛体运动的规律			√	
	第三节 平抛运动的研究	1. 平抛运动的轨迹是不是抛物线	√			
		2. 测平抛运动的初速度			√	
	第四节 圆周运动	1. 圆周运动的线速度、角速度、周期、转速、频率			√	
		2. 线速度、角速度、周期、转速、频率之间的关系			√	
	第五节 向心加速度	向心加速度			√	
	第六节 向心力	1. 向心力的应用				√
		2. 对变速圆周运动和一般的曲线运动的理解		√		
	第七节 生活中的圆周运动	1. 铁路的弯道、拱形桥、航天器中的失重应用				√
		2. 离心运动		√		
		3. 竖直平面内的圆周运动理解及应用(理科学生)			√	

4.具体明确地表述教学目标、重点和难点

我们制定的双向细目表是教学目标、重点和难点的简单表述。它比较直观，便于教师使用。但它又显得过于抽象，不利于学生理解和掌握。因此还要用可观察、可测量的文字来叙述。在表述时应注意：学生是行为主体。教学目标、重点和难点都描述的是学生的行为，是学生应该知道什么，应该理解什么，应该会做什么。其主语都是学生，不能省略。行为内容要具体、可操作，使学生看了之后知道自己该做什么，怎么做。行为结果要准确，学生要清楚通过自己的行为应达到什么层次的结果。总之，目标表述要让学习者知道该做什么，到什么程度；会做什么，到什么水平；理解什么，到什么层次。这样才便于自我检查，便于确认自己是否达到标准，以便调整自己的学习。

▶▶ 活动7 思考与分析

（1）自选一册教材，参照《课程标准》《考试说明》（中考、会考或高考说明），试着列出教材的双向细目表。

_____

_____

_____

（2）自选一节教材，试着做这一节的教学任务分析。建议从以下几个方面进行分析。

①教学内容分析：

_____

_____

_____

②学生情况分析：

_____

_____

_____

③重点、难点分析：

_____

_____

_____

④教学内容的确定：

_____

_____

_____

训练二 科学确定教学内容

▶▶ **活动8 讨论教学内容的定义**

步骤1 请根据自己的理解，结合教学实践，以小组为单位交流讨论，给出教学内容的定义。

_____

_____

步骤2 组与组之间交流讨论，最后形成一个大家认可的定义。（定义可以参见"二、科学确定教学内容标准解读"）

_____

_____

▶▶ **活动9 讨论如何科学确定教学内容**

结合前面的教学案例和自身实践，你认为科学确定教学内容一般有哪些步骤?

_____

_____

注:

确定教学内容的操作要点可以参考"阅读理解2"。

▶▶ **活动10**

参考教科版《普通高中课程标准实验教科书物理必修2》第一章抛体运动的第一节"曲线运动"，确定这一节的教学内容。

1.《课程标准》要求

_____

2. 教材特点

（1）所授教学内容在整个知识体系中处在什么地位?

_____

（2）教材的主要线索是什么? 各项知识、技能有哪些联系?

_____

（3）教材的重点、难点和训练点分别是什么?

_____

（4）教材中有哪些德育因素？

_____

（5）你认为还可以补充哪些内容？

_____

3. 学情分析

（1）学生的知识基础：_____

_____

（2）学生的思维（能力）基础：_____

_____

（3）学生的学习障碍：_____

_____

4. 本节课的教学重点与难点

_____

_____

_____

_____

5. 本节课的教学目标（教学内容）

_____

_____

_____

▶▶ 活动 11 科学确定教学内容微格训练

步骤 1 仔细阅读前面的理论部分及案例。

步骤 2 根据自己任教年级设计一节能体现科学确定教学内容微格教案，在小组内进行交流、评价。

步骤 3 分小组进行微格教学训练，将自己设计的微格教案在小组内试讲、互评。

存在问题：_____

_____

意见和建议：

_____

_____

_____

▶▶ **活动 12　综合实践训练**

步骤 1　自选一节教材,撰写能反映科学确定教学内容的教学设计,并进行课堂实施(尽量录像)

步骤 2　反思评价自己的实施效果:亮点及不足。

步骤 3　撰写教学案例。结合自己的课堂撰写一篇科学确定教学内容的教学案例。

五、反思提升

(1)学习日记:请您写出本模块学习要点。_____

_____

_____

(2)你对"科学确定教学内容"是怎样理解的? 你认为科学确定教学内容有哪些更加实用的方法和策略? 教师如何有意识地提升这方面的技能?

_____

_____

_____

(3)通过训练,你在科学确定教学内容方面有了哪些提高? 请结合教学实例谈一谈自己的学习体会。

_____

_____

_____

附　　录

附录 1-1　对教材的整体分析

整体分析，就是从教材整体出发，把握教材编写的整体思路和结构，了解教材编写的指导思想和原则，对一个学期、一个学年、一个学段以及相邻学段的教材进行全面分析。从整体上分析教材，需要分析教材的编写意图、内容选取、程度要求、风格特点和内容分布，需要切实了解教材的整体结构，不能只顾及自己目前教授的那一节或那一章，不能就事论事。例如《普通高中课程标准实验教科书》高中物理教材，有必修教材和选修教材，每一册的侧重点都是不同的,但其中又有着某种联系。教师只有从整体上把握每册教材的内容与要求，才能认识到局部内容在整体中所处的地位，认识该部分内容在知识、能力、情感态度价值观等方面与其他内容之间的联系，搞清楚教材内容是怎样循序渐进地加以组织的，教材是如何从整体上和局部上体现课程标准的。只有从整体上把握了教材，才能根据学生的兴趣爱好、发展需求，选择合适的教学内容，真正做到因材施教。

如果出现了教材内容和《课程标准》内容要求不一致的情况，比如《课程标准》要求达到"应用"水平，而教材内容按照"理解"或"了解"水平编写的，这种情况下应以《课程标准》为准来重新选择和组织教学内容。

附录 1-2　对教材的章节分析

参照《高中物理新课程的理论与实践》一书，有删改。

教材的一章、一节是教材的基本结构单位。通过教材的章节分析，可以明确一章、一节中所包含的内容成分，以及这些内容之间的关系，与其他章节之间的联系，与课程标准、课程目标的关系等。

对教材的章节分析包括知识内容分析、能力分析和情感态度价值观分析。

一、知识内容分析

教材是将知识、能力、情感作为一个统一整体来编写的，不同的章节侧重点有所不同。

其中，知识作为教材的显性因素，是教材编写的明线，能力、情感作为教材中的隐性因素，是教材编写的暗线。新课程虽然强调了能力、情感的重要性，但并没有否定知识的重要性，知识本身就是能力、情感、态度、价值观的重要组成部分，知识、能力、情感三者是相互依存、不可分割的，因此，对知识的分析依然重要。

知识的分析一般包括知识的地位、知识的结构体系、知识中的概念和规律、知识中的重点和难点。

1.知识的地位分析

对知识的地位分析一般从以下几方面入手：

（1）该内容是一系列知识（问题）的源头、结尾，还是起着承上启下作用的主干，或者是某些知识的拓展？

（2）该内容涉及的知识在整个教材中所占的比例或在整个章节中所占的比例是多少？

（3）该内容与技术、社会结合的情况，其成果对社会生活、生产会产生哪些影响？

（4）该内容在培养学生的探究能力、情感态度及价值观上的特殊作用有哪些？

2.知识的结构体系

教材某部分内容的知识结构分析与构建一般为：

（1）依据《物理课程标准》所列的知识来构建。

例如，《高中物理（必修2）》模块，包含了三个二级主题：抛体运动与圆周运动、机械能和能源、经典力学的成就与局限。

其中前两个主题的知识结构如图 1–1、图 1–2 所示。

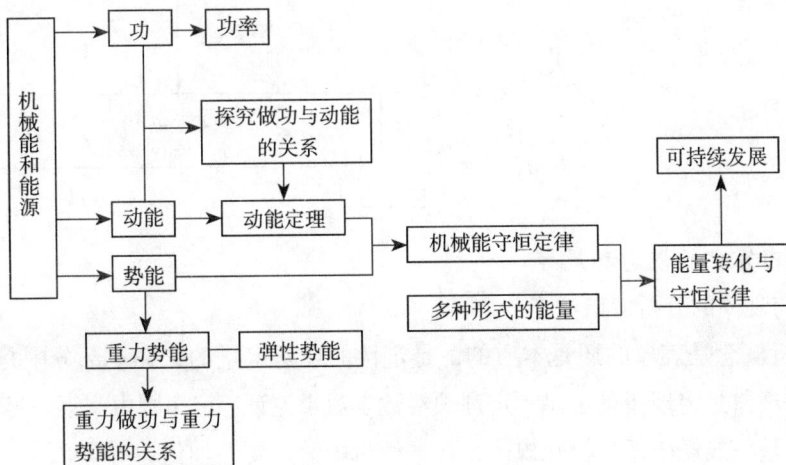

图 1–1

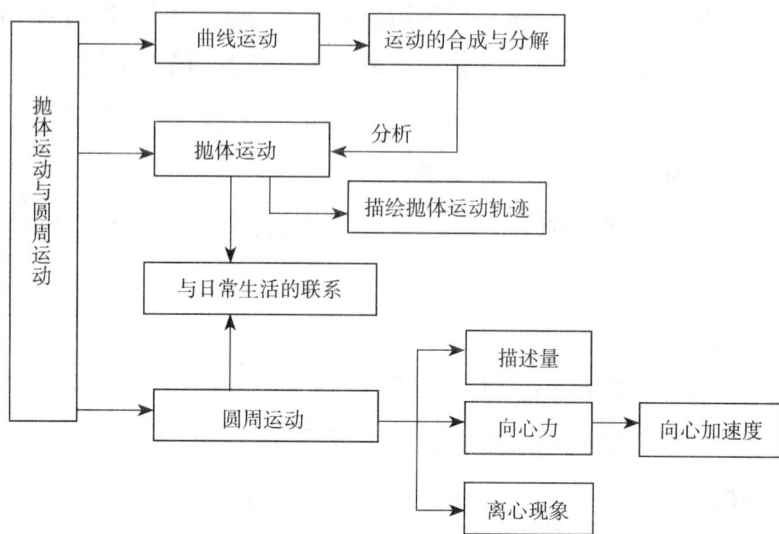

图 1-2

（2）找出知识内容中起基础作用、核心作用的知识点（概念、规律等），并以其为源头，分析各知识点的内在联系，强调其逻辑思维的顺序及因果联系构建知识结构图。

例如以牛顿第二定律为源头，考虑力对时间的积累，可以推出动量定理；而在系统所受合外力为零的前提下，系统遵从动量守恒定律，因此可以构建如图 1-3 所示的结构图。

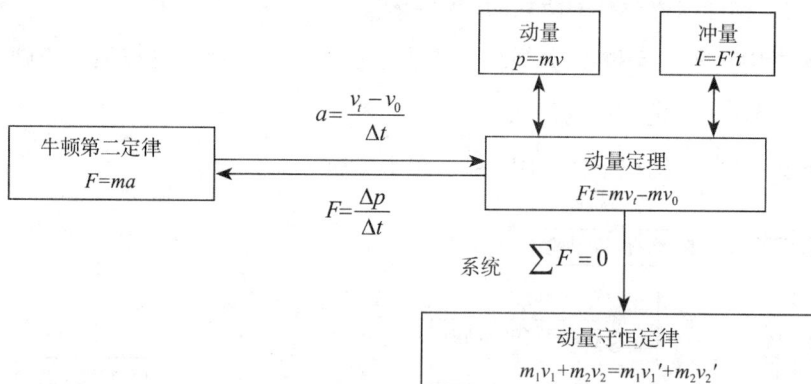

图 1-3

3. 知识内容中的概念和规律

对概念与规律的分析应该注意：

（1）分析概念是表象的还是本质的，是定性的还是定量的，在本部分中是辅助的还是核心的；分清规律是定理还是定律（定理须经数学逻辑论证，定律则由观察、实验后的分析、归纳得出），是一般规律还是特殊规律，在本教材中的重要性如何，等等。

（2）概念和规律的表述中，哪些是关键词？该从哪些方面去剖析概念的内涵和外延？规律成立的前提条件是什么？适用范围如何？

（3）概念与概念之间、概念与规律之间、规律与规律之间的联系和区别。分析某个力学物理量或物理规律，通常应抓住其矢量性、瞬时性、相对性以及成立条件、适用范围等方面。矢量性是指某物理量具有的大小、方向及合成满足平行四边形法则。瞬时性是指物理量对应于某一时刻和位置，与过程相对。相对性是指某物理量的大小依据某个基准为计量的起点才能得出。

4. 知识中的重点与难点

关于重点与难点可依据以下几条原则来确定：

（1）物理《课程标准》中提出较高层次要求的内容是重点，而该内容可能由于学生的思维定式造成学习的困难，或由于所需演示内容过程复杂、手续繁多、耗时较多等因素较难逐步分析清楚，造成学生理解上的困难，则该内容既是重点又是难点。

（2）在整个教学过程中起基础作用的，如基本概念、基本技能、基本规律是重点，由于其基础性，一般表述都比较简洁、直观、明了，很少是难点。但其中一些概念或规律，由于：①在教材中起核心作用，起承上启下、广泛联系的作用，其内涵的丰富性和外延的广泛性难以全面把握；②表述中有比较难懂的词句，学生受限于认知水平而难以理解，等等。如果由于这两个原因造成学习困难，则该内容应视为教学难点。

例如，《普通高中课程标准实验教科书》必修 3-2 中《电磁感应》一章，在讲述右手定则之后讲述楞次定律。我们知道右手定则只适用于闭合电路部分导体切割磁感线产生感应电流的情况；对导体未切割磁感线，而整个闭合电路的磁通量发生变化的情况，用右手定则无法判定感应电流的方向。而楞次定律，只要闭合电路磁通量发生变化，不论部分导体是否切割磁感线，都可作出判断。因此适用性更强。它既承接了右手定则的内容，能解决右手定则未能解决的问题，又为后面定量描述电磁感应定律奠定了基础。对于楞次定律，要求学生要知道定律的内容、理解其含义，而且能用来分析、解决物理问题……这些都表明楞次定律属于教学重点。另一方面，楞次定律的学习需要进行实验探究，探究过程比较复杂，手续繁多，耗时也多，如果班级学生人数较多，教师难以照顾全面。其次是楞次定律的内容，感应电流具有这样的方向：感应电流磁场总是阻碍引起感应电流磁通量的变化。里面的"总是""阻碍""变化"等关键词，需要教师讲解透彻，否则学生不能得其要领，即使将定律全部背诵下来，碰到具体问题仍然不会用。从内涵和外延的角度讲，将楞次定律的应用深入下去，会遇到：①磁通量既有增加又有减少的过程，而产生感应电流的方向的判定方法应是先划分不同阶段，再逐个阶段分析；②在电磁感应中，导体间相对运动方向的判断方法是运用楞次定律的另一种表述，即"电磁感应所产生的效果总是要阻碍引起感应电流的导体（或磁体）间的相对运动"来进行判断。上述情况和方法要在教学中举例说明，因此教师首先要做充分准备（包括实验的准备），其次学生也需要有一个理解、消化、练习的过程。而这两方面都有一定难度，因此对于楞次定律的认识、理解和应用既是重点又是难点。

（3）教材中一些对培养学生观察、实验能力、认知水平发展、思维能力起很好启迪作用的演示、实验的剖析、科学方法或科学史实的叙述应当作为重点。比如焦耳定律在初中物理中有三个特点：一是综合性强，前边学过的欧姆定律、电功等知识在这一节都要用到；二是实验性强，实验难度大，要求较高；三是实用性强，其内容与生活、生产实际联系比较紧密。焦耳定律教学中的实验演示、实验的剖析，以及焦耳做实验的经历等都对学生有很好的启迪作用。因此这部分内容既是重点又是难点。

除了上述几方面的内容要注意分析外，教师还要分析和挖掘与教学内容相关的那些潜在的知识。一是要重视所教知识的发生发展过程，在分析知识的发生发展过程时，要特别关注知识的最新进展，及时将相关内容补充到教学中。这样可以大大激发学生的学习兴趣，往往能够收到很好的效果。很多有经验的教师都体会到物理学发展史在教学中的重要作用。二是挖掘、拓展教材中易产生疑问的内容和学生感兴趣的问题。三是分析教材知识在生产、生活、科学技术中的实际应用。教师应该能够联系本地区的实际特点、分析与拓展教材中应用性的知识。

二、能力分析

能力主要分为两大类，一类是一般的智力，包括注意力、观察力、记忆力、想象力、思维力，其中思维力是核心。这类能力是人从事任何活动都必须具备的，是能力中的基本成分。另一类是综合能力，主要包括阅读能力、表达交往合作能力、实验能力、自学能力、提出问题分析问题和解决问题的能力、搜集处理信息的能力、创新能力等。一项学习任务往往由几种能力结合起来完成的。

具体到教材中，能力因素隐含于教材中所呈现的知识的形成与应用过程和方法的学习运用过程，与学习的过程、方法的运用密切相关。因此，分析教材中的能力因素，一是从教学内容中提炼出方法论，主要包括学习的方法和科学探究的方法。学习的方法是指认知过程中运用的一些方法，如信息选择的方法、记忆的方法、阅读的方法等。科学探究的方法是指认识和研究客观事物的各种方法，包括三个层次：首先是哲学层次的方法，如唯物辩证法；其次是一般的科学探究方法，是指从各门具体学科的特殊方法中概括出来的共同方法等，还包括进行理性思维的方法，如分析、综合、归纳、演绎、类比、模型方法、数学方法、等效方法等；第三个层次是学科特殊的方法，如光谱分析法。二是注重教材中运用知识、技能和方法解决问题的内容（例如教材中运用概念、原理、定律等解释现象、预见结果、进行推理、判断、论证、设计方面的内容），进行观察、测量、调查、动手操作的内容等。

三、情感态度价值观分析

分析教材中隐含的有关情感、态度、价值观（含社会主义核心价值观）因素，把其纳入教学内容，最终落实到课堂教学中。教材中的情感、态度、价值观因素往往也是一些隐含性的内容,要靠教师深入分析和挖掘。如教材生动的插图与版面设计、有趣的语言描述等,都与激发学生的学习兴趣、好奇心相关。我国古今所取得的科学成就能够激发学生的民族自豪感;而资源、环境所面临的危机,能够激发学生的社会责任感;物理学史、物理学家的故事和科学探究活动等内容,能够帮助学生了解科学的性质,养成科学态度和科学精神。

附录1-3 教学难点形成的原因

在教学实践中,某些知识是传统的教学难点,不论哪位教师去教,也不管是哪些学生去学,这些知识都被视为难点,那么这些难点一般是怎样形成的呢? 有经验的老师做了如下梳理。

1. 相关知识、技能准备不足而形成难点

物理学本身有着严密的知识体系,教学内容的安排也是一环扣一环的,这就决定了物理教学有一定的系统性,前面学习的物理概念和规律,要为后面的学习打基础做准备,后面的学习要充分利用前面的准备知识才能取得良好的效果。如果在这方面注意得不够,往往会造成教学上的难点。例如:高中物理"牛顿运动定律"一章,在研究牛顿第二定律的应用时就需要利用前面所学静力学和运动学所学的基本概念及规律,受力分析不准确或运动状态不清楚都将影响牛顿第二定律的具体应用。因此分析教学难点时,不能只注意产生困难的知识点本身,还要看准备知识的掌握情况。

2. 内容或方法比较抽象而形成难点

抽象思维能力是随着年龄的增长、学习的加深才渐进形成的,但是对于初中学生甚至高中一年级的学生来说,抽象思维能力还不是很强,遇到思维过程和思维方法比较抽象的内容就会感到困难。例如:初中物理中推导液体压强公式时假想了一个立方体水柱来计算柱底平面的压强;讲连通器的原理时,又要假想底部有一个液片AB,在液体不流动时AB两侧的压强相等,上述假想法是研究物理问题的常用方法,属于理想模型法,但是因考虑问题的方法比较抽象,学生不易理解而成为难点。

又如,初中学生认识磁场时有一定困难,因为磁场是看不见摸不着的物质,到了高中学生认识电场时亦是如此。

3. 思维过程复杂,感性认识欠缺而形成难点

学生对物理概念的学习,往往需要从具体的感性知识入手,但如果学生缺乏感性认识,思维过程再稍微复杂一些,就会造成学习上的困难。例如:摩擦力的分析对学生来说是个难点。学生对向前运动的物体受到向后的摩擦力很容易理解,但对于某种情况下向前运动的物体仍受向前的摩擦力,很多学生就不能接受了,因为对这种情况学生的感性认识不足,如果授课中带领学生做几个简单的模拟小实验,让学生在"眼见为实"的基础上做理性分析,

就比较好掌握了。

4.所学知识与学生习惯认识不一致而形成难点

学生在日常生活中，会积累一些经验，但有些经验是错误的，比如大多数学生认为物体只要运动就得受力，错误地理解力是维持物体运动的原因。所以正确理解牛顿第一定律（惯性定律）的含义会成为学习中的难点。

5.由于思维定式带来的负迁移而形成难点

迁移原理是教学中的一条重要原理，正向迁移有利于学生在原有知识的基础上掌握新知识，但思维定式引起的负迁移却干扰对物理概念与规律的正确理解和给物理教学带来困难。例如对惯性概念的理解，学生往往认为物体的惯性与它的运动速度有关，速度越大，惯性越大，这个错误观念学生在学习物理以前就已经形成，尽管学习时再三强调惯性是物体的固定属性，与物体运动状态无关，但一碰到具体问题思维定式仍然起作用。例如学生会认为车子开得快不容易停下来，开得慢容易停下来，是由于两种情况下车子的惯性大小不同造成的很难真正理解惯性的概念。

另外，学生在学习物理公式之前，已经学过大量的数学公式，因而习惯用数学公式代替物理概念，见到数字就想到运算，很少从物理意义去思考问题，这也影响和阻碍了学生对物理概念本质的理解，造成一系列的思维障碍和困难，形成教学的难点。

6.由于教学阶段性的限制而形成难点

例如电压是初中生难以理解和接受的一个概念，这不仅仅是因它比较抽象，而且由于在初中不讲电势，难以给电压下一个严格的定义，因而不可能使学生对电压的本质有更深刻的理解而成为教学中的难点。

7.教学要求和教学方法不当也易形成难点

教学难点有的是由于知识内容本身的性质等特点造成的，也有的是由于学生的思维造成的，还有的是由于教学要求和教学方法不当人为造成的。学生学习物理习惯从有代表性的感性事物入手，归纳出它的本质特征和共性，经过由特殊到一般的归纳过程，得出概念和规律，若不注意这个特点，同样的内容用推理的方法来完成，学生就感到不好接受，这显然是由于教学方法的原因造成了难点。

补充案例：《电势能、电势》教材处理

本案例由北京工业大学附中郑蔚青提供

一、教材分析

电势能和电势是高中物理教学的重点和难点。它上承电场强度，下启电势差，是静电场部分的核心内容。

对照高中物理人教版教材和教科版教材，大体上都把教学内容分为四个部分，即电场力做功特点、电势能、电势、电势差。这四部分内容涉及了一对重要的功能关系（电场力做功与电势能变化的关系）以及两个重点概念（电势能、电势），从而导致了概念抽象、公式繁多的问题。而电势与电势能的相对性更为这些概念的获得设置了障碍。最为关键的是，这些概念所围绕的主题"电场"是看不见、摸不着却又真实存在的物质，因此教学实践表明，学生对这部分内容理解起来比较困难。

二、教材编写的不足与对策

这部分的教学通常采取类比的方法，不过教材中的类比并不充分，教材只是将电场力做功与重力做功做了类比；将电势能与重力势能做了类比，人教版教材中还把等势面与等高线做了类比，但是两种教材都没有与电势相类比的概念。这就使学生感到接受电势概念时"比较突然"。既然要用类比学习这部分内容，索性就进行完整的类比，也就是从电场力的功到电势能再到电势、电势差，都与重力场做对比，这样更有助于学生将重力场的研究方法"整体迁移"到电场中来。

三、教学设计改进

环节一：电场力做功特点

过程1：观察实验——水流推动水轮机模型转动（见图1-4）和阴极射线管中的阴极射线推动叶片转动（见图1-5）。

用外包装盒盖做水箱，在矿泉水盖上打个小孔，开口一端朝向水轮车，向叶片上方注入水流

图1-4

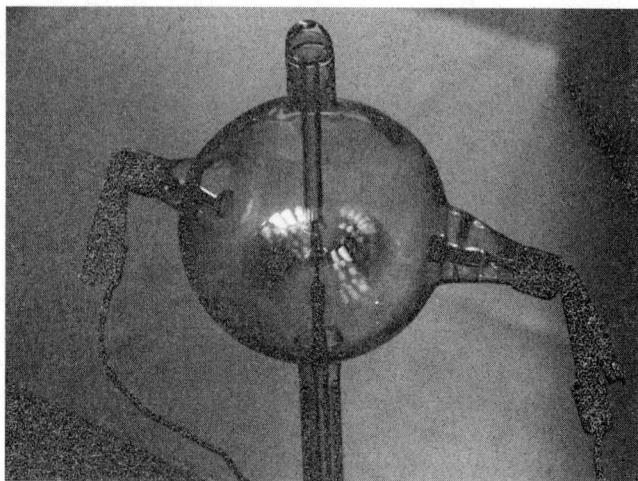

图 1-5

设计意图：尊重教材将重力场与电场类比的思想，为学生创设真实情景，激发学生的好奇心和求知欲，帮助学生类比重力场建立电场力做功的表象；同时引领学生用类比的方法对观察到的现象进行理性分析。

过程 2：分析推理电场力做功的特点

情景 1：如图 1-6 所示，检验电荷 q 在匀强电场中沿直线 AB 从 A 点移到 B 点，电场力做多少功？

情景 2：如图 1-7 所示，检验电荷 q 在匀强电场中沿折线 AMB 从 A 点移到 B 点，电场力做多少功？

情景 3：如图 1-8 所示，检验电荷 q 在匀强电场中沿曲线 AB 从 A 点移到 B 点，电场力做多少功？

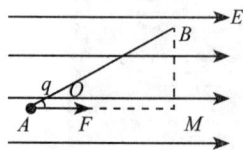
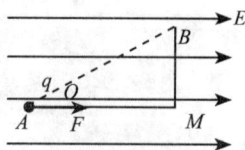
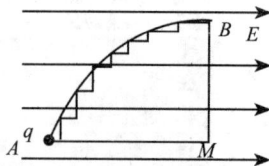

图 1-6　　　　　　　图 1-7　　　　　　　图 1-8

得出结论：电场力做功只与移动电荷的初、末位置有关，而与路径无关。

设计意图：给学生创设多种情景，引导学生通过严密的理论推导，逐步发现规律。

环节二：类比，建立电势能概念

问题 1：电场力做功的这个特点既适用于匀强电场也适用于非匀强电场，请同学们课后以点电荷电场为例推导验证一下这个规律。

问题 2：在我们学过的知识中，有没有跟电场力做功特点类似的情况？你能不能举例说明?

问题 3：一个苹果，从高为 2.0 m 的树枝上落下来，你敢用手去接住它，如果它是从高为 40 m 的十二层楼的阳台落下，你还敢用手接住吗? 从能量的角度看，同样的苹果在这两处有什么不同吗?

问题 4：如图 1-9 所示，将试探电荷 +q 分别从电场中的 A_1 点与 A_2 点由静止释放，它运动到 B 点的速度有什么不同吗?

问题 5：通过跟重力场类比，你认为同样的试探电荷 +q 在 A_1 点与 A_2 点有什么不同吗（见图 1-9）?

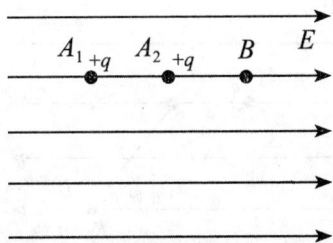

图 1-9

分析得出：电荷在电场中具有与其所在位置有关的能叫作电势能。

设计意图：设置问题情景，引导学生分析出电势能与重力势能的相似之处，同时为后续学习电势能的相对性，以及电势概念做好铺垫。

问题：重力做功与物体的重力势能变化有什么关系? 我们分析一下电场力做功与电势能变化是否也存在这样的关系呢?

思考回答：电场力做正功，电荷的电势能减少；电场力做负功，电荷的电势能增加。电场力做功的值等于电势能的变化量，即 $W_{AB}=E_{pA}-E_{pB}$.

问题：既然电势能与重力势能如此相似，那么类比重力势能的确定方法，如何确定电荷在电场中的电势能呢?

引导学生思考后，阅读教材，师生共同总结出：

（1）电势能的确定方法；

（2）电势能的相对性；

（3）电势能的单位、标矢性；

（4）电势能是电荷与电场共有的。

环节三：建立"势"与"重力势"的概念

教师给出语文上含有"势"的一些成语，如"势均力敌""势不可挡""势如破竹"，这样可以将"势"描绘的情景、蕴含的力量展现给学生,学生会发现"势"通常指一些特殊位置、含有高的意思，具有潜在的趋向及做功的能力。

问题 1：在重力场中的某点，物体所处的位置与其所具有的重力势能之间存在什么关系？同一物体在不同高度的重力势能不同，你能根据"势"的含义定义一下"重力势"吗？

问题 2：同一高度的"重力势"有什么特点？

设计意图：由于在重力势能的建立过程中，没有引入重力势概念，导致学生会对电势概念的理解出现困难，因此先引入"势"与"重力势"概念，将有助于学生建立"电势"的概念。

环节四：建立电势概念

问题 1：如图 1–10 所示，同一试探电荷在 A_1、A_2 两点具有的电势能不同，这能说明什么？是这两点的电场强弱不同吗？

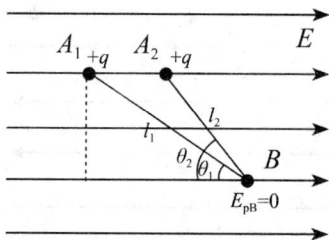

图 1–10

问题 2：如果我们把电荷量为 $+q$、$+2q$、$+3q$、$\cdots$、nq 的试探电荷分别放在 A_1、A_2 点，它们具有的电势能又是多少呢？（见表 1–4）

表 1–4

试探电荷	在 A_1 点的电势能	在 A_2 点的电势能
$+q$	$E_{pA_1}=E \cdot q \cdot l_1\cos\theta_1$	$E_{pA_2}=E \cdot q \cdot l_2\cos\theta_2$
$+2q$	$E_{pA_1}'=E \cdot 2q \cdot l_1\cos\theta_1$	$E_{pA_2}'=E \cdot 2q \cdot l_2\cos\theta_2$
$+3q$	$E_{pA_1}''=E \cdot 3q \cdot l_1\cos\theta_1$	$E_{pA_2}''=E \cdot 3q \cdot l_2\cos\theta_2$
$\cdots$		
$+nq$	$E_{pA_1}'''=E \cdot nq \cdot l_1\cos\theta_1$	$E_{pA_2}'''=E \cdot nq \cdot l_2\cos\theta_2$

问题 3：请同学们观察上面的结果，你发现其中有什么规律吗？我们在研究什么问题时也发现过相似的规律？

问题 4：如果把试探电荷 $+q$ 换成 $-q$，这样的规律还存在吗？

问题 5：我们发现，在 A_1 点有：

$$\frac{\Box_{A_1}}{\Box} = \frac{\Box_{A_1}{}'}{\Box\Box} = \frac{\Box_{A_1}{}''}{\Box\Box} = \cdots = \frac{\Box_{A_1}{}'''}{\Box\Box} = \Box \cdot \Box \cdot \Box \theta_1$$

在 A_2 点有：

$$\frac{\Box_{A_2}}{\Box} = \frac{\Box_{A_2}{}'}{2\Box} = \frac{\Box_{A_2}{}''}{\Box\Box} = \cdots = \frac{\Box_{A_2}{}'''}{\Box\Box} = \Box \cdot \Box_2 \cdot \Box \theta_2$$

设计意图：引导学生通过比较分析、类比概括，寻找电场中某点能的性质的本质属性，进一步向电势概念靠拢。

归纳总结：对于匀强电场中的不同位置，l、θ 不同，所以这个比值一般也不同。这个比值反映了电场本身的能的性质。

问题 6：如果是负电荷，这一比值同样没有变化，电势能与电荷量的比值显然与电荷本身无关，那么这一比值反映了什么呢?

得出结论：对于匀强电场中的不同位置，l、θ 不同，所以这个比值一般也不同。它反映了电场本身的能的性质，我们把检验电荷在电场中某点具有的电势能与检验电荷的电荷量的比值定义为电场中这一点的电势，即 $\varphi = \dfrac{E_\mathrm{p}}{q}$。

模块二 营造良好的学习环境

学习目标

◆通过阅读营造良好的学习环境的检核标准，知道营造良好的学习环境要点及各层次的标准。

◆通过学习"阅读理解1"，能够结合教学说出营造良好的学习环境的方法。

◆通过"结果指标制定与解读"部分，知道恰当地处理课堂突发事件，将突发事件转化为教育契机的常用方法。

◆通过本模块的学习，能运用营造良好的学习环境的理论指导教学行为。

一、问题提出

▶▶ 活动1 热身

热身活动1

如图2-1所示，这是一个夜幕下用蜡烛、绢花和口杯等营造的一个浪漫而感人的求婚现场。"嫁给我"图案是由400支蜡烛拼成的，为防止风吹灭蜡烛，还把400支浪漫蜡烛一一摆放在400个塑料口杯中，同时，图案上面撒了许多红色的玫瑰绢花。

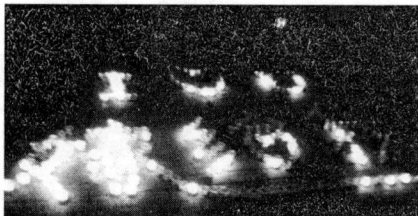

图 2-1

地面上亮起"嫁给我"的烛光图案，伴着《嫁给我》的感人旋律，小伙子手捧鲜花单膝下跪，向自己心爱的女孩真情表白：亲爱的，嫁给我吧！

显然，这样一个精心营造的充满浪漫情调的烛光夜景与动人的旋律，会让女孩感动不已，成功实现求婚愿望。

这一事例给你的启示是什么？

_____

_____

热身活动 2

在一个面积不大的初三教室内，有 54 名学生在为理想而努力学习着，临近中考了，炎热的夏天，紧张的学习，使同学们的心情比较急躁。

一天，第三列的第四个同学因病没有到校，这一列的第三个男同学和第五个男同学都想挤占这个空座位，两个人互不相让，发生了争执。这时，上课铃响了，老师走进了教室，为了不耽误同学们的上课时间，老师微笑着说："多大点儿事呀，不至于吵起来吧，都是好朋友，各让一步，先上课吧！"可是，两人面红耳赤，嚷着说："走，出去！"随即两人便冲出了教室。班长马上跟着跑出教室，把两个同学拉了回来。

这时，刚好校长巡视教学楼，走到了教室门口，看看学生，看看老师，问："什么情况？"

老师们，如果遇到这样的情况，您该怎么做呢？

请说一说您的做法，与同组老师分享。_____

_____

▶▶ 活动 2　反思交流

步骤 1　请你结合自身的教学经验，将营造良好的学习环境方面的成功经验写在下面，并反思自己在营造良好的学习环境方面存在的主要问题，每个人至少写出一条。

成功经验：_____

_____

问题反思：_____

_____

步骤 2　在小组内进行交流，并将大家反思出的问题进行整理、归纳，与全班教师进行分享。

二、营造良好的学习环境标准解读

《北京市朝阳区教师教学基本能力检核标准》（以下简称《标准》）对营造良好的学习环境的检核标准如表 2-1 所示。

表 2-1

能力要点	合　格	良　好	优　秀
营造良好的学习环境	能够营造整洁有序的教学环境，并以稳定的情绪和良好的状态进行教学	能恰当处理课堂突发事件，将突发事件造成的课堂影响降到最小	能将突发事件转化为教育契机，因势利导，随机应变，将突发事件巧妙地融进自己的教学中

▶▶ **活动3 阅读《标准》**

步骤1 《标准》中的不同层次提到了"恰当处理课堂突发事件"和"将突发事件转化为教育契机",它们之间有何不同?

_____

_____

步骤2 尝试用自己的话表述《标准》中的要求,并将不理解的地方用横线画下来。

步骤3 根据自己的理解向小组中的同伴讲述《标准》中的要求,将不理解的问题提出来,看看是否能得到同伴的帮助。并将小组中没有理解的问题写在下面。

_____

_____

_____

下面就其中的名词和各层级中的一些结果性指标进行解读。

(一)名词解释

1. 学习环境

学习环境有广义和狭义之分。广义的学习环境是指班级课堂内与课堂外的校内自然环境、物理因素、设施条件、校风、家庭环境、家庭教育等的总和。狭义的学习环境仅限于班级课堂内影响学习者学习的外部条件和内部条件,是促进学习者主动建构知识意义和促进能力生成的条件。[①]以下仅就狭义的学习环境进行说明。

何克抗、李文光两位学者认为,学习环境是学习资源和人际关系的组合。学习资源包括学习材料(即信息,如辅助教学的文字、实物、图示、图片、音像等多种信息和载体)、帮助学习者学习的认知工具(获取、加工、保存信息的工具)、学习空间(比如教室或虚拟网上学校)等。人际关系包括学生之间的人际交往和师生之间的人际交往。

学习环境是一种支持性的条件,是为了促进学习者更好的开展学习活动而创设的,包括物理学习环境、资源学习环境、技术学习环境和情感学习环境。就学习环境而言,最基本的理念是以学习者为中心,学习者在学习环境中处于主动地位,学习环境需要各种信息资源、认知工具、教师等因素的支持。

1)物理学习环境

物理学习环境包括自然因素和人为因素。其中,自然因素包括学习的自然环境,如教室的布置、噪声、空气、光线等,这些环境影响着学习者的情绪与学习动机。人为因素包括网络环境、计算机硬件等。

---

① 盛群力,等.教学设计.高等教育出版社,2005.

2）资源学习环境

学习资源是指那些与学习内容相关的信息，比如教材、参考资料、书籍、网络资源等，这些信息资源可以用不同媒体和格式存储和呈现，如印刷、图形图像、音频视频、软件等形式，还可以是这些形式的组合。

3）技术学习环境

技术学习环境主要是指学习过程中学习者可自由、选择性地学习，具体要求是支持系统有良好的界面设计，能够激发学习者的学习兴趣，各功能模块有良好的导航机制，便于学习者在学习过程中能够根据学习进程进行任意的学习跳跃，同时该环境可以支持学习者进行小组讨论和协作学习。

4）情感学习环境

情感学习环境主要由心理因素、人际交互和策略三部分组成。学习者的学习观念、学习动机、情感、意志等心理因素对学习动机的激发、学习时间的维持、获得良好的学习效果都有着直接的影响；人际交互（包括自我交互）的顺畅则对学习者的自主学习起着重要作用；教学策略和学习策略则会直接影响学习者学习效果的好坏。①

2．营造学习环境

营造学习环境是指有能力掌控和维持课堂的基本秩序，合理运用学习资源、教学策略，充分发挥学习者的学习积极性和主动性，创设能够促进学习者建构知识、生成能力的学习情境。

阅读理解 1　营造良好的学习环境

既然学习环境是学习资源和人际关系的一种动态组合，营造良好学习环境的实质就是为学生提供丰富的学习资源，帮助学生在学生间和师生间培养良好的人际关系。

学习是学习者在一定的情境下，利用必要的信息，借助他人的帮助，如人与人之间的协作、交流等，通过意义的建构获得知识、形成方法、发展能力的过程。因此，营造良好的学习环境可以从情境、协作、交流和意义建构四个层面着手。

四个层面是相互关联、互相促进的关系。意义建构是学习的最终目标，因为学习就是学习者对当前学习内容所反映的事物的性质、规律以及该事物与其他事物之间的内在联系达到较深刻的理解。因此，学习环境中的情境必须有利于学习者对所学内容的意义建构。协作是促进意义建构的手段，因此协作应该贯穿于整个学习活动过程中，学生之间、师生之间的协作对学习资料的收集与分析、假设的提出与验证、学习进程的自我反馈和学习结果的评价以及意义的最终建构都有十分重要的作用。其实，协作学习的过程就是交流的过程，在这个过程中，教师的想法、每个学习者的想法都被整个学习群体所共享，因此，交流是

---

① 张海珠.教学设计［M］.北京：北京师范大学出版社，2013.

推进每个学习者学习进程的重要手段，是协作过程中最基本的方式或环节。

1）营造良好学习环境的途径

（1）创设良好的物理学习环境。首先，是对教室的要求，教室的颜色和布置要给学习者以轻松、愉悦的感觉，光照、温度、湿度和空气等也是考虑的内容，需要给学习者以舒适的感觉；桌椅摆放既要整齐，又要适合学习者进行交流、协作。其次，是对教学设备的要求，多媒体是常用辅助教学的设备，特别需要注意多媒体摆放的位置，要适合操作、方便学习者观察，同时要做好对门窗的遮光处理，以保证投影屏幕中画面的亮度和清晰度。

（2）创设丰富的资源学习环境。教师要善于通过文字、图片、实验、图像、声音、视频、动画等提供信息，从数量、质量、广度和深度上把好关，这就需要教师具备较高的信息搜集、分析鉴别和综合运用的能力。学习资源效果的发挥有赖于教学方法和学习指导方案的合理设计。因此在组织学习者学习的过程中，教师要引导学习者对信息进行调节、控制、过滤，帮助学习者完成意义建构。

（3）选择合适的技术学习环境。在现代的学习环境中，经常会选取网络学习方式，学习者可以利用它来进行信息与资源的获取、分析、处理、编辑、制作等，也可以用来表达自己的思想，并与他人进行交流、协作，以帮助和促进自己的意义建构，这就要求各功能模块都有良好的导航机制。

（4）创设宽松和谐的情感学习环境。心理学和教学论的研究发现，宽松和谐的课堂气氛有助于学生的感知、记忆和思维等认知活动，激发学习者的潜能。因此，教师要有意识地激发学生的学习动机，培养其意志品质，帮助其树立学习信心，因此，教师要关注学生的情绪变化，在学生情绪低落或者有波动时，予以恰当的心理疏导，营造出宽松和谐的课堂气氛。

首先，教师要保持师生活动、生生活动的秩序性，让每个学生在明确的目标指引下知道做什么，并且愿意积极踊跃地去实现目标。其次，教师要保持学习者的参与性，这就要求教师通过有深度、广度的学习活动的组织，使学习者保持强烈的参与意识和学习欲望。最后，教师要维持学习者的交流欲望，使学生主动地参与信息的双向交流活动。总之，学习过程中学生之间、师生之间要彼此配合默契，达到情感交融、心灵共振的状态。

2）营造良好学习环境的策略

（1）以促进学生的全面发展为目标。教学过程中要改变过于注重知识传授的倾向，强调教学实施过程成为学生获得知识与技能、学会学习、形成积极主动的学习态度和形成正确价值观的过程。教师要根据教学内容的特点和学生的认知水平，选择合适的学习资源，有目的、有计划地设计学习活动，通过生生互动、师生互动，培养学生发现问题、提出问题、分析问题、解决问题的能力，发展学生的质疑、反思、合作能力，培养学生物理学科核心素养，即"物理观念""科学思维""科学探究"和"科学态度与责任"。

（2）以对学生主体性的尊重为核心。学习过程是学生在教师的引导下主动建构知识、发展能力的过程，因此，实施教学时要把学生看成学习的主体和自我发展的主体，要以学生的学习为中心，以学生的主观感受作为评价学习环境的标准。这就要求教师在教学中创设适宜的教学情境，提供充分的学习条件，激励和组织学生参与教学实施的全过程，促使学生尝试、探索、观察、实践，让他们动口、动手、动脑，成为自主的、发现的学习者。

（3）以教会学生学习为前提。"教"是为了"用不着教"。要让学生"学会学习"，就必须把教法与学法统一起来，让学生感受、理解知识产生和发展的过程，要引导学生收集、处理和运用信息，用以分析、研究和处理各种问题，使他们成为"策略的学习者"。

（4）以学习活动中的互动为依托。学习环境的创设与学习活动的开展密不可分，因此学习活动中的师生互动、生生互动，促进着学生在学习活动中的自我审视、自我完善和自我发展。

（5）以激励性的评价为手段。学生学习的主动性是在教师激发学生的兴趣、欲望和动机的基础上形成的，因此，激励性学习环境的创设有利于调动学生学习的主动性。激励包括表扬、奖励、期望以及批判等一系列的方式，教师既要关注过程性的学习，又要创设有利于学生成功的平台，让学生体验成功的喜悦。

（6）以群体性学习环境的营造为标准。学习环境之所以能够对学生的学习产生影响，是因为学习环境对学生的学习有较强的感染力，学生学习过程中具有模仿和从众心理，也就是说学习效果会受到学习环境潜移默化的影响，良好的学习环境能够提高学生的参与度和学习效果。每个学习者在学习活动中都会通过各种感官在以往经验的基础上对学习情境中的各种刺激进行选择性地加工，形成一种情绪状态，这种情绪状态会影响学习者自身的学习效果和学习效率。虽然个人的情绪状态在课堂学习环境中不占主导地位，但是学习者的情绪状态会相互影响，也就是说个体的情绪状态对课堂学习环境有着不容忽视的作用。反过来，整体的情绪状态又会影响每个学习者的情绪状态。也就是说，整体的情绪状态与个体的情绪状态是不断反馈和强化的关系。因此，和谐、宽松的学习环境是良好的学习环境的标准。

学生学习动机的激发和学习行为的维持是在良好的学习环境中实现的，良好的学习环境能够促进学生自我发展水平的提高。同时，营造良好学习环境的过程能够促进教师的专业发展和教学素质的提升。

▶▶ **活动 4　思考与分析**

请简要说明你在物理概念的教学中经常采用的营造良好学习环境的策略。

_____

_____

_____

（二）结果指标的制定与解读

根据《标准》，结合中学物理教学的特点与现状，我们确定该能力要点的结果指标如表 2-2 所示。

表 2-2

营造良好的学习环境	能够创设有利于教学的物化环境，能够解决课前预想到的心理环境问题，以稳定的情绪和良好的状态进行教学
	在课堂教学过程中出现不曾预料而突然发生的事件时，能够将突发事件造成的课堂影响降到最小，保证教学活动的正常进行
	从容应对课堂突发事件，随机应变，因势利导，将突发事件转化为教育契机，将突发事件巧妙地融进教学中，使意外情况与讲授内容快速合理的契合

1. 能够创设有利于教学的物化环境，能够解决课前预想到的心理环境问题，以稳定的情绪和良好的状态进行教学

创设良好的物化环境要求教师做到以下两点：

（1）注意采用文字、实物、图示、音像等多种信息和载体辅助教学，同时教室的布置要整洁有序，如桌椅整齐摆放、黑板清洁、地面干净、教学用具摆放整齐等。（见案例1）

（2）采取有效的方式（关窗或提醒噪声发出者等）减轻噪声；恰当调节教室光线，如播放幻灯片时要拉上窗帘等。

解决课前预想到的心理环境问题，即要求教师能够通过课堂观察，预测学生或教师自身的心理问题，并能够选用恰当的方法在教学实施前予以解决。[①]（见案例2）

案例1

营造良好的物化环境（初中）

本案例由首都师范大学附属实验学校张羽燕老师提供

在学习"声音的产生与传播"一节内容时，我让各学习小组在上课前三天收集了身边熟悉的声音，制作了视频文件。同时，在班级的壁报上展示了同学们手绘的关于"声音"的小报。在上课前的课间10分钟，我播放了同学们精心制作的"我熟悉的声音"的视频。上课时，则给同学们3分钟时间，让他们展示用不同的器材制造声音的体验性活动。

案例评析

本案例结合教学内容精心创设物化环境，为学生搭建交流、展示的平台，不仅激发了学生的学习兴趣，还丰富了学生的感性认识，同时，深化了小组合作学习的成果，为学生快速进入良好的学习状态奠定了基础。

---

① 摘自《北京市朝阳区教师教学基本能力检核标准》。

▶ **活动5　案例分析**

步骤1　该案例应用图片、文字、视频、实验等辅助教学的手段营造有利于教学的物化环境，同样针对这个课题，请你谈谈自己营造教学的物化环境的方法。

_____

_____

_____

步骤2　全班交流

依托本课题，谈谈营造有利于教学的物化环境的心得。

_____

_____

_____

_____

▓▓ 案例 2

巧用"家庭实验"，突破"怀疑"心理（初中）

本案例由首都师范大学附属实验学校张羽燕老师提供

学习"生活中的透镜"时，由于学生缺乏对凸透镜成像的感性认识，导致他们对凸透镜能够成像心存疑虑，这就使知识学习的效果大打折扣。所以，在学习这一内容之前，我布置了课前自主学习的内容：各学习小组回家寻找合适的物品，设计一些凸透镜成像的实验。

第二天的物理课上，安排了展示创造性实验的汇报交流活动。

A同学将毛玻璃和凸透镜放置一定的距离，组装成了"照相机"。

B同学用塑料印花彩纸罩在手电筒上，向天花板打出光柱，然后把凸透镜放在手电筒前，调整合适的距离，在天花板上会观察到放大的实像，这就制成了"幻灯机"。

同学们跃跃欲试，兴趣正浓，我问道：为什么要调整合适的距离？B同学俨然一副小老师的样子，说道：这像幻灯机，物距一定要控制在一倍焦距和二倍焦距之间。同学们豁然开朗。

C同学将水滴在透明薄膜上，观察薄膜下的文字，做成了"放大镜"。

D同学兴致勃勃地讲起了自己的发现：在做这个实验时，我发现稍稍提起薄膜，看到像的大小就会发生变化，而用手抹一下水珠，像的大小也会发生变化。

同学们的思路打开了，争相汇报自己有创新的实验，同时各学习小组交叉评定，相互补充，展示交流活动一再掀起高潮。

E同学举起修钟表用的眼罩，说道：这就是放大镜的应用，日历手表表面上的玻璃珠也是为了放大日历上的数字。

F同学则拿出体温计，饶有兴趣地为大家讲解三棱体玻璃柱体的放大作用……

案例评析

> 由于学生缺少对凸透镜成像现象的观察和思考，对"生活中的透镜"一节的学习造成了困难，甚至对学习内容将信将疑，产生排斥心理。教师通过学生课前的自主实验过程，为学生补充了凸透镜成像的感性认识，课上的展示、交流活动的开展，为学生创设了良好的资源学习环境和情感学习环境，不仅增强了学生的学习兴趣和自信心，还打开了学生思维的闸门，促进了学生通过亲身实践领会科学知识欲望的形成。本案例的成功之处正是教师能够洞察学生在学习过程中存在的心理问题，采取了有效的策略，创设了激活学生思维的良好学习环境。

▶▶ **活动6　说一说**

如果学生对学习内容缺乏兴趣、缺少感性认知，导致学习情绪低落，你将如何快速帮助学生走出情绪低谷？

_____

_____

_____

2. 在课堂教学过程中出现不曾预料而突然发生的事件时，能够将突发事件造成的课堂影响降到最小，保证教学活动的正常进行

在课堂教学中，由于学生的认知水平、个性特点、兴趣爱好等方面存在差异，加之各种因素的影响，突发事件随时有可能发生，突发事件的出现可能影响教学的正常进行，处理课堂突发事件需要教师的教育智慧，教师应该迅速找到化解突发事件带来的弊端的突破口，将突发事件造成的课堂影响降到最小，保证教学活动的正常进行。

阅读理解2　如何恰当处理课堂突发事件

"突发事件"是突然发生的事件，事件发生、发展的速度很快，出乎意料，而且难以应付。"课堂突发事件"是指在课堂教学过程中，由学生、教师或环境因素诱发的，背离课堂教学目标，导致学生注意力分散、制约教学目标达成，或者引起学生之间、师生之间发生冲突，甚至酿成事故，教师不曾预料而突然发生的事件。"课堂突发事件"是教学预设与生成之间的一种非耦合状态。"课堂突发事件"具有突发性、多样性和不可预知性，这些事件与课堂教学没有任何的因果关系，完全处于教师的教学设计之外。

"课堂突发事件"是教学过程中不可回避的一部分，尤其在班风差、学习风气不浓的班级中更容易遇到。

"恰当处理"就是教师充分利用自己的教育机智，运用一定的策略，艺术地应对，将突发事件造成的课堂影响降到最小，保证教学活动的正常进行，是维护学生身心健康的基础。

在处理课堂突发事件时，教师要做到四点：一是尊重学生，突出发展性，这是营造和谐学习环境的前提；二是把握时机，突出实效性（对于比较简单、影响面小的事件，要随机处理，取得立竿见影的效果；对于原因比较复杂的事件，要先控制事态，课后解决，即冷处理）；三是讲究方法，突出灵活性，即随机应变，因势利导，变被动为主动，变消极为积极；四是注重形式，突出学科性，即处理过程要切合学科实际，为学科教学服务。

1）由于物理学习环境、资源学习环境或技术学习环境因素导致的课堂突发事件的处理策略

由于物理学习环境导致的课堂突发事件，可以采用"因势利导，转移注意"的策略。比如，噪声干扰、天气突变，都会转移学生的注意力，这时教师可以依据无关刺激物的特点，结合学科知识把学生的注意力吸引过来。

由于资源学习环境导致的课堂突发事件，可以采用"把握时机，以变应变"的策略。比如，在应用"微小压强计"探究"液体内部压强跟液体密度有关吗？"的时候，如果"微小压强计"的金属探头浸入液体中，U形管两侧的液面仍然相平，就提出思考问题：可能是什么原因导致了此现象的发生？并让学生尝试着去解决问题。这个过程有利于学生认识"微小压强计"的工作原理，不仅将突发事件的负面影响降到最低，还有意识地培养了学生解决实际问题的能力。

由于技术学习环境导致的课堂突发事件，可以采用"抛弃设备，改变思路"的策略。比如，PPT文件打不开、播放器不工作，或者突然停电，就需要及时调整教学思路，把相应的环节改成学生活动、小实验或者教师讲解。

2）由于情感学习环境因素导致的课堂突发事件的处理策略

处理这类课堂突发事件时，原则是不要影响正常的教学秩序，尽量减少对班级学生的影响，这就要求教师首先要有爱心和耐心，尊重、信任学生，其次是讲究方法。

如果某个学生打瞌睡或者"走神"了，可以采取"个别问题理疗法"，教师可以设计一个问题，由他回答，这样既处理了问题，又维护了这个学生的自尊，同时又不影响其他学生。

有的学生对教师有成见，在课堂上故意发难；有的学生学习成绩较差，精力旺盛，故意捣乱。遇到这种课堂突发事件，教师可以"以静制动，沉着应对"，给犯错误的学生以正确的引导。比如，遇到学生上课说话的情况，物理老师可以在其说话时，先用眼神的暗示制止他，然后，提出一个适合这个学生水平的问题，在他回答正确后予以肯定，下课后，与这个学生做一次交流，让这个学生说一说"回答问题时的声音"与"在老师讲课时说话的声音"的区别，这样做，既可以让他意识到自己的错误，又给他以尊重，同时又体现了物理老师的智慧，促使他对物理学科产生兴趣。当然，对于学生的恶作剧，有时候教师可以通过幽默化解危机，摆脱窘境，消除矛盾。

有时候，学生可能提出一些与课堂教学无关的问题，这时，教师可以暂不理会，缓冲之后，

采取"避实就虚"的策略，将问题抛给学生，转移问题的焦点。

由于情感学习环境因素导致的课堂突发事件往往发生在学困生身上，尊重和宽容是处理这类课堂突发事件的关键，要多一份耐心，少一份急躁；多一点宽容，少一点斥责；多一点疏导，少一点说教。宽容不是放任不管，而是让学生在心灵深处做出反省，体会老师的良苦用心。教师要将善意的批评、信任与鼓励结合起来，把"要求"和"尊重"结合起来。特别要指出的是，由于学生因素引起的课堂突发事件，不要向班主任或学校领导打小报告，因为，那样做容易引起学生的反感，甚至导致师生对立，而且会让学生感觉当事老师缺乏能力，降低老师在学生心目中的地位。

案例3

小镜子风波（初中）

本案例由首都师范大学附属实验学校张羽燕老师提供

"哐啷！"意外的响声吓了我一跳，我发现，一面小镜子掉在地上了。顿时，教室一下子喧哗起来。

"恶心！"

"臭美！"

同学们七嘴八舌地说，目光投向了一个女同学。

我微笑着问："同学们能说出平面镜有什么作用吗？"

"反射、成像。"同学们异口同声地说。

我把镜子捡起来交给了一个女同学，让她到前边来，要求她捂住眼睛，然后找了四个人在她身后站成一排，每人手里拿一支不同颜色的笔。这些准备完成后，我让这个女同学利用镜子说出左起第二个学生左手拿的是什么颜色的笔。那个女同学说错了。

我问这是怎么回事？

一个学生说：平面镜成的像是左右相反的。

我语重心长地说："平面镜成的像不仅左右相反，而且成的还是虚像，通过平面镜看到的即使是一朵美丽的花，也是虚假的花。要使这朵花成为真正的艳丽的花朵，靠平面镜的反射是没用的，必须通过自己的努力，在大地上生根，吸收阳光、雨露和泥土里的养分，这样它才能真正美丽起来。如果要变得多姿多彩，还要施肥、浇水、修剪枝叶。用自己辛勤的汗水浇灌出的理想之花，胜过这虚假的镜中之花。"

教室里一片寂静，寂静中饱含着沉思。

第二天，我的桌上多了一张纸条，写着——张老师：谢谢您！我懂您的话了，我不会让您失望的。

案例评析

在这个案例中，面对课堂上的突发事件，教师机智应对，巧妙地创设应用物理知识、培养物理学科核心素养的教学情境，不仅保证了教学活动的正常进行，还有效地化解了突发事件造成的负面影响，提高了课堂教学的实效性；同时，教师巧妙地维护了犯错误同学的自尊，借题发挥，依托物理知识应用的载体，将课堂突发事件与情感、态度与价值观的培养有机融合，把德育无痕地融入到了物理学科教学中，对全体学生进行了深刻的教育，让犯错误的同学心悦诚服，使每个学生的心灵受到启迪。

3. 从容应对课堂突发事件，随机应变，因势利导，将突发事件转化为教育契机，将突发事件巧妙地融进教学中，使意外情况与讲授内容快速合理的契合

教学过程是师生的双边活动，往往会出现一些意想不到的突发事件，影响课堂教学的持续进行，遇到这种突如其来的"危机"时，教师要沉着冷静，随机应变，因势利导，迅速找到突发事件与教学内容的契合点，将突发事件巧妙地融进教学中，变"坏事"为"好事"。

阅读理解3 如何将突发事件转化为教育契机

课堂教学是开放的、动态的过程，经常会出现一些偶然的、意外的事件，形成课堂教学过程的短暂"缺口"，这就需要教师有效调控课堂教学，有效弥补这个"缺口"，所以说，处理课堂中的突发事件是一门教育艺术，需要教师的教育智慧。教师要善于抓住突发事件的本质，迅速找到突发事件与教学内容的契合点，将突发事件巧妙地融进教学中，让意外情况与讲授内容合理的契合。

1）借题发挥，因势利导

出现课堂突发事件时，要注意发现和挖掘事件本身与教学内容可能的关联性，给学生台阶，同时要结合学科特点，因势利导，并加以利用，把突发事件生成为课堂资源，或顺势把学生引向学习活动中，或逆势把学生拉向正轨，化消极因素为积极因素。总之，就是借助学科特点，将学生的注意力转移到学习活动中。

2）把握情感教育契机，激发学生学习动机

教师要善于透过课堂突发事件的表象，深入学生内心，了解学生情感，利用突发事件，对学生的情感进行积极的引导，对学生进行深层的教育，把处理突发事件的过程变成提高学生认识、激发学生情趣、磨炼学生意志、培养学生品质以及教育大多数学生的一次机会，引导学生形成积极的价值取向。

3）寻找关联，挖掘契合点

有的时候，突发事件可能为"知识"注入新鲜血液，这就需要教师能够迅速找到突发事件与教学内容的关联性，为处理突发事件寻求思路。做法可以是抓住这些契机，将突发事件与教学内容融合，将突发事件作为激活学生思维的资源学习环境，将知识进行必要的延伸和拓展。

案例4

重力惹的祸（初中）

本案例由北京市第71中学徐瑞芹老师提供

一节物理课上，"探究磁场的方向"实验正在进行，突然，听到A同学大喊一声"啊！"紧接着，一块条形磁铁掉落在地上，碎成两半，只见自责和不安瞬间写满他的脸。这时，所有同学都停下了手中的实验，朝那位同学看去，想要一探究竟：到底发生了什么？A同学显得更加紧张和无助。

这时，老师迟疑了一下，然后微笑着说："都是重力惹的祸！"见老师这么说，A同学显得不那么紧张了，同学们也安静了下来。紧接着老师提出："摔断的磁铁还具有磁性吗？请A同学利用摔断的磁铁和讲桌上的大头针来为同学们做个演示吧！"A同学用摔断的两段磁铁都成功地吸引了大头针。"看来一个磁铁变成了两块'新'磁铁！"老师说道。

同学们的思维也活跃起来，有人提出："这两个'新'磁铁也有N极和S极吗？"老师机智地回答："再请A同学用'新'磁铁和放在可旋转支架上的条形磁铁做个实验吧！"A同学认真地演示之后，同学们的好奇心得到了满足，此时A同学的紧张和自责也消退了，老师借机补充："虽然，这两个'新'磁铁给我们的探究贡献了不小的力量，但是，我们还是要注意安全使用实验仪器，养成轻拿轻放，保护仪器的好习惯。"说着又拿出一块备用的条形磁铁给了A同学，同学们又回到了自己的实验中。

案例评析

在这个案例中，面对课堂上的突发事件，教师迅速抓住了事件背后蕴含的深层教育价值，及时调整教学设计，将突发事件转化成生成性的学习资源，巧妙地融进教学中，因势利导，引导学生在探究学习过程中，发现问题、分析问题、解决问题，化弊为利，不仅化解了突发事件带来的弊端，还巧妙地通过突发事件与教学内容的合理契合，让突发事件为达成教学目标服务，极大地提高了课堂教学的实效性。

三、案例分析

（一）初中案例

"顽皮"的保险丝

本案例由首都师范大学附属实验学校张兴龙老师提供

在"家庭电路"的学习过程中，我利用"保险丝作用演示器"开展家庭电路中保险丝作用的实验演示（见图2-2），以此来让学生认识到：保险丝可以保护用电器安全和人身安全。

逐步关闭开关，随着并联接入电路中灯泡个数的增加，引导学生观察AB间电阻丝上纸巾的情况以及CD间保险丝的情况；学生在课前预习时已经了解了保险丝可以在电路出现危险时熔断。但是，全部开关均闭合后一段时间，发现：当AB间电阻丝上纸巾已经开始冒烟并出现燃着的情况时，原本应该熔断的CD间保险丝并没有熔断。这让我很吃惊。

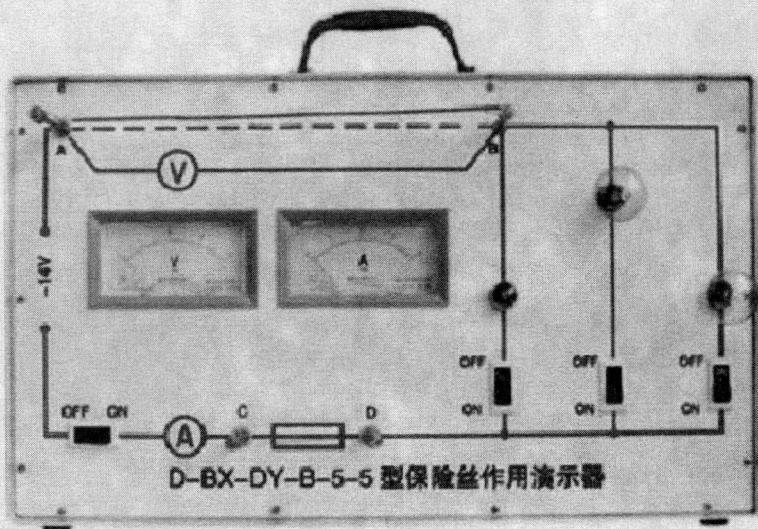

D-BX-DY-B-5-5型保险丝作用演示器

图2-2

正在此时，A同学说了一句"保险丝怎么不起作用了？"其他同学似乎也在思考。

我顺势引导学生分析："为什么AB间电阻丝上纸巾已经开始冒烟并燃着？"

B同学说："因为电流通过AB间的电阻丝，产生了很多的热量"。

我接着问："为什么会产生这么多的热量呢？"

B同学接着说："是因为通电时间过长"。

C同学不假思索地说："时间已经很短了，不是时间的问题"。

我说："那还会是什么原因呢？"

D 同学接着说："AB 间的电阻丝起到导线的作用，电阻应该不会很大，然而根据焦耳定律来看，电流的影响更大，我认为是电流较大。"

"真的是这样的吗？"我接着问。

"上面不是有电压表和电流表吗，我们看一下两块表的示数不就可以了。"

进而，我再一次闭合了所有开关，读出了此时通过 AB 间电阻丝的电流值约为 14 A，其两端电压约为 3 V；学生通过估算可以得出电阻很小，所以导致纸巾燃着的原因主要是因为电流较大。

"根据这样的推断，为什么在同等时间、电流很大的情况下，CD 间的保险丝没有熔断呢？"我继续追问。

"CD 间保险丝的电阻较小。"E 同学说。

"但是为了保护电路，需要选择的保险丝的电阻应该是什么情况呢？"我问。

D 同学说："电阻应该比较大一点。"

"电流和时间一定时，电阻大的时候只能说明产生的热量多，但是我们还要它在产生热量多的时候熔断，只要求电阻大好像还不够。"C 同学略带疑惑地说。

"要熔断，当然得考虑熔点啊，毕竟它是晶体！"E 同学说。

"熔点应该低一点，那样才可以。"A 同学肯定地说。

"导体需要具备什么条件才可以作为保险丝呢？"我试图引导学生总结。

学生讨论之后得出：保险丝须选用电阻率较大、熔点较低的金属才可以。

案例评析

在这个案例中，面对课堂上"保险丝不熔断"的突发事件，教师不仅机智地带领学生通过已学知识进行分析，巧妙地与本节课教学内容及学生前期知识迁移相结合，创设了生动的教学情境，极大地提高了课堂教学的实效性；同时随机应变，将突发事件作为生成性的资源学习环境，及时调整教学活动，将突发事件巧妙地融进教学中，因势利导，引导学生对知识进行逆向思考，使意外情况与讲授内容快速合理的契合，这样的安排，使学生在解决问题的过程中更好地掌握探究问题的方法，在对问题的分析及处理方法的讨论中，提高了交流协作能力，培养了实事求是的科学态度和严谨治学的科学精神。

针对上述案例，请您将界定能力要点层次的理由写在下面（依据结果指标）。

_____

_____

_____

（二）高中案例

探究"电荷　电荷守恒定律"

本案例由北京市东方德才学校姜莉杰老师提供

在高二的电学起始课《电荷　电荷守恒定律》的教学中，"摩擦起电　两种电荷"这个知识点是学生初中就已经学过的知识，教学的关键是：如何在高中的教学中让学生的原认知以新形式呈现，如何激发学生学习的积极性？我问学生：你对"电荷"有哪些认识？学生马上说出"摩擦起电，自然界中存在正负两种电荷"。我追问道："那摩擦为什么就能起电，你怎么证明自然界只有两种电荷？"同学们互相补充，回忆起初中学过的知识：凡是与丝绸摩擦过的玻璃棒相排斥的，必定与毛皮摩擦过的橡胶棒吸引；凡是与丝绸摩擦过的玻璃棒相吸引的，必定与毛皮摩擦过的橡胶棒相排斥。因此，自然界只存在正、负两种电荷。

我引导学生们大胆地去猜想："那如果真存在正、负电荷以外的一种电荷，会出现什么情景？""这种电荷既与丝绸摩擦过的玻璃棒相吸引，又与毛皮摩擦过的橡胶棒相吸引。"学生A反应很快。"行，那咱们就试试！"同学们拿起摩擦起电实验用的支架、毛皮、橡胶棒、丝绸、玻璃棒，以及学生从身边找出的橡皮、圆珠笔笔管、塑料袋，自己动手组合实验，如：用与橡胶棒摩擦过的毛皮靠近与丝绸摩擦过的玻璃棒等，观察实验现象。学生实验后发现：与丝绸摩擦过的玻璃棒是相排斥的，必定与毛皮摩擦过的橡胶棒相吸引。为了证明这个结论的普适性，我随手在一个学生的桌子上拿起一把塑料尺与丝绸摩擦，然后与刚才证明带正电的玻璃棒靠近，二者相吸引；我又把这把带电的塑料尺靠近带负电的橡胶棒，以为肯定会出现相斥的现象（这是我上的第二个班的课，第一个班的情况就是如此），不料，这把塑料尺神奇地把与毛皮摩擦过的橡胶棒吸引过来，学生们发出"咦？！"的惊叹声。我一看，吓出了一身冷汗。我赶紧又重新做了一遍实验，让学生仔细观察，看看刚才哪儿出问题了？每一步都谨慎地规范操作。不料，结果还是一样，我当时就傻了。我的大脑一片空白。"怎么会呢？什么原因？"我心里嘀咕着。但还表面故作镇静。"这个魔术不错吧？究竟是什么原因造成的？"我只能把球踢给学生。我也解释不通啊！学生在底下七嘴八舌地议论。那把神奇的塑料尺尴尬地在我手上神气地翘在半空中。突然，一个眼尖的学生喊"这把尺子两面不一样！"学生的目光一下子就集中在我的手上。"咦？还真是耶！"原来，上节课另一个班我随手拿的是一个透明的三角板，这次却是一把长的塑料尺，刻度那边是另一种不透明的材料。我长出了一口气。很淡定地问学生，那咱们怎么处理？"用尺子的同种材料部分与丝绸摩擦，然后分别靠近正、负电荷，观察出现的实验现象。"

在同学们的建议下，我们又重新做了一次实验。成功！学生一片欢腾！"那为什么尺子两边的材料都与丝绸摩擦，所带的电荷却不一样呢？"顺利进入了"摩擦起电的原因"的教学！

针对上述案例，请您将界定能力要点层次的理由写在下面（依据结果指标）。

_____

_____

_____

四、训练

营造良好学习环境能力的形成有许多途径，其中技能训练是提高能力的有效途径之一。本次技能训练将把重点放在"将突发事件转化为教育契机技能"上。

（一）将突发事件转化为教育契机技能概述

▶▶ **活动7　讨论将突发事件转化为教育契机技能的定义**

步骤1　请根据自己的理解，结合教学实践，以小组为单位给出"将突发事件转化为教育契机技能"的定义。

_____

步骤2　组与组之间交流讨论，最后形成一个大家认可的定义。（参见附录2-1）

_____

_____

▶▶ **活动8　讨论将突发事件转化为教育契机技能的构成要素**

_____

步骤1　请根据自己的理解，结合教学实践，以小组为单位写出"将突发事件转化为教育契机技能"的构成要素。

_____

_____

步骤2　组与组之间交流讨论，最后形成一个大家认可的"将突发事件转化为教育契机技能"的构成要素。（参见附录2-2）

_____

_____

▶ **活动 9　分析将突发事件转化为教育契机技能的构成要素**

步骤 1　观看示例，如表 2-3 所示。

表 2-3

学习目标	将课堂突发事件转化为教育契机，使学生主动参与到"能量转化"的学习中			
时间	教师行为	学生行为	技能要素	备　注
3分钟	正在讲解能量转化的知识	A 同学的篮球不小心滚动到讲台前面	抓住课堂突发事件与教学内容的内在联系，将意外情况与讲授内容合理地契合	影响学习环境的课堂突发事件出现
	提出要求：谁能够运用篮球设计一个小实验，说明不同能量之间可以相互转化	A 同学（边操作边说明）操作：将篮球举高，然后松开手，篮球落到地面上，然后又弹起。解释：举高的篮球落下时，重力势能转化成动能；篮球落地时，动能转化成弹性势能；篮球弹起时，弹性势能转化成动能，动能又转化成重力势能		
3分钟	提出要求：哪位同学还能够运用手边的器材设计一个小实验，说明不同能量之间可以相互转化	同学们争先恐后地用小实验说明问题	随机应变，因势利导，将突发事件巧妙地融进教学中	因势利导

步骤 2　参考上面的示例分析下面的案例，将能够反映"将突发事件转化为教育契机技能要素"的部分在表格要素栏中标记出来，小组形成统一意见，如表 2-4 所示。

表 2-4

学习目标	将课堂突发事件转化为教育契机，使学生主动参与到"声音的产生与传播"的学习中			
时间	教师行为	学生行为（预想行为）	技能要素	备注
1分钟	刚刚讲完"声音的产生与传播"一节的内容	学生：手机振动发出了声音		
	提出问题：（1）手机发出的声音是怎样被我们听到的	学生：通过空气传播到人耳		
2分钟	提出问题：（2）同样是手机发出声音，在课堂上发出声音、在闲暇时发出声音，两种场合下，你的感受一样吗？课堂上手机发出的声音对我们来说，属于什么	学生：不一样，课堂上听到手机的声音，会引起反感。课堂上手机发出的声音对我们来说是噪声		

（二）将突发事件转化为教育契机的设计指导

阅读理解 4　将突发事件转化为教育契机的注意事项

面对课堂突发事件，教师要沉着冷静，可以用言语来调和，可以用活动来调和，也可以通过幽默来调和。

教师在处理课堂突发事件时，要注意以下三点：

一是处理方式要切合事件本身，不能脱离教学，要保证教学的流畅性。

二是处理方式利于良好学习环境的营造，合情合理，使当事学生在情感上能够接受，不影响班级中其他学生的学习，维护学生身心健康。

三是处理方式多样化，要挖掘突发事件与教学情境的内在联系，创造性地将突发事件与教学内容巧妙地融合在一起。

案例5

黑板上的神秘光斑（高中）
本案例由北京市东方德才学校虞婧老师提供

一节物理课上，老师正在黑板上写着板书，突然发现有一个亮点在黑板上来回移动，一会儿跟着老师板书移动，一会儿又乱晃起来，下面有一些同学在窃笑，这显然是有同学用小镜子把阳光反射到黑板上造成的。

这是课堂上很有可能发生的突发事件，在自然环境（有阳光）和设施条件（有能反光的小镜子）允许的情况下，有一些顽皮的学生很喜欢利用这样的游戏来引起别人的注意，从而扰乱了良好的课堂秩序。

我们来看看以下几位老师对这一突发事件的处理方式，并分析应该属于哪一个等级。

A老师：A老师一发现黑板上晃动的亮点后，立刻停止板书，转身怒视全班，大声喊道："是谁拿镜子乱晃呢，给我站起来。"这时，同学们的目光都集中在了小王同学身上，小王同学晃悠着站起身，仍然笑着冲大家挤眉弄眼，A老师更加愤怒了，走到小王同学旁边呵斥道："又是你，你不捣乱怕别人看不见你是吧，你还想不想上课，不想上课出去，把镜子给我。"接着顺手夺过了小王同学手中的镜子。

案例评析

A老师在发现突发事件后未能保持稳定的情绪，板书没有写完就怒目转身，点出小王同学的名字，过激的言语刺激、夺过小镜子的行为，很容易激化师生矛盾，引起更大的课堂问题。

B老师：B老师发现黑板上晃动的亮点后，先继续写完了板书，然后转过身严肃地说道："有同学正在用小镜子乱晃呢吧？"同学们窃笑着把目光集中在了小王同学身上，老师用眼睛严肃地看着小王说道："请个别同学自觉遵守课堂纪律，不要自己不学还影响其他同学的学习。"小王同学赶紧收起了小镜子。

案例评析

B老师发现突发事件后，仍然情绪稳定地写完了板书，保证了课堂教学的连贯性，没有直接点出小王同学的名字，维护了犯错误同学的自尊，同时也减小了同学们对这一事件的过度关注，降低了课堂突发事件的影响。

C老师：C老师发现黑板上晃动的亮点后，先继续写完了板书，然后转过身，一边继续讲课一边看了一下全班同学，猜到是小王同学干的，于是用眼睛盯着小王同学继续讲课。这时小王同学知道老师注意到自己了，但仍然偷偷用小镜子乱晃，C老师严肃但心平气和地说道："有些同学看来不想辜负这阳光明媚的好天气，这种游戏我以前也很喜欢，但是我觉得在上课时这样做不太合适吧。"小王同学听老师这样说，悄悄收起了小镜子。

案例评析

C老师发现黑板上晃动的光斑后，并没有停止教学，只是用目光提醒小王同学，尽力将突发事件的课堂影响降到最小。在小王同学没有改正的情况下，巧妙地以委婉的方式指出了该同学的错误行为，既达到了纠正同学错误的目的，又维护了同学的自尊，同时展示了教师的教育智慧，拉近了与同学之间的距离，引发了同学心灵深处的思考，实现了教书育人的教育目的。

D老师：D老师发现黑板上晃动的亮点后，转身盯着小王同学继续上课，见小王同学不知改正，于是说道："这种用小镜子反射光的游戏大家应该都玩儿过，但是有一个人把这种游戏玩儿出大用途来了，他就是阿基米德。公元前二百多年，罗马大军压境，准备攻击阿基米德的祖国叙拉古，阿基米德利用自己的学识三次击退了敌军。第一次是利用杠杆原理制成的投石机，第二次是利用滑轮制成的铁钩，第三次就是利用平面镜对光的反射作用。单说这第三战，阿基米德见罗马舰队逼近叙拉古，又见天空万里无云，骄阳喷火，于是叫上全城所有妇女带上梳妆镜到城外的海边集合，妇女们用小镜子拼成了一个凹面镜，焦点正对敌舰的布帆，使敌舰全都燃起了大火，从而打败敌军。希望同学们也能将自己所学的知识用在恰当的地方，多做些有益的事情。"小王同学羞愧地收起了小镜子。

案例评析

D老师面对课堂突发事件，并不是武断地斥责或是苍白地说教，而是结合物理知识引导学生去感悟，因势利导，引导学生将物理知识运用到生产、生活和科技中。教师找到了突发事件与教学内容的关联，巧妙地实现了突发事件与物理知识的契合，成功地对学生进行了价值观的教育。

（三）将突发事件转化为教育契机技能的训练

1．训练步骤

步骤1 仔细阅读前面的理论部分及案例。

步骤2 参考"将突发事件转化为教育契机技能"的案例，自定内容写出"将突发事件转化为教育契机"的案例，在小组内进行交流。案例参考格式如表2-5所示。

表 2-5

课题_____ 设计者_____

学习目标				
时间/分	教师行为	学生行为（预想行为）	教学技能要素	备注

步骤3 分小组进行微格教学训练,将自己设计的案例在小组内试讲、录像。并根据"将突发事件转化为教育契机技能"的评价标准进行自评和互评。

存在问题：_____

_____

_____

意见和建议：_____

_____

_____

步骤4 根据评价进行修改并重新试讲。

（四）综合实践训练

步骤1 撰写一个能反映营造良好学习环境的教学设计，并进行课堂实施（尽量录像）。

步骤2 反思评价：教学实施后，依据本模块中的"将突发事件转化为教育契机技能"的评价标准反思自己"将突发事件转化为教育契机"环节是否有可以改进的地方，教学的其他环节是否突出了对良好学习环境的营造。

步骤3　撰写教学案例：撰写一篇营造良好学习环境的教学案例。

五、反思提升

（1）学习日记：请您写出本模块的学习要点。

_____

_____

_____

（2）您对"营造良好学习环境"是怎样理解的？教师如何有意识地提升这方面的技能？

_____

_____

_____

（3）通过训练，您在营造良好学习环境的哪些方面有了提高？请结合教学实例谈一谈自己的学习体会。

_____

_____

_____

（4）现在您还有哪些问题和困惑？

_____

_____

_____

附　　录

附录 2-1　将突发事件转化为教育契机技能的定义及构成要素

1. 将突发事件转化为教育契机技能

将突发事件转化为教育契机技能是指在课堂上出现突发事件时，教师抓住突发事件与教学内容的内在联系，因势利导，将突发事件巧妙地融进教学中的教学行为。

2. 将突发事件转化为教育契机技能的构成要素

1）寻找关联

分析突发事件与教学内容的内在联系，为处理突发事件寻求思路。

2）因势利导

结合教学内容，选择合适的教学行为和教学方法，因势利导，将突发事件巧妙地融进教学中，将意外情况与讲授内容快速合理地契合。

附录 2-2　处理课堂突发事件的艺术

1. 尊重学生，突出发展性

关注全体学生的全面发展是重要的课程理念，为了学生的一切是教育准则，因此，面对课堂上的突发事件，不管是客观的，还是主观的，来自教师的还是学生的，教师都应该站在学生的立场上应对突发事件，处理问题的方式和方法一定要契合学生的心理特点。这就要求教师用发展的眼光看待学生，能够换位思考，具有宽容心，能够尊重学生，保护学生的自尊心和自信心，达到既处理突发事件，又教育学生的双重目的。

2. 把握时机，突出实效性

面对课堂突发事件，教师要把握时机，分清轻重缓急。如果问题比较简单，而且影响面小，只影响到个别同学或者少数同学，应该个别处理，以免影响正常的教学秩序。如果不了解问题的原委和经过，就要等到课下做出调查，了解事件的经过和原委以后，制定周全的策略后再做处理。如果问题影响面广，事情比较清晰，教师就要当机立断，迅速应对，这就要求教师有一定的教学艺术和师德修养，具有处理课堂突发事件的教育机智，有较快的反应速度。

3. 掌握方法，突出灵活性

教学过程是一个师生双边交流、互动的学习过程，具有随机生成的特点。因此，面对课堂突发事件时，教师需要冷静、沉着，审时度势，随机应变，抓住问题的关键，找到突发事件与教学内容的联系，依据学科特点，巧妙地加以引导，使学生的思维向课堂教学目标靠近，将突发事件生成动态的课程资源。教师要善于挖掘事件中的积极因素，采取机智灵活的处理方法，对学生进行因势利导的教学活动，将突发事件与教学内容紧密契合，让事情向好的方向发展，切忌简单粗暴，要变消极为积极，变被动为主动。

其实，很多时候，突发事件发生前都有某些预兆，教师也会有某种预感。如果教师能仔细观察，就能防患于未然，就可能避免突发事件的发生。总之，处理课堂突发事件，既可以化解，又可以利导。"化解"是指对一般课堂突发事件暂时不在课堂上做及时处理（必须处理的事件除外），采取冷处理的方法。"利导"是巧妙地借助当时的情景，将突发事件向有利于教学的方向引导，将不利因素化为有利因素。

教学是一门艺术，将突发事件转化为教育契机更是一门艺术，需要教师具有对教育事业执着的热情，需要教师秉承"一切为了学生，为了学生的一切"的教育理念，需要教师有高超的教育艺术。总之，教师要注意提高教育教学技能，提升自己的专业素养，这样才能做到游刃有余，正确处理好自己与学生之间的关系，成为学生学习过程中的引导者和陪伴者，把学生引向自主、和谐、发展的境界。

模块三　教学组织方式有效

学习目标

◆ 知道教学组织方式有效能力要点各层次的标准。

◆ 能够说出教学组织的类型及其作用。

◆ 掌握恰当分组、有效分工、控制时间等教学组织技术。

◆ 知道与课堂教学组织与管理相关的教育心理学理论，能运用理论指导教学行为。

一、问题提出

▶▶ 活动1　热身

步骤1　三个和尚吃水的故事大家都耳熟能详，"一个和尚挑水吃，两个和尚抬水吃，三个和尚没水吃"，如图3-1所示。请思考，为什么会发生这种现象，原因是什么？

图 3-1

_____

_____

步骤2　如果您是庙里的主持，你将如何组织安排，才能避免出现三个和尚没水吃的困境？

_____

_____

步骤3 在小组合作探究活动中，您有没有遇到类似的现象？作为教师，您是如何对学生进行有效组织和恰当分工的？请与同伴分享交流您的经验。

步骤4 就吃水而言，可以一个人挑，可以两个人抬，可以三个人轮班干。从这个意义上说，合作的重要性似乎没有那么突出，然而，在有些情况下，人与人之间必须通过合作才能完成个人无法完成的任务，如图3-2所示的情景。请思考，图3-2是如何体现出分工与合作的？

图 3-2

▶▶ **活动2 反思交流**

步骤1 物理课堂上经常发现这样的现象：教师一经发布合作学习的指令，学生马上就组成几个小组，只见大家都在七嘴八舌地说，却看不到分工、协作、互动、互助。几分钟后，教师让小组代表发言，学生总是说："我认为，……"为什么会出现这种现象，您认为造成这种现象的原因是什么？

步骤 2 在小组合作教学中，您是如何对学生进行分组的？遇到过哪些问题或困惑，您是如何解决的？

_____

_____

请与组内同伴交流，分享彼此的经验和体会。

_____

_____

二、教学组织方式有效标准解读

教学组织能力是教学实施能力的重要组成部分，最能体现一个教师的教学理念。课堂教学效果很大一部分取决于课堂教学组织是否有序、合理。《北京市朝阳区教师教学基本能力检核标准》（以下简称《标准》）对教学组织方式有效的检核标准如表 3-1 所示。

表 3-1

能力要点	合 格	良 好	优 秀
教学组织方式有效	能够根据学习需要和特定学生情况，组织同位交流、小组合作、全班讨论	组织活动时能够掌握恰当分组、有效分工、控制时间等技能	能够调动每个学生参与活动的积极性，并对活动过程中出现的问题进行恰当处理

▶▶ **活动3 阅读"标准"**

步骤1 《标准》中的不同层次分别使用了"教学组织""小组合作""恰当分组""有效分工""控制时间"等关键词，你对这些关键词是如何理解的？

_____

_____

步骤 2 尝试用自己的话表述《标准》中的要求，从《标准》中各层级的能力要点表述看，课堂教学组织与课堂教学管理有什么不同？

_____

_____

步骤 3 根据自己的理解向小组中的同伴讲述《标准》中的要求，将不理解的问题提出来，看是否能得到同伴的帮助。将小组中没有理解的问题写在下面。

_____

_____

下面就其中的名词和各层次的一些结果性指标进行解读。

（一）名词解释

教学组织方式，从字面上看，它是由教学、组织、方式三个概念构成的。要准确理解这个概念，先要弄清组织、教学组织、教学组织方式（形式）这三个概念。

1.组织

组织既可以当名词，也可以当动词。按照《现代汉语词典》的解释，作为动词意义的"组织"是指安排分散的人或事物，使具有一定的系统性和整体性。由此可见，"组织"这个概念是对多个人或物而言的，对单个人或物就谈不上组织。

2.教学组织

对于教学组织，不同的学者给出的定义大同小异。如陈珍国认为，教学组织是指教师不断地组织管理课堂秩序，建立和谐的教学环境，集中学生的注意力，调动学生的积极性，帮助学生达到课堂教学预定目标的行为方式。[1]

许高厚认为，课堂教学组织管理是指教师通过协调课堂内的各种教学因素，实现课堂教学的有序、优质与高效的过程；是教师通过组织管理课堂秩序，集中学生注意力，创设适宜的教学情境，激发学生的学习兴趣，调动学生学习的积极性，帮助学生达到课堂教学预期目标的一种行为方式。[2]

显然，从两位学者给出的定义中可以看出，他们都把对课堂教学秩序的管理纳入到教学组织这个范畴中。

3.教学组织方式

关于教学组织形式，不同的学者也有不同的论述。皇甫全、王本陆认为，教学组织方式是关于教学活动开展在人员配置、时间和空间安排等方面形成的特殊方式、结构和程序。[3] 陈月茹认为，教学组织形式是指为完成特定教学任务，教师和学生在现有教学条件下，按照一定要求组合起来进行教学活动的结构，即师生共同的教学活动在人员、程序、时空关系上的组合形式。[4]

根据《标准》，教学组织方式是教师根据教学的主观和客观条件，从时间、空间、人员组合等方面考虑，进而安排教学活动的方式。显然，这儿所指的教学组织既不包括课堂教学内容的组织，也不包括课堂教学秩序的管理，特指课堂活动的组织、人员的安排和活动时间的有效控制。

从捷克教育家夸美纽斯开始，班级授课制一直是学校组织教学的基本形式。班级授课

---

① 陈珍国.基于诊断的中学物理教师教学技能训练教程［M］.上海：复旦大学出版社，2014.

② 许高厚.课堂教学技艺［M］.北京：北京师范大学出版社，1997.

③ 皇甫全，王本陆.现代教学论学程［M］.北京：教育科学出版社，2003.

④ 陈月茹.课堂教学组织与管理［M］.济南：山东人民出版社，2010.

制的基本特征是"班""课""时",即班级的人数固定、每天上课的节数固定（6~9节）、每节课的时间固定。班级授课制的优点：适应了现代社会大规模培养人才的需要，便于组织教学，提高教学效率。局限性：教学活动面向全体学生，难以照顾学生的个性差异，难以充分发挥学生的主动性和积极性，不利于培养学生的创新精神和实践能力。

为此，国内外又出现了个别教学、小组教学、小班教学、分层走班等组织形式。班级授课制是我国学校教学的组织方式。在班级授课制下，师生之间、生生之间的交流存在多种多样的组合方式，同位交流、小组合作、全班讨论是其中最常见的教学组织方式。①

（1）同位交流，也就是同桌之间的交流。它普遍适用于学生之间的相互提问、共同复习或就学习中的某部分内容进行对话，以及在实际操作活动中彼此帮助等情况。

（2）小组合作是按照学生能力或学习成绩将学生分为不同的小组进行教学的一种组织形式。通过小组成员之间充分的讨论交流，集思广益、取长补短，培养团队精神，形成"组内成员合作，组间成员竞争"的学习局面。

（3）全班讨论是以全班集中的方式进行的讨论。这种讨论方式要求较高，主要围绕教材的重点和难点或争议较大的问题组织讨论。全班讨论又分为直接集中或先分散后集中两种。直接集中是教师提前布置讨论题和阅读材料，然后按预定计划进行集中讨论；先分散后集中是先分成小组进行讨论，然后再集中讨论，各小组讨论后可推荐代表在全班进行发言。

阅读理解 1　建构主义教学观对课堂教学组织的启示

建构主义教学观认为，学习者必须通过自己主动的、互动的方式学习新知识，教师不再以自己的看法及课本现有的知识来直接教给学生，而是植根于学生先前的经验，随着情景的变化、对象的不同而随时改变自己的教学方式以适应学生的学习。在这个过程中，师生之间是一种平等的、互动的合作关系。教师不再是知识的灌输者，而应该是教学环境的设计者、学生学习的组织者和指导者、课程的开发者、意义建构的合作者和促进者，教师要从前台退到幕后，要从"演员"转变为"导演"。为此，教学中应注意：

（1）注重学生的原有经验。教师要把学生现有的知识经验作为新知识的生长点。

（2）以学生为中心。由于经验背景的差异，学生常常对问题的理解各异，在学生的学习共同体中，这些差异本身构成了宝贵的学习资源。教师要善于组织学生开展讨论，使他们交流看法，分享彼此的经验，促进知识的意义建构。

（3）教师发挥主导和桥梁作用。教师是教学活动的组织者和协调者，要采用灵活多变的教学方式调动学生思维的积极性。

---

① 王宝珊.北京市朝阳区教师教学基本能力检核标准［M］.北京：北京出版社，2010.

（二）结果指标的制定与解读

根据《标准》和中学物理教学特点与现状，我们确定该能力要点的结果指标如表 3-2 所示。

表 3-2

课堂组织方式有效	根据教学内容和学生实际合理采用同位交流、小组合作和全班讨论的教学活动方式；学生积极动脑动手，无乱堂现象
	按照"组间同质，组内异质"的原则对学生进行分组并有效分配学习任务；能够根据教学任务合理控制独立思考、小组合作与汇报交流的时间
	引导学生积极参与活动，并及时给予评价和鼓励；小组讨论偏离主题或思维受阻时，教师能及时进行干预和指导

1. 根据教学内容和学生实际采用同位交流、小组合作和全班讨论的教学组织方式

新课改以来，有的教师为了使学生主动学习、合作学习，为了追求课堂气氛的热烈，只要遇到问题，便不管问题的难易程度，无视教学内容、教学环境是否适合小组教学，都采用小组合作的组织方式。实际上，并不是所有的教学内容都适合以小组合作的形式进行。教师应根据教材的重难点和学生的实际，合理选择合作的契机，开展同位交流、小组合作和全班讨论等多种组织方式。那么，哪些内容适合同伴交流、小组合作、全班讨论呢？

1）难易适度、有探索价值的内容

根据苏联心理学家维果茨基的"最近发展区"理论，当将要学习的内容处于学生的"最近发展区"时，对学生最有激励作用。如果学习内容太难，小组成员将因完不成任务而退缩；如果太简单，也丝毫激发不起小组合作探究的欲望；而难易适度的内容，单靠个体的力量不能解决，学生就会觉得有必要通过小组共同探索、研究去完成，便于发挥集体的智慧。

2）经过整合的内容

教师在教学过程中，结合学生的能力水平和教学任务，通过某一主题，整合相关的内容采用小组教学，每个小组负责一个内容或小组内的每个成员负责一个内容，学生相互合作解决这一主题相关的所有任务。

3）方法不确定、答案不唯一的内容

具有多种解题方法或多种答案的开放性问题，采用同位交流、小组合作、全班讨论的方式，便于学生之间相互启发，从多角度思考问题，有助于突破个人思维的局限性。

■■案例1

我是怎样进行单元检测卷讲评的

本案例由东方德才学校尹德利老师提供

上课前，由物理课代表将已判完的单元测试卷分发给学生。上课后头2分钟，教师简要通报一下本单元检测的成绩分布及存在的主要问题，对成绩优异及进步的同学提出表扬，接着让学生先独立分析自己试卷中的错因并自行改正（该环节大约5分钟）。之后，教师组织学生同桌交流和小组讨论，合作解决那些学生自己不能独立解决的问题（该环节大约10分钟），然后教师征询各个小组的意见，还有哪些问题没有解决。对全班同学共性的疑难问题，教师从多角度、全方位引导学生分析解题思路，从审题到画图再到建模，并通过一题多解，一题多变和多题归一的训练，培养学生的知识迁移能力、发散思维及收敛思维能力。

◀◀ 案例评析

讲评课不是简单的"对答案"课，也不是教师的面面俱到和一讲到底，而应是学生自主反思、合作交流、共同提高的课。试卷讲评课的主角应是学生，教师应把课堂的时间和空间还给学生。本案例教师针对题目的难易程度、针对试卷中反映出来的个性问题和共性问题，分别采用学生自行改正、同伴交流、小组合作和全班讨论等不同的组织策略，突出了重点、突破了难点，提高了试卷讲评课的效率和效益。

2. 按照"组间同质，组内异质"的原则对学生进行分组，并有效分配学习任务

阅读理解2 恰当分组与有效分工

1）恰当分组

小组教学是针对班级授课制的弊端提出的一种教学组织形式。小组教学要取得成效，教师必须对学生进行科学合理的分组。科学合理的分组要遵循三个原则：一是均衡原则——各小组在学习成绩、能力水平和课外活动能力等方面大致相同；二是自愿原则——分组时应考虑学生的意愿；三是适时调整原则——教学实践证明，按照"组内异质、组间同质"的原则分组，有利于小组合作学习的开展。

（1）异质分组，每个小组均包括好、中、差三个层次的学生，通常由4~6人组成，由学业成绩、能力倾向、性别、性格等方面不同的成员构成，成员之间存在一定的互补性。教师安排座位的时候要考虑到，座位的安排要有利于学生开展合作学习。在当前合作学习的实践中，马蹄形、品字形的座位排列方式逐渐被一些教师所运用，这种排列方式使得组内同学能够面对面而坐，更有利于同伴之间的协作、互动和交流。有效的小组合作学习座位排列方式如图3-3所示。

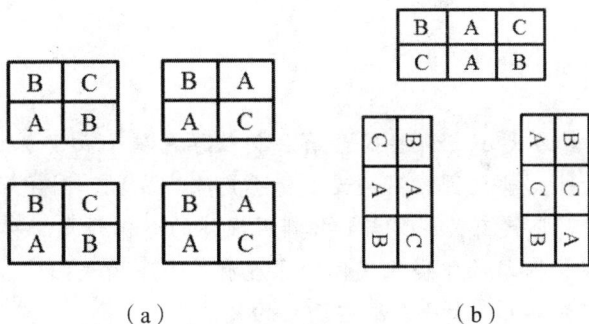

图3-3
（a）四人组；（b）六人组

（2）同质分组，"较好的"学生分在一组，"中等的"学生分在一组，"后进的"学生分在一组，教师可以根据小组间能力的差异为每个小组制订难易适度的学习任务，提供适合每个小组需要的、有针对性的教学策略。同质分组属于班内分层。

目前，我国小组合作教学中的分组大多遵循"组内异质，组间同质"的原则。这样分组有两个优点：一是同组同学之间能够相互帮助、相互支持；二是不同组之间的学习可以进行比较，形成竞争。不过教师按此原则组合学生时，应充分了解和研究学生，既要努力做到组与组之间的平衡，又要兼顾组内同学彼此之间的可接受性。

在研究性学习中，为尽量满足学生的个性化需要，分组时，可以让学生根据自己对问题的兴趣自由组合。在这种分组方式下，组内同学基于共同的兴趣爱好，有利于形成和谐的合作氛围。

2）有效分工

有效分工、明确责任是学生参与小组合作学习的基础。分工就是让小组内每个成员都要为小组的学习任务承担一部分责任，从而消除依赖思想，激励每个成员努力参加小组合作。如果小组成员不进行合理分工，没有明确各自的责任，就容易出现有的成员抢着参与活动，有的成员不参与群体活动的混乱局面。

小组成员的角色分工一般有组长、记录员、监督员、展示者、评价者等。组长负责管理全组的工作、协调小组成员之间的关系，对小组任务的完成起着重要作用；记录员负责记录小组学习的具体情况和过程，以便为小组评价提供资料；监督员负责检查小组各成员的学习情况，督促小组成员迅速进入角色，积极参与小组活动；展示者代表小组向班级其他同学展示本组活动成果；评价者负责对小组整体活动情况和个体成员的活动表现进行较为科学的评价。当然，小组成员的角色不是一成不变的，一般情况下可以轮流担任。

除了组内分工，组间分工则由教师确定分配学习任务。教师在给不同组分配任务时，首先需要把学习任务分解为难度大致相当的几个组成部分，然后将分解的任务分配给不同的学习小组，再由各小组长进一步细化，进行组内分工，使组内每个成员都有明确的个人责任。各成员之间需要密切配合、相互支持，发挥团队精神，才能顺利完成合作学习的任务。

案例 2

"浮力大小与哪些因素有关"教学片段（初中）①

教师：浮力的大小与哪些因素有关呢？根据前测我发现，同学们主要存在以下几种观点：①与浸入液体的密度有关；②与物体排开液体的体积有关；③与物体的重力有关；④与物体的密度有关；⑤与物体浸入液体的深度有关。下面我们就按照这五种观点分为五个大组，来分别研究浮力的大小与这些因素的关系。

学生分组，教师根据情况协调各组人数，使之基本均衡。

教师：请大家首先利用所提供的器材，设计实验方案。

学生分组设计实验，教师巡回指导。

学生汇报本组的设计方案，教师给予点评，并总结各组设计的方案和思路：

第一大组：把相同的物体（铁块）分别浸入到不同密度的液体里。

第二大组：把相同的物体分别浸在相同的液体中，但是每次浸入液体的体积占总体积的比例不同。

第三大组：把体积相同的铜块和铝块，全部浸没在水里。

第四大组：把体积相同的铁块和铝块，浸入到密度相同的液体中。

第五大组：把相同的物体（铜块）分别以不同的体积浸入到水中。

学生分组进行实验探究，收集实验数据。

当学生基本完成实验后，教师组织学生进行组间讨论，由各组代表发言讲述本大组实验的操作步骤，展示本组获取的实验数据和得出的结论。师生一起共同分析实验数据和结论，发现问题，修正错误。

案例评析

该教师为了节省课堂探究的时间，课前对学生进行了浮力内容的前测，发现学生认为影响浮力大小的因素较多且杂。这些猜想是否正确需要通过实验来探究。如果让每个学生都对这些因素进行探究，很难在一节课内完成，因此该教师按照学生提出的五个影响因素，将他们均衡分成 5 个大组，每组只对一个问题进行探究，这样就大大减轻了学生探究活动的内容，便于各组学生更加细致、准确地获取和分析实验数据，而不至于手忙脚乱，匆匆走过场。实验做完后，进行组间交流，师生共同分析、综合得出实验结论，这样做，使小组合作探究更加充分，同时也有利于培养学生的团队精神和协作交流能力。

---

① 沈嵘.初中物理探究——建构式教学研究［D］.北京：北京师范大学，2004.

▶▶ **活动4　小组合作探究为什么没有取得预期效果**

　　某位教师在"力的合成"新课教学时，采用合作学习的模式让学生亲自动手，探究力的合成规律。教师将前后桌4人组成一个合作小组，时间规定15分钟。一声令下，课堂马上活跃起来，教师便走到学生中间巡视。进行实验时，不少学生面对繁多的实验器材却手足无措，不知道自己该做什么，怎么做，探究活动处于迷茫之中。一会儿，教师便说"时间到"。但有的学生还在讨论，教师用教杆不停地敲打课桌，嘴里还在不停地强调"时间到了，安静下来"，于是有些正在讨论的学生不得不停下来。接着，教师挑选了个别小组进行了成果展示，小组汇报时也只是几个学习成绩比较好的学生回答教师的提问，最后教师只好告诉学生实验结论，合作学习草草收场。[①]

　　步骤1　该案例中，小组合作探究为什么没有取得预期的教学效果？你认为造成这种状况的可能原因有哪些？应当如何改进？

_____

_____

　　步骤2　结合你的课堂教学实践，你是如何根据教学内容和学生个性差异对学生进行分组的？在学生合作学习遇到困难时，你是如何指导的？

_____

_____

3. 能够根据教学任务合理控制独立思考、小组合作与汇报交流的时间

　　无论是同位互助、小组合作还是全班讨论，教师都要合理地分配和控制好时间：一要给学生预留相对宽裕独立思考的时间；二要给小组合作预留相对充足的讨论、探究的时间；三要给小组汇报、全班讨论预留一定的时间。

　　教师提出学习任务后，一定要给学生留出一定的独立思考的时间。只有经过独立思考以后，学生对提出的问题才能产生独立见解，才能保证在小组交流讨论时与组内其他成员有思想的交流和碰撞。如果学生没有经历独立思考的过程，就匆忙参与小组讨论，可能会使部分学生因考虑不周而使发表的观点肤浅、片面，也会使那些思维迟钝、学习热情不高的学生要么一言不发、要么人云亦云。

　　在小组合作学习中，教师也要给小组合作留下适当的时间。如果时间太长，小组活动容易偏离主题，把时间浪费在一些无关紧要，甚至是毫无关联的内容上，不能有效地完成教学任务；如果时间太短，学生不能进行充分的探究、交流，小组任务匆匆了事，或者无法完成小组任务，这样的小组合作就流于形式，也就失去了小组合作的意义。

　　实际教学中，教师在控制时间方面容易产生两种倾向：一是活动时间过短，简单的一

_____

① 肖立. 从形式走向有效.［J］. 物理教师，2008（10）.

分钟或几分钟，学生尚未进入状态，活动就结束了。产生这个问题的原因，一是教师对问题的设计缺乏整体认识，把一些没有思考价值的肤浅问题也让学生讨论，导致学生在整个课堂中都在活动，追求表面的热闹；二是教师担心教学任务完不成，给学生交流活动的时间过短；三是讨论的时间过长，讨论时间过长的原因主要是教师设计的问题过难，另外，小组人数过多或者小组成员合作技能和技巧缺乏也是导致小组合作时间过长的原因。

要解决教学活动时间过短或过长的问题，关键在于教师在教学活动设计过程中要有时间意识，要依据教学内容和教学活动的实际需求对教学时间做出合理规划。活动之前，教师应明确提出本次活动的内容和要求，让学生知道要干什么。

为有效控制时间，教师对于教学内容的呈现方式应实现四个转变[①]：一是由"直接呈现"向"间接呈现"转变；二是由"全部呈现"向"部分呈现"转变；三是由"肯定呈现"向"疑问呈现"转变；四是由"当堂呈现"向"后续呈现"转变。

以往的教学，教师总是习惯于把书本上的知识、答案、结论直接告诉学生，忽略了学生独立自主地探究过程。教学内容由"直接呈现"向"间接呈现"转变，就是强调教学内容或知识信息应让学生通过调查、讨论、推理和想象等途径获取，教师只根据学生的需要提供必要的材料、设置问题的情境或在疑难之处做出必要的提示或引导。

以往的教学强调知识的全面性和系统性，教师的讲解面面俱到，生怕漏掉某个知识点。而由"全部呈现"向"部分呈现"转变，强调教师要精选教学内容或信息的关键点、核心点，突出重要事件、重要人物、重要联系和重要原理的呈现，其他相关的知识和信息则由学生去补充和添加，从而节省教学时间，达到以点带面、以偏概全、以部分带整体的教学效果。

长期以来，教师要求学生把书本上的知识当作金科玉律接受，不允许学生提出质疑。现代知识观认为，真理都是相对的，书本上的知识也是不完善的，因而是可以质疑的，一个定理、结论都是在一定条件下成立的，所以，教学内容的呈现也必须由"肯定式"向"疑问式"转变。

以往的教学常出现这种情况，教师为了完成既定的教学计划和教学任务，会滔滔不绝地讲，甚至拖堂、补课，全然不顾学生是否接受。现代教学观既强调预设，又强调生成。如果某些知识信息引起了学生的兴趣、争议和探究的欲望，教师就应停下来，中断当下讲授的内容，鼓励、支持并组织指导学生开展探究活动，未完成的教学任务可适当延后呈现。

4. 能够引导学生积极参与活动，并及时给予评价和鼓励；小组活动偏离主题或思维受阻时，教师能够及时进行干预和指导

只有充分调动学生参与活动的积极性，才能提高教学活动的效果。首先，教师要根据

---

① 官文栎.走进高中物理教学现场［M］.北京：首都师范大学出版社，2008.

不同的教学内容设计相应的问题，问题要具有一定的开放性和挑战性，要难易适度。其次，要把握好活动的时机。教师要在学生独立思考之后大脑处于"愤悱"状态时，组织学生开展小组交流和全班讨论。再次，要注意调动不同层次的学生参与活动的积极性。对于积极参与活动、表现突出的小组和个人及时进行表扬和鼓励。对于性格内向、不积极主动参与活动的学生，教师要多给他们发言的机会，进行适当引导，抓住其"闪光点"及时给予表扬，慢慢增强他们的信心。另外，教师要密切关注每个小组的活动情况，为他们提供及时有效的指导和帮助，对活动过程中出现的问题应及时处理。如当个别学生不认真参与交流或做与小组学习无关的事情时，教师要及时引导；当小组讨论偏离主题内容时，教师应及时制止，并引导学生围绕小组任务去讨论；当小组交流"卡壳"时，教师要及时点拨、给予指导；当小组交流取得进展时，教师要及时鼓励，增强信心。

案例3

焦耳定律（课堂实录片段）
本案例来源于《新课程理念下的创新教学设计——初中物理》

一、导入新课

教师：（出示电饭锅、白炽灯、电风扇）这几种电器各有什么功能？

学生：煮饭、照明、吹风。

教师：这些电器虽然功能不同，但它们有没有共同点？

（学生小组讨论，教师请三名学生上来各拿一个电器，同时通电实验 1 min，并请他们触摸电器和电扇的电动机部分）

学生：它们工作时都会发热。

教师：对。电流通过任何电器或导体，它们都会发热，这种现象叫作电流的热效应。（板书：电流的热效应）

教师：这种现象中能量是怎样转化的？

学生：电能转化为内能。（教师板书：电能转化为内能）

教师：它们产生的热量有什么不同？

学生：它们产生的热量有多有少。

二、设计探究焦耳定律实验方案

教师：根据电流通过电器产生的热量不同，你们会想到什么问题？

（学生议论纷纷，有学生举手发言）

学生：电流通过导体产生的热量与什么因素有关？

教师：你们觉得与什么因素有关？

（学生讨论、举手发言）

学生：可能与电压、电流、电阻、通电时间或其他因素有关。

教师：同学们的讨论很热烈。那么同学们的猜想对不对呢？如何验证？

学生：通过实验来验证。

教师：好。下面请你们以小组为单位设计实验方案。

（学生分小组讨论，5分钟后）

教师：哪个小组汇报一下你们设计的实验方案？

（学生七嘴八舌，但真正能设计出完整方案的并不多）

教师：你们说说做这个实验首先需要解决什么问题？

学生：热量的多少如何用实验展示出来。

学生：如何用实验来验证热量与电流、电阻、时间的关系。

学生：用什么样的电路去实验。

学生：……

教师：大家想想在前面的学习中有没有可以体现热量多少的办法？

学生：（讨论后发言）有热胀冷缩比较热量法，测温度比较热量法。

教师：请××同学谈谈你们的方法。

学生：我们利用热胀冷缩的办法，找两只相同的烧瓶……

教师：很好。因为要进行比较，一定要条件相同，所以要用相同的烧瓶。其他小组还有什么方法？

学生：可以将上述烧瓶中的空气换成液体（水、酒精、煤油……）

教师：也很好。测温度比较热量法呢？

学生：可以直接用温度计测量升高的温度。质量相等的煤油温度升高得越多，吸热越多……

教师：××同学说得很好，这种方法属于定量研究的方法，而前面几种方法都是定性研究的方法。用实验来探究电流通过导体产生的热量与电流、电阻和通电时间等多变量之间的定量关系，实验常采用什么方法呢？

学生：控制变量法。

教师：因此，我们可以将上述问题分解成三个问题来研究，是哪三个问题呢？

学生：热量与电流、热量与电阻、热量与通电时间三个关系问题。

教师：如何用实验研究热量与电阻的关系？

学生：将两个不同的电阻通以相同的电流（可以串联），比较两个电阻在相同时间内产生的热量。

教师：如何用实验研究热量与电流的关系？

学生：将两个相同的电阻通以不同的电流，比较两个电阻在相同时间内产生的热量。

教师：如何用实验研究热量与时间的关系？

学生：选择任意一个电阻，不断通电，观察温度是否随通电时间而不断变化。

教师：综合大家的意见，我们要做三次实验，花费的时间太长。为了节省实验的时间，能否将上述三个实验合并为一次实验？看哪个组最先设计好实验电路。

（小组讨论，画出初步的实验电路图。教师巡视各小组的设计情况，然后用投影仪展示某小组设计的实验电路图。如图3-4所示，并请该组代表讲述设计思路）

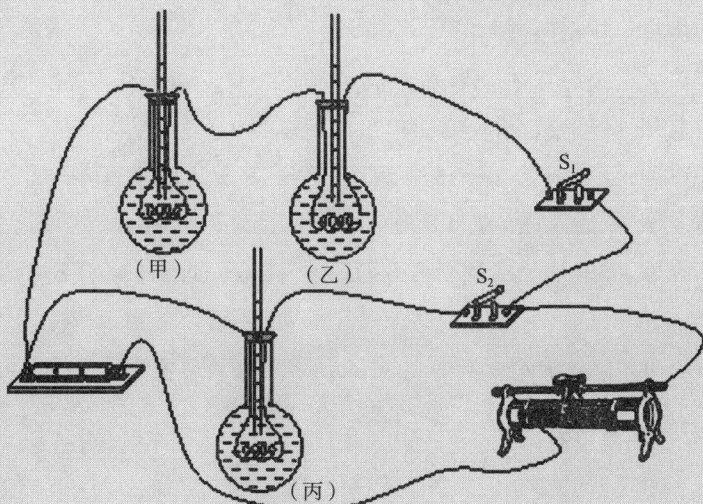

图3-4

教师：请同学们按照上述实验方案开始实验。

（学生以小组为单位进行实验操作并记录有关的实验数据，教师巡视各小组并及时给予指导……）

案例评析

本案例通过学生熟悉的电饭锅、白炽灯、电风扇三种不同的家用电器，引导学生比较三种用电器的功能，自然引出本节课需要探究的问题：电流产生的热量与哪些因素有关。然后引导学生猜想影响电热的相关因素并分组设计实验探究方案。当教师发现学生设计的实验方案可行性不强时，教师及时通过提问点拨学生的思维，使学生的实验方案不断完善起来，这为下一步的实验电路的设计、实验数据的获取铺平了道路。在本案例中，教师点拨的时机可以说是恰当的，教师并没有在一开始就告诉学生如何如何，让学生照方抓药，而是在学生独立思考和小组讨论之后，实验探究的方案还不明朗、学生的思维还处于"愤悱"状态时，这时教师的点拨才是及时有效的。本案例充分体现了新课程背景下教师是课堂教学的组织者、参与者、指导者的角色。

三、案例分析

（一）初中案例

压力与浮力综合题的分析与探究

本案例由首都师范大学附属实验学校张兴龙老师提供

（课前教师按组内异质、组间同质的原则分好组，每个小组成员围坐在一起。上课的音乐响起，学生就座，师生问好）

教师：上节课我们复习了有关物体浮沉条件的知识，本节课我们继续上节课的复习内容。我们首先来分析一下这个情景。（PPT展示练习1）

练习1　水平桌面上放一个盛有液体的烧杯，其总重力为3 N，如图3-5（a）所示，烧杯对桌面的压力为$F_甲$；将重力为0.6 N的物体A沉到烧杯底，如图3-5（b）所示，烧杯对桌面的压力为$F_乙$。请你通过受力分析的方法，画出两种情况下烧杯的受力图，分别求出$F_甲$和$F_乙$。

教师：现在给同学们1分钟的时间，完成导学案上的练习1。

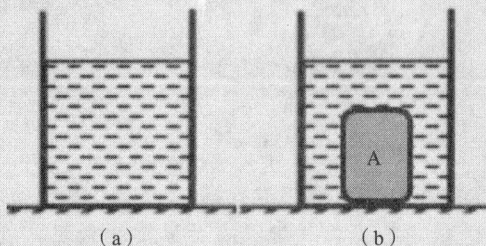

（a）　　　　　（b）

图3-5

（学生完成导学案）

教师：（1分钟后）我们来看一下，哪个小组完成得最快，质量最高？

（各小组学生纷纷举手，教师指定2组一名同学）

2组学生1：$F_甲$=3 N，$F_乙$=3.6 N。

教师：为什么第二种情况下烧杯对桌面的压力增大了0.6 N呢？

2组学生1：因为物体A的重力为0.6 N，当物体沉底时，烧杯、水和物体A的总重力为3.6 N，所以烧杯对桌面的压力为3.6 N，两种情况下烧杯对桌面压力的变化$\Delta F=F_乙-F_甲=G_物$。

教师：大家同意他的说法吗？

全体学生：同意！

教师：看来同学们对这部分知识掌握得不错。现在我们再看下一个情景。（PPT展示

练习2）

练习2　如图3-6所示，用细线悬挂物体A，将物体A缓慢浸入水中且不碰到烧杯底部，请你猜想：在这个过程中，烧杯对桌面的压力$F_丙$将如何变化？并说出你猜想的依据。

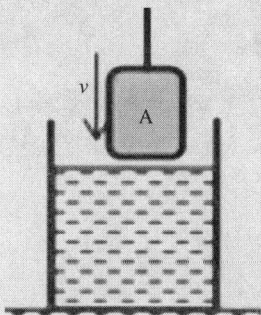

图3-6

教师：先独立思考再小组交流，小组统一意见后请举手示意。

（学生思考、交流，几分钟后学生纷纷举手。教师指定1组和3组学生代表发言）

1组代表：烧杯对桌面的压力$F_丙$一直增大。

3组代表：烧杯对桌面的压力$F_丙$先增大后保持不变。

教师：哪一种观点是对的呢？我们先用实验验证一下。请同学们注意观察台秤的示数变化。（教师演示实验现象，学生认真观察）

教师：请一位同学复述一下你刚才看到的实验现象。

学生：随着物体缓慢浸入水中，在浸没之前，台秤的示数逐渐变大；浸没之后，物体再下降，台秤的示数保持不变。

教师：看来刚才3组同学的结论是对的！台秤的示数为什么会发生这种变化呢？下面请各小组同学根据力的相互作用的性质及浮力的知识讨论分析。

（教师巡视课堂，不时参与学生讨论）

教师：（2分钟后）大家弄明白了吗？

学生：明白了！

教师：好，欢迎1组同学再为大家解释一下。

1组代表：物体浸入水中后，水对物体A有一个向上的浮力，根据力的作用的相互性，物体A对水有一个向下的压力，这个压力的大小等于浮力，台秤的示数显示的是烧杯、水的重力和物体A对水的压力三者的和。而浮力的大小与物体排开水的体积成正比。所以，在物体没有完全浸入的情况下，浮力随着物体浸入体积的增大而增大，当物体完全浸入水中以后，排开水的体积不变，浮力不再变化，台秤的示数也不再变化。

教师：大家同意 1 组同学的解释吗？

学生：同意！

教师：刚才 1 组同学得出了一个很重要的结论：烧杯对接触面压力的变化是由于物体所受的浮力变化引起的。我们都知道，除了台秤，也可以通过托盘天平测量物体的质量，从而间接反映物体对接触面的压力，进而间接地测量物体所受的浮力。现在给大家 1 分钟的时间完成学案上的练习 3。

练习 3　小吴同学做了图 3-7 所示的实验。将弹簧测力计下端吊着的物体 A 逐渐浸入台秤上盛有水的烧杯中，未全部浸没（未与容器底接触，无水溢出）。在该过程中，下列说法正确的是（　　　）。

　A. 弹簧测力计的示数减小，指针向左偏

　B. 弹簧测力计的示数增大，指针向左偏

　C. 弹簧测力计的示数减小，指针向右偏

　D. 弹簧测力计的示数增大，指针向右偏

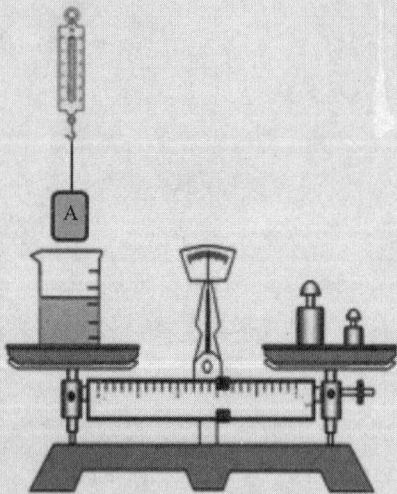

图 3-7

（学生先独立思考，后小组交流讨论，学生代表进行展示）

教师：请 4 组派代表分析一下小吴同学看到的实验现象。

4 组代表：随着物体 A 缓慢浸入水中，物体受到的浮力逐渐增大，弹簧秤的示数变小，同时烧杯对托盘的压力也逐渐增大，所以天平指针向左偏转，答案选 A。

教师：有没有选其他的选项？

（学生纷纷摇头）

教师：非常好！现在请同学们先独立完成导学案上的练习，然后在小组内交流讨论。

（PPT 出示练习 4）

练习4　聪明的小浩在观察到上述实验现象之后，认为随着物体浸入水中的体积逐渐增大，物体所受的浮力逐渐变大，托盘天平的指针向左偏转也越来越大。若某一时刻添加砝码，使得天平再次平衡时测得的质量为 m，其与物体未浸入水中时天平的示数 m_0 的差值（$m-m_0$）将随着物体受到的浮力的增大而增大。进而猜想"在物体浸没之前，物体所受到的浮力与质量差（$m-m_0$）成正比"这个猜想是否正确呢，请同学们利用实验室提供的细线、圆柱物体、装有适量水的烧杯、托盘天平，设计实验方案进行验证。

教师：在设计实验方案时，应先干哪两件事情？

学生：先找自变量和因变量，然后设计实验数据表格。

教师：如何绘制实验表格？

学生：首先，根据题目中的探究目的，得出自变量为（$m-m_0$），因变量为物体所受到的浮力。自变量的测量量有 m 和 m_0，因变量的测量量有物体所受的重力和拉力；据此可绘制出实验表格。

教师：现在给每个小组10分钟左右的时间，利用给定的器材进行实验探究，要认真观察记录实验数据，并填入记录表格内。

（学生以小组形式进行合作探究）

教师：请操作较快的小组将你们组的实验数据输入到电脑的表格中，其他小组加快实验操作。

（操作较快的小组率先进行数据输入）

教师：通过 Excel 处理，我们发现，在误差允许的范围内，浮力与质量之差基本成正比。

教师：大量的实验研究表明：当物体未与容器底部接触时，物体所受到的浮力与天平所测量的质量之差成正比，数学表达式为 $F_浮=\Delta m \cdot g=（m-m_0）g$。由于托盘天平通过测量质量，间接反映了烧杯对接触面的压力大小，因此我们可以将 $F_浮=\Delta m \cdot g=（m-m_0）g$ 变形为 $F_浮=\Delta F_压=F-F_0$，即当物体受到的浮力变大时，容器对桌面的压力也会变大……

针对上述案例，请将界定层次的理由写在下面（依据结果指标）。

_____

_____

_____

（二）高中案例

摩擦力
本案例由湖北省黄冈中学龚正波老师提供

一、引入新课

学生活动　请两位同学对拉弹簧测力计，看一看拉力有多大，再让这两位学生水平拉开两本页码交叉叠放在一起的书，并让这两位同学谈谈两次用力的感受。

提问：生活中哪些现象与摩擦力有关？

学生举出很多摩擦力，如滑雪、滑滑梯、拖地、用手洗衣服、写铅笔字、洗脸、搓手、滑冰、刷牙等。根据摩擦力产生的不同机理，由学生将摩擦力分成滑动摩擦、滚动摩擦和静摩擦不同类型，从而引入本节的课题——滑动摩擦力。

二、学生探究、新课教学

探究一　滑动摩擦力产生的条件及方向

学生活动　组织学生体验：①将手平放在桌面上滑动；②将一纸条夹入书中向外拉出等实验，分析、总结滑动摩擦力产生的条件、作用效果和方向及滑动摩擦力的定义。

分析　学生在愉悦中体验、观察、分析、归纳、总结，在讨论中完成学习的内容。

做完这个小实验后，多媒体屏幕逐一显示以下三个问题让学生思考：

问题一　以上几个实验中产生的摩擦力有什么共同特点？

学生通过互相讨论及老师的引导得出滑动摩擦力的定义：当一个物体在另一个物体表面上相对另一物体滑动时，受到另一个物体阻碍它相对滑动的力，这种力叫滑动摩擦力。

问题二　通过以上实验，结合滑动摩擦力的定义总结归纳出产生滑动摩擦力的条件。

学生1：两个物体要相互接触，还要有相对运动。

学生2：两个物体可能还要相互挤压。

要求学生设计实验探究两个物体相互接触，没有挤压，发生相对运动时是否有滑动摩擦力。

探究得出滑动摩擦力产生条件：①相互接触；②挤压形变；③相对运动。

问题三　滑动摩擦力的方向如何判断？

学生活动　让学生推动毛刷在桌面上运动，观察毛的弯曲方向，体验摩擦力方向。

学生1：滑动摩擦力是发生在物体接触面之间跟接触面相切，跟物体运动的方向相反。

学生2：擦黑板时，黑板与黑板擦都受摩擦力，但黑板处于静止，所以说跟物体运动的方向相反是不行的。又如刚才将一纸条夹入书中向右拉出时，书也会向右运动，通过受力分析可知书由静止变为向右运动只可能是受纸条给它向右的摩擦力，摩擦力方向向右，跟书运动方向相同。但书相对纸条是向左运动的，所以说跟相对运动方向相反。

通过以上两个同学的分析可知，滑动摩擦力是发生在物体接触面之间，跟接触面相切、跟物体相对运动的方向相反。再引导学生分析得出"相对"是指相对于和它接触的物体，而不是相对于其他物体。

探究二　影响滑动摩擦力大小的因素

1. 提出问题

滑动摩擦力的大小跟哪些因素有关呢?

2. 猜想与假设

引导学生根据已有的知识、经验, 在组内相互讨论, 然后派代表发言。学生们猜想, 滑动摩擦力的大小可能与下列因素有关:

(1) 物体想对运动的快慢。

(2) 物体接触面积的大小。

(3) 物体接触面的性质 (如粗糙程度、材料)。

(4) 物体间的压力。

3. 制订计划与设计实验

学生通过讨论制订计划并确定实验方法——控制变量法, 绝大多数同学设计的实验方案如下: 将长木板放在水平桌面上, 把小木块放在长木板上, 用弹簧秤水平拉小木块做匀速直线运动, 根据两力平衡知滑动摩擦力大小等于弹簧秤的读数。有小部分同学先把弹簧秤一端与小木块相连, 并把另一端水平固定, 再把木板放在木块下面水平拉出, 根据两力平衡知摩擦力大小等于弹簧秤读数。

4. 实验、收集数据

学生活动　每4人为一组操作实验、合作学习、自主探究。(以下实验过程由学生完成, 教师巡视教室, 参与指导)

(1) 在接触面积、接触面性质、接触面间的压力一定的条件下 (控制变量法), 研究滑动摩擦力与物体运动速度的关系如表3-3所示。

表3-3

物体匀速运动速度	摩擦力 F/N	结论
快		
中		
慢		

(2) 在物体运动速度、接触面性质、接触面间的压力一定的条件下, 研究滑动摩擦力与接触面积的关系。

(3) 在物体接触面积、运动速度、接触面性质一定的条件下, 研究滑动摩擦力与接触面间的压力关系。

(4) 在物体接触面积、运动速度、接触面间压力一定的条件下, 研究滑动摩擦力与接触面性质 (如材料、接触面粗糙程度) 的关系。

5. 交流、分析与论证

每个小组对实验数据进行分析处理，尝试根据数据得出结论，让探究每个因素的小组选派一人上台汇报实验情况，用实物投影展示学生的观点。

教师：通过上述实验，同学们能得出什么规律？

学生：分析上述实验结果，可以得出滑动摩擦力与压力成正比。

师生共同讨论得出公式：$F = \mu F_N$

F 为滑动摩擦力，F_N 为压力（对物体表面的垂直作用力），μ 为动摩擦因数。

问题：动摩擦因数 μ 与什么有关？

学生：通过实验（4）可知动摩擦因数 μ 的数值与相互接触的材料、接触面的粗糙程度有关。

6. 评估

要求学生汇报在探究活动中发现的新问题（如学生在拉木块时不是匀速运动，弹簧秤的读数难读），并吸取经验教训，改进探究方案或采取其他措施（如（1）多次测量取平均值减小误差；（2）把弹簧秤一端与小木块相连并把另一端水平固定，再把木板放在木块下面水平拉出，根据两力平衡知摩擦力的大小等于弹簧秤的读数）。

针对上述案例，请将界定层次的理由写在下面（依据结果指标）。

_____

_____

_____

四、训练

（一）教学组织技能概述

▶▶ 活动5　教学组织技能的定义

步骤1　请根据自己的理解，结合教学实践，以小组为单位进行交流讨论，给出教学组织技能的定义。

_____

_____

步骤2　组与组之间交流讨论，最后形成一个大家认可的定义。（定义参见附录3-1）

_____

_____

▶▶ **活动 6 讨论教学组织技能的构成要素**

　　课堂教学的一般步骤是：引入课题——活动展开——活动结束三大环节。每一个大环节还包含着若干小的环节或步骤。教学组织就要考虑各环节的教学活动如何安排，教学时间如何控制，教学空间如何利用，师生之间、生生之间如何有效互动等问题。结合前面的教学案例，你认为教学组织技能包含哪些基本要素？

_____

_____

（教学组织技能构成要素参见附录 3-1）

▶▶ **活动 7 分析教学组织案例中的构成要素**

　　步骤 1 观看示例，如表 3-4 所示。

表 3-4

学习内容	测量小灯泡的电阻			
时间	教师行为	学生行为	技能要素	备注
1分钟	前面我们学习了有关电学的三个物理量：电流、电压和电阻，已经知道测电流用电流表，测电压用电压表，那么如何测量一段导体或一个用电器的电阻呢？本节课的任务就是让大家想办法测出小灯泡的电阻。（出示小灯泡）	学生对实验探究显得有些兴奋，许多男生跃跃欲试	提出探究问题激发学生兴趣	明确教学目标
3分钟	下面以小组为单位讨论测量小灯泡电阻的原理和方法。（教师巡视指导）	学生分组讨论，确定测量小灯泡电阻的原理和方法	组织学生交流讨论，并给予指导	小组讨论
1分钟	归纳小结各小组的讨论结果，并板书课题：伏安法测小灯泡电阻	小组汇报讨论结果	归纳概括，明确思路	
3分钟	提出新的任务：根据测量原理以小组为单位制订实验方案，画出实验电路图；根据实验方案，选择实验器材，设计实验记录的表格。（教师巡视指导）	小组讨论制订实验方案、画电路图，设计表格	提出新任务，引导学生积极参加活动	设计实验方案
4分钟	组织学生通过实物投影展示各组设计的实验电路图和记录的数据表格，并引导学生进行评估	学生展示、评估、改进、完善	反馈矫正，逐步完善	此环节教师没有轻易肯定或否定学生的方案，而是引导学生发现不足，改进设计

步骤2　参考上面示例，分析下面的组织案例，将反映教学组织技能的要素填入表格的技能要素栏中。

标题	高三"电场"复习（第1课时）本案例由东方德才学校高玮老师提供			
学习目标	1.能再现电场一章的基本概念、规律，能正确地画出几种典型电场的电场线分布图。2.会对本章学过的概念和规律进行分类，能画出本章知识的结构图			
时间	教师行为	学生行为	技能要素	备注
3分钟	同学们已经很长时间没有接触电场了。关于电场，你还记得哪些场景，请同学们画在学案的空白处，每人至少画2幅图。布置完任务，教师巡视学生画图情况	学生在学案上画各种典型电场的电场线分布图，如孤立点电荷电场线分布图、等量同种电荷、等量异种电荷的电场线分布图等		
2分钟	请小组内交流画图情况	小组交流、回忆再现学过的知识		
2分钟	展示画图准确、完整的两名同学的学案	学生观看、补充自己学案		
3分钟	根据不同场景，同学们继续回忆，本章我们还学习了哪些物理概念、物理定律，请把它们写下来并按一定的方法对它们进行分类。（教师巡视）	学生在学案上写本章的物理概念、定律：点电荷、电场强度、电场线、电势、电势差、电场力、电容、库仑定律、电荷守恒定律……		
3分钟	请组内交流各自写的学案，检查、补充各自缺少的概念和规律	小组交流、补充各自遗忘的知识点。然后讨论如何将这些知识点进行分类		
5分钟	现在请各小组派一名代表板书能代表你们组最好水平的知识结构图	5组代表板书本章知识结构（每组一块展示黑板）		
10分钟	（学生书写完毕）请各小组再派一名代表说说你们组对本章知识点进行分类建构的依据。（从1组到5组按顺序说）	1~5组同学代表发言		
5分钟	（等各小组阐述完各自的分类依据及建构方法后）同学们，大家觉得哪个组对概念和规律的回忆最完整、分类最科学、建构最合理？教师点评各组的表现，对表现突出的小组提出表扬，同时指导学生对知识进行分类和建构的方法	学生评选表现优秀的小组学生专注听讲、做笔记		
2分钟	通过本节课的复习，你有哪些收获和体会	几名学生发言		

（二）教学组织设计

1.教学组织设计的原则

1）目标导向原则

教师在展开、推进、调节课堂教学各个基本环节时，始终以课堂教学目标为根本目的和指导原则，使课堂教学活动沿着既定的目标迈进。

2）兴趣激发原则

教师根据教学内容采取多种活动方式，激发学生学习动机和兴趣，调动学生参与活动的积极性。

3）启发引导原则

教师组织活动时既要充分尊重学生的主体地位，又要发挥教师的引领、指导作用。

4）循序渐进原则

教师在教学内容的组织、教学进程的安排方面，既要考虑学科的内在逻辑结构，又要符合学生的认知规律，有条理地组织教学活动，合理控制知识密度和双边活动的时间。

2.教学组织设计要素及操作要点

教学组织设计要素及操作要点如表3-5所示。

表 3-5

教学组织设计要素	操作要点
创设情境，引起注意	创设必要的物理问题情境，激发学生的好奇心和求知欲，使学生快速进入学习状态
提出问题，引发思考	提出核心问题，引发学生独立思考和小组合作
恰当分组，合理分工	根据教学内容和学生实际采取不同的组织形式，如对于复习课采用同位互助的形式，对于习题讲评课采用小组合作、全班讨论的形式，对于实验探究课，采用小组合作、汇报交流的形式，等等。注意，不管采用什么形式，分工一定要明确，责任到人
师生互动，启发引导	在小组合作和全班讨论过程中，教师既是组织者又是指导者、参与者。通过师生之间、生生之间的多向互动，使问题得以顺利解决
及时评价，鼓励纠正	对各个活动环节学生的表现，教师都要作出及时评价，或鼓励，或批评，或纠正，使全体学生都能积极参与到教学活动中
突发事件，灵活处理	对于课堂中生成的问题、突发的意外事件，教师要根据实际情况灵活处理，及时作出调整
总结评价，巩固强化	对本节课的教学内容进行梳理归纳，形成有序结构，并提出新的问题，使学生的思考从课上延伸到课外；对本节课学生的活动表现，进行恰当评价，以强化学生的合作意识和团队精神

（三）组织技能微格训练

步骤1 仔细阅读前面的理论部分及案例。

步骤2 根据自己任教年级设计一节能体现有效教学组织方式的微格教案，在小组内进行交流、评价。教案参考格式如表3-6所示。

表3-6

课题 _____ 设计者 _____

学习目标				
时间/分	教师行为	学生行为（预想）	教学技能要素	备注

步骤3 分小组进行微格教学训练，将自己设计的教学组织微格教案在小组内试讲、互评。

存在问题：_____

_____

_____

意见和建议：_____

_____

_____

（四）综合实践训练

步骤1 撰写某节能反映教学组织方式有效的教学设计，并进行课堂实施（尽量录像）。

步骤2 反思评价自己的实施效果：亮点及不足。

步骤3 撰写教学案例。结合自己的课堂撰写一篇教学组织方式有效的教学案例。

五、反思提升

（1）学习日记：请您写出本模块的学习要点。

_____

_____

_____

（2）您对"教学组织方式有效"是怎样理解的？您认为良好的教学组织有哪些更加实用的方法和策略？教师如何有意识地提升这方面的技能？

_____

_____

_____

（3）通过训练，您在教学组织技能的哪些方面有了提高？请结合教学实例谈一谈自己的学习体会。

_____

_____

_____

（4）本模块以教学组织技能为例讲述了课堂教学组织方式的多样性。组织技能是一项综合技能，要使教学组织方式有效，还需要教师营造良好的课堂教学环境，包括课堂物理环境和心理环境，需要教师预设恰当的问题串并进行有效追问，教师还需要根据课堂教学中产生的生成性问题适当调整教学内容和节奏，相关技能请参看其他模块内容。

附　　录

附录3-1　教学组织技能的定义及构成要素

1．教学组织技能

教学组织技能是指教师通过变换学习的方式，组织学生积极、主动参与学习活动的一类教学行为。任何一堂课都是由组织教学开始的，而且贯穿于课堂教学的始终。教学组织技能是保证课堂正常有序的一个基本条件。

2．教学组织技能的构成要素

1）教学组织管理

教学组织管理就是通过建立健全课堂教学的组织结构，教师与学生、学习干部与教师、同学之间，规定职务职责，明确责权关系，以使班级组织中的成员相互协作配合、共同参与学习。

2）教学步骤清晰

教学步骤清晰是指教师授课的教学环节、步骤清晰、有条不紊，忙而不乱。

3）教学要求明确

教学要求明确是指教师对学生布置的每一项学习任务都提出明确具体的要求或目标。比如让学生看书、观察、讨论、倾听、思考、做练习，等等，然后教师根据要求对学生的学习活动进行监控并随时给予指导。

4）观察判断准确

准确观察判断是教师组织教学的前提条件。没有准确的观察判断就难以采取有效的组织教学措施。因此，教师要通过观察来敏锐地捕捉学生的反馈信息，迅速作出准确的判断，及时调整自己的教学活动。

5）反馈矫正恰当

反馈和矫正是指课堂教学管理过程中，教师对学生的情绪、行为做出的即时评价，以调控教学管理的主要手段，包括对学生的学习态度、学习体验和学习效果的评价等方面。教师反馈矫正的措施主要有暗示提醒、搁置争议、照顾全体、实事求是、放低身段、应用机智、借用群体力量等。

6）组织安排科学合理

合理的教学组织安排可以从以下几个方面入手：首先是创设情境。善于从身边事例，激发学生的学习兴趣，营造宽松、和谐的学习气氛。其次是创设活动，让学生积极参与、大胆质疑，发挥学生在学习过程中的主动性和积极性。最后，展开探究式学习、讨论，在探究中让学生自己学会学习，学会探究新知。

（摘自杨美凤《组织教学技能训练》及刘剑锋、曾园红《物理教学技能综合训练教程》）

附录 3-2　教学组织方式与学生核心素养的培养

《中国学生核心素养（征求意见稿）》（以下简称《意见稿》）指出，核心素养是指学生应具备的、能够适应终身发展和社会发展需要的必备品格和关键能力，综合表现为 9 大素养，具体为社会责任、国家认同、国际理解，人文底蕴、科学精神、审美情趣，身心健康、学会学习、实践创新。

与教学组织模块有关的素养是"社会责任"和"科学精神"。《意见稿》第 2 条"社会责任"部分指出，学生应"具有团队合作精神"。关于"科学精神"素养的解读，《意见稿》第 12、13、14 条解读如下：

12. 崇尚真知。重点是学习科学技术知识和成果；掌握基本的科学方法；有真理面前人人平等的意识等。

13. 理性思维。重点是尊重事实和证据，有实证意识和严谨的求知态度；理性务实，逻辑清晰，能运用科学的思维方式认识事物、解决问题、规范行为等。

14. 勇于探究。重点是有百折不挠的探索精神；能够提出问题、形成假设，并通过科学方法检验求证、得出结论等。

由此可见，有效的教学组织方式与培养学生的核心素养是高度一致的。从培养学生核心素养的视角看，教学组织方式的有效性体现在：教师所采取的教学组织活动对培养学生的核心素养是大有裨益的。比如采取小组合作学习的组织方式，通过小组成员间的互帮互学，分工协作，客观上就是在培养学生的社会责任感和团队合作精神；各组间的展示交流与评估，就是在培养学生的独立思考、敢于质疑、勇于批判的科学精神；小组成员合作探究物理规律，就是在培养学生实事求是、一丝不苟的科学态度和勇于探究、百折不挠的探索精神，在探究规律的过程中也初步掌握了科学的研究方法。如果教师采用单一的教学组织方式，就难以调动起学生学习物理的积极性，学生物理知识的学习就很困难，更遑论科学精神的培养了。

附录 3-3　当前自主合作学习中存在的六大问题 [①]

目前课堂教学中的"自主合作学习"往往存在着"注重形式，忽视本质，缺乏实效"

---

① 韩守宏. 自主合作学习的问题与对策［J］. 上海教育科研，2009（2）：66-67.

的现象，主要存在以下六大问题。

一是追求形式化。表现在有些教师为了迎合时尚的教学方法，视"合作学习"为教学时髦，使之成为制造课堂热烈气氛的工具。有些合作小组一看就知道是为公开课而临时凑合的，小组成员间不具备合作的心向，无法进行有效的互动交流，甚至有少数学生在合作时无所事事。有的老师已习惯于"满堂灌""满堂问"，为装门面偶尔让学生讨论一下，可正当学生积极性正浓时，他们为了完成自己预设的进程，却又强行中断了学生的合作探究，结果严重挫伤了学生的积极性。还有的教师误把"合作"等同于"合并"，认为提几个问题，再把桌子拼拼，前后排学生围坐在一起，就达到了合作的目的，而很少考虑小组成员安排的合理性及具体分工，导致学生对如何合作无法下手。也有部分教师给出的讨论题带有很大的随意性，重议轻思，甚至所提问题根本不具备讨论的价值。

二是过程自由化。一些教师为突出学生的主体地位，完全放手让学生自由地、开放地学习，自己则站在讲台上或袖手旁观，或若无其事地东张西望，或埋头看自己的教学资料，或在黑板上写自己想讲的要点，对各组学生在合作学习中的表现，合作过程中遇到的问题等情况一概不理。有些教师甚至连小组合作学习的课堂气氛都难以控制，所以有些公开课一组织合作学习，学生就七嘴八舌、嘈杂声一片，根本听不清谁在发言；有的小组里张三怎样说，李四就跟着怎样说，人云亦云；有的小组只有学习好的同学发言，学困生压根儿不发言。

三是合作泛滥化。有的教师为了培养学生的自主合作学习能力，连一些没有多少思考价值的简单问题也让学生小组讨论，其结果只能令学生感到索然无味，难以调动起学生合作学习的积极性。

四是学困生边缘化。自主合作学习要求小组的每个成员对相关问题在独立思考的基础上以合作方式探讨和交流，如果教师指导不到位，学生分组不恰当，一些思维较慢的学困生往往较少有交流发言的机会，慢慢就会懒于思考，形成依赖，其效果比教师控制下的传统教学更糟糕。当合作学习成为优秀生展示个人才华的舞台，结果便是优生更优、差生更差。

五是探究虚假化。新课程改革的一个重大举措是强调探究性学习。但探究性学习也有不足之处，它对双基关注不够，费时费力，这就决定了课堂教学不可能都采用探究式。无须探究的问题如果硬要去探究，往往会导致探究的浅层化和庸俗化。探究性学习与接受性学习不能截然分开，应交替使用，相互补充。

六是评价简单化。主要问题表现在：（1）偏重于对学生个体的评价，忽略了对学生所在小组集体的评价；（2）偏重于对学习结果的评价，忽略了对学习过程和方法的评价；（3）教师缺少对学生的学习态度、学习习惯、参与程度、创新意识、实践能力进行评价，较多地关注答案与结论的正确与否，甚至对学生个性化的理解横加指责，结果禁锢了学生活跃而富有创新的思维。这类不公正、不全面的评价极易挫伤学生参与合作学习的积极性和主动性，更不可能很好地发挥"以评价促发展"的功能。

模块四　认真倾听及时反应

学习目标

◆通过阅读本模块第二部分内容，知道"认真倾听及时反应"的能力要点及各层次的标准。

◆通过与同伴的交流合作，体会认真倾听及时反应的交往模式。

◆通过本模块第二部分和附录的学习，理解与"倾听"相关的教育学、心理学理论，并能运用理论指导自己的教学行为。

◆通过联系自己的教学实践，理解认真倾听及时反应的益处，具有相应的自我评价能力。

一、问题提出

▶ 活动 1　热身

热身活动 1：小组活动——折纸船。

步骤 1　一位学员发布指令，其他学员按指令操作。

第一步，将正方形纸沿对角线对折；第二步，将两边的角折下来与下面的角重合；第三步，将角再折上去呈三角形；第四步，将大三角形分别向正反两面折上去，形成三角形；第五步，从下面伸进小口袋，将口袋横着拉开；第六步，将三角形下角分别向正反两面上折大约三分之一；第七步，将两边一层左右拉开。小船做好了。

步骤 2　小组交流：纸船折叠成功了吗？

步骤 3　谈谈您的感悟。

怎样才能顺利将小纸船折叠成功？ _____

_____

热身活动 2：请将您设计的"速度概念的建立"教学片段与小组成员分享，征询一下成员们的意见。

对您有启发的意见是＿＿＿＿＿＿＿＿＿＿＿＿＿＿＿＿＿＿＿＿＿＿＿＿＿

＿＿＿＿＿＿＿＿＿＿＿＿＿＿＿＿＿＿＿＿＿＿＿＿＿＿＿＿＿＿＿＿＿＿＿

初中与高中"速度概念的建立"教学设计关注的不同之处是＿＿＿＿＿＿＿＿＿

＿＿＿＿＿＿＿＿＿＿＿＿＿＿＿＿＿＿＿＿＿＿＿＿＿＿＿＿＿＿＿＿＿＿＿

在听意见的过程中您做的解释有＿＿＿＿＿＿＿＿＿＿＿＿＿＿＿＿＿＿＿＿＿

＿＿＿＿＿＿＿＿＿＿＿＿＿＿＿＿＿＿＿＿＿＿＿＿＿＿＿＿＿＿＿＿＿＿＿

▶▶ **活动2 反思交流**

步骤1 请结合自身教学经验，利用实例将认真倾听及时反应方面成功的经验或失败的教训写在下面，并反思自己在认真倾听及时反应方面存在的主要问题，每个人至少写出一条。

成功经验：＿＿＿＿＿＿＿＿＿＿＿＿＿＿＿＿＿＿＿＿＿＿＿＿＿＿＿＿＿

＿＿＿＿＿＿＿＿＿＿＿＿＿＿＿＿＿＿＿＿＿＿＿＿＿＿＿＿＿＿＿＿＿＿＿

失败教训：＿＿＿＿＿＿＿＿＿＿＿＿＿＿＿＿＿＿＿＿＿＿＿＿＿＿＿＿＿

＿＿＿＿＿＿＿＿＿＿＿＿＿＿＿＿＿＿＿＿＿＿＿＿＿＿＿＿＿＿＿＿＿＿＿

问题反思：＿＿＿＿＿＿＿＿＿＿＿＿＿＿＿＿＿＿＿＿＿＿＿＿＿＿＿＿＿

＿＿＿＿＿＿＿＿＿＿＿＿＿＿＿＿＿＿＿＿＿＿＿＿＿＿＿＿＿＿＿＿＿＿＿

步骤2 在小组内进行交流并将大家反思出的问题进行整理归纳，与全班教师进行分享。

二、认真倾听及时反应标准解读

《北京市朝阳区教师教学基本能力检核标准》（以下简称《标准》）对认真倾听及时反应的检核标准如表4-1所示。

表4-1

能力要点	合　格	良　好	优　秀
认真倾听及时反应	能够倾听学生的想法，与学生互动；鼓励学生大胆发言，并引导学生认真倾听同学发言	能够在倾听过程中随时与发言者交流自己的理解，促进师生互动，并系统地指导同学倾听	能够把课堂发言的评价权交给全班学生并进行适当指导，有效促进师生的真正互动

▶▶ **活动3 阅读《标准》**

步骤1 《标准》中的不同层次使用了"倾听想法""交流理解"和"有效互动"等术语，在"认真倾听及时反应"方面，它们之间有何不同？

步骤2 尝试用自己的话表述《标准》中的要求，并将不理解的地方用横线画下来。

步骤3　根据自己的理解向小组中的同伴讲述《标准》中的要求，将不理解的问题提出来，看是否能得到同伴的帮助。将小组中没有理解的问题写在下面。

下面就其中的名词和各层级中的一些结果性指标进行解读。

（一）名词解释

1. 倾听

《现代汉语词典》（2017年版）对"认真"一词解释为"严肃对待，不马虎"，对"倾听"一词解释为"细心地听取（多用于上对下）"。

"倾"有"歪、斜、身体稍向前，趋向、用尽"的外在身体姿态，它反映出听者的地位，也显现出对说者的态度，听者要充分尊重述说者。"认真倾听"就是凭借听觉器官接收言语信息，进而通过思维活动达到认知、理解的全过程。

倾听是获取信息的一条重要渠道，是教师了解学生的重要手段。倾听可能发生在课堂上，也可能发生在课堂外；倾听的内容可能涉及学生的诸多方面，这里只谈论课堂上与教学过程相关的"倾听"。

课堂上，面对教师的提问、观点的阐述、方法的选择，学生有自己的认识和想法，教师要有耐心、用诚心去倾听学生的观点，要静下心来、用心去听学生的阐述过程。不仅要听懂学生通过言语、表情、动作所表达出来的东西，还要听出学生在交谈中所省略的和没有表达出来的内容或隐含的意思，甚至听出学生自己都不知道的潜意识。因此，认真倾听、听懂内涵是教师的重要能力之一。

▶▶ **活动4　思考与分析**

步骤1　请回顾自己的课堂教学过程，是否给了学生阐述自己观点的时间？

步骤2　当您听到学生的观点不同于您的观点时，您会怎样做？

---

2. 及时反应

《现代汉语词典》（2017年版）对"及时"一词解释为"不拖延，马上，立刻"，对"反应"一词解释为"有机体受到体内或体外刺激而引起的相应的活动，事情所引起的意见、态度或行动"。

课堂上学生的阐述，有时是经过思考的，有时是灵光闪现的。趁着学生头脑中灵光闪现出来的想法还在，对学生的阐述给予及时的回馈、积极地鼓励，是调动学生学习积极性、开发学生潜能的契机。闪现的想法、态度、表达往往更能反映学生的本真，更有利于教师了解学生的知识与能力水平、情感态度与价值观。

及时的反应不仅仅是针对阐述者本身，还包括引导学习伙伴参与其中，伙伴间的讨论、研究，是互助学习的过程，是剖析每位学生想法的过程，也是不断修正思考角度、得到结论的过程，这更有助于学生群体学习能力的提高。

▶▶ **活动5　思考与分析**

步骤1　每当学生阐述观点时，您是怎么做的？

步骤2　请回顾自己的课堂教学过程，有没有学生的想法推动了您的教学进程、给您启发？

_____

_____

_____

阅读理解1　教师倾听应关注的几个问题 [①]

一是耐心。倾听是了解学生的途径，也是尊重学生的重要表现，学生在课堂上发言，是一种情感态度，是一种积极参与，无论说的对与错，清楚与不清楚，教师都要耐心而专注地听，不能有半点儿的不耐烦，更不能打断学生的发言，随便发表自己的看法。当学生结结巴巴的时候，当学生说错话的时候，当学生"欲言又止"的时候，教师要善于耐心等待。善于课堂等待不是浪费时间，而是教师的一种专注，这种专注是对学生无声的期待和信任，是对学生无形的鼓励和支持。在倾听过程中耐心等待，在等待中无声地鼓励学生，这是一种"此时无声胜有声"的高超的课堂驾驭能力的体现。教师静静的等待，等来的不仅是学生正确的回答，更有学生对老师的尊重和学习自信。

二是关注。教师应通过自己的体态语言即丰富的表情动作以及专注的眼神表现出对发言学生及其所讲内容浓厚的、始终如一的兴趣。心理学研究表明，喜欢别人听自己讲话乃是人所共有的一种基本需要。学生发言时，教师要注视说话的学生，将注意力始终集中在学生说话的内容上，并应当以浓厚的兴趣面对讲话的学生。及时捕捉学生言谈中显露出的各种相关信息，既可了解学生的理解程度、对知识的掌握情况，又可预知教学进程推进的合理性。教师要观察学生行为是生机勃勃还是没有生气；是一边思考一边书写，紧张地忙碌着，还是冷漠地坐等，浪费时间；是主动地自负其责还是被动地应酬；是与同学共享合作还是独往独来。如果是前者，说明您的学生对学习有兴趣，学习是自主的，学生具有合作意识。

---

① 周军.教学策略［M］.北京：教育科学出版社，2003.

三是观察。教师要善于从学生的表情、语气和形体动作等隐性语言中去捕捉和品味语言背后的含义和实情，把学生所讲的内容、感觉和意思真正听明白。教师要观察学生的目光及表情，如果学生昂首挺胸、跃跃欲试、无忧无虑、充满自信，那就意味着您营造了一个良好的心理氛围，这时您的学生才敢于大胆地发表自己的意见，您才能与学生平等地参与教学。否则，您就要重新调整您的行为和语言，让学生真正地接受您。如果您看到一名学生无精打采，碰上老师目光马上躲开，显得无所适从。这时教师就应该感觉到这位学生需要帮助，就该对他给予启发和引导。教师在课堂上要通过观察学生的表情和行为做出正确判断，并给予必要的帮助。要做到这一点，教师必须通过自己的心理参与，在倾听中努力去发现讲话者的动机、个性、脾气，边听边思考对方谈话的要点，把握其内在的意向和态度。有时因为表达能力的差异或种种顾虑，学生可能会有意或无意地漏掉或掩盖部分内容和某些实质性的细节。

教师在听学生讲话时，应尽量为"理解"而倾听，而不是为"评价"而倾听，既让学生得到适当的关注，又让其可以畅所欲言。要善于听，切忌简单的处理或草率评价，把自己的观点强加于学生。

四是适时反馈。倾听是一种双向交流的过程，不仅讲者要陈述自己的观点，听者也要适当的反馈。教师可以通过体态语言来对学生的表达进行反馈，也可以通过简单重复、适当升华等语言评价来反馈。作为倾听者，教师要对学生讲话做出适当的反馈，不仅要有较高的理解力，也需要具备较高的移情能力。

（二）结果指标的制定与解读

根据《标准》和中学物理教学的特点与现状，我们确定物理学科该能力要点的结果指标如表 4-2 所示。

表 4-2

认真倾听 及时反应	能够鼓励学生积极发言，并在学生发言时认真倾听，及时对学生的发言给予语言或非语言的回应
	能够在倾听学生发言时发现学生问题、激发学生潜能，并及时调整教学进程
	能够引导其他学生认真倾听同学的发言，并鼓励同学间相互交流、相互评价

1. 鼓励学生积极发言，对学生的发言给予回应

要求教师依据教学内容有效设置问题的情境，鼓励学生思考并且表达自己的见解，在期间通过各种适当的方式表现教师的认真倾听及迅速思考的态势，并且及时对学生的发言给予语言或非语言的回应。

▊▊/案例1

分子的热运动（高中物理选修3-3）

本案例由北京陈经纶中学张国玉老师提供

演示实验1：氨水扩散实验

（教师将白纸用清水浸湿，卷成圆筒形状，塞在广口瓶内。教师随后取出装有氨水的透明广口瓶，将瓶塞打开，把装有试纸的广口瓶迅速倒扣在装有氨水的广口瓶瓶口上。很快，试纸上出现了红色的"高一3班"字样，同学们的脸上现出惊讶的神色。）

教师：哪个同学能揭开本魔术的秘密？

学生：我猜想纸上一定有酚酞试剂。因为酚酞遇到氨水，会变成红色。

师：嘿嘿，同学们的化学学得真不错，一下就把我的魔术给戳穿了！那么，这个实验说明了什么呢？

生：说明了分子在永不停息地运动着。

教师：你观察到分子运动了吗？你是如何判断分子运动的？

学生：分子很小，看不到，是通过实验现象分析得到的结论。

教师：同学们回答得很好。这就像我们坐在教室里，空气的流动是看不到的，但我们可以通过观察树或旗子的运动来判定室外是否刮风的道理是一样的。这种透过现象看本质的方法在我们物理中经常用到。上述实验说明气体分子在不停地运动。液体分子是否也在不停地运动呢？谁能设计一个实验来探究一下？

（教师停顿片刻，看到陶然同学举起手来。）

教师：陶然同学已经想好了，下面请他把他的实验设计方案向大家介绍一下，然后同学们讨论一下，看他的方案是否可行。

（同学们讨论后同意陶然的设计方案，教师根据陶然的方案进行实验。）

演示实验2：硫酸铜溶液的扩散实验

教师：请同学们仔细观察实验现象，谁能描述一下发生的现象？该实验说明了什么？

学生：下面的硫酸铜溶液颜色变浅，上边的水颜色变蓝了。实验说明液体分子在不停地做无规则运动。

教师：初中我们已经学过，扩散的快慢与温度有关。谁能设计一个实验来证明这个结论是正确的？（同学们纷纷举手）

教师：现在请马思嘉同学说说他设计的这个实验。随后教师按他的设计方案进行演示。

演示实验3：在冷水、热水中，同时滴入一滴红墨水。

学生：红墨水在热水中扩散得快，说明温度越高，分子运动越剧烈。

教师：这是我们画画用的颜料，将颜料溶于水中制成溶液，然后提取少量溶液放在显微镜下观察。你看到了什么现象，能描述一下吗？

学生：看到许多"小黑点"在运动。

教师：能描述一下"小黑点"的运动特点吗？（引导学生观察较大的"小黑点"和较小的"小黑点"运动有何不同？）（多媒体展示每隔20 s小黑点的位置。）

学生："小黑点"做的是无规则的运动，"小黑点"越小，无规则运动越剧烈。

教师："小黑点"是什么？它为什么运动？

学生出现两种不同的观点。观点一："小黑点"是分子，因为它在液体中做无规则运动。观点二："小黑点"不是分子，是颜料的固体小颗粒。因为分子太小，在光学显微镜下根本观察不到。大家讨论后同意第二种观点。

教师简单介绍英国植物学家布朗在显微镜下观察水中悬浮的花粉不停地做无规则运动的史料知识，引出布朗运动的概念。

教师：颗粒为什么会运动？是空气流动或温差等外界因素的影响使它运动的吗？如何证明？

学生：不是外界因素造成的。如果是外界因素使颗粒运动，那么颗粒的运动应当是定向运动而不会是杂乱的无规则运动。

教师：那么颗粒运动的原因究竟是什么呢？颗粒的运动状态不断地发生改变，说明了什么？

学生：说明颗粒受到力的作用，因为力是改变物体运动状态的原因。

教师：那么这个力的施力物体是谁呢？颗粒跟周围哪些物体接触呢？

学生：颗粒悬浮在液体中，一定是颗粒周围的液体分子在运动，并不断地撞击固体颗粒使它运动的。

教师用动画展示液体分子撞击固体小颗粒的情景。

教师：布朗运动是悬浮在液体中的微小颗粒受到各个方向液体分子撞击作用不平衡造成的。

教师：请同学们思考：为什么颗粒越小，布朗运动越明显？

学生：（讨论后）颗粒越小，其质量越小，它的运动状态越容易改变，所以颗粒越小，布朗运动越明显。

教师：有一定道理。除了质量的因素外，我们还可以从力的角度分析。举个例子，我站在同学们中间，如果只有一两个同学撞我，我的运动状态是不是容易改变？如果同学们从四面八方一齐撞我呢？我的运动状态还容易改变吗？这说明：颗粒越小，在某一瞬间和它相撞的液体分子数就越少，撞击作用的不平衡性就越明显，布朗运动就越明显。

教师：为什么温度越高，布朗运动就越剧烈呢？

学生：温度越高，液体分子运动就越剧烈，液体分子撞击颗粒的力度就比较大，固体颗粒的无规则运动也就越剧烈。

案例评析

　　本案例中，教师给学生创设了轻松、和谐的气氛，使学生有了安全感和融洽感，消除了学生的顾虑，能放心大胆地阐述自己的观点。教师从倾听学生的每一次回答中，发现新问题，不断追加引起学生思考的话题。从表面现象、浅层阐述，到看到问题的实质，从不同角度剖析现象，对分子动理论的理解更加深刻。学生也在教师的倾听中获得了自信，学生的思维获得了自由发展的空间，从而促进学生最大限度的发展。教师的倾听不仅消除了师生之间的距离，也为学生做出示范，有助于学生形成良好的倾听习惯。

2. 发现学生问题、激发学生潜能，及时调整教学进程

　　要求教师要在倾听学生发言时，抓住蛛丝马迹，它可能是学生的问题所在，也可能是学生的智慧闪现，因势利导促成学生深入思考。这可能给设计好的教学带来冲击，教师要从学生的有效学习出发，适时调整教学进程。

案例2

研究平抛运动（高中物理必修2）

本案例由对外经济贸易大学附属中学邓华老师提供

　　高一学生实验"研究平抛运动"，需要描绘平抛小球的运动轨迹，计算平抛初速度。通常的实验步骤是：

　　（1）按照以下步骤准备实验装置：

　　①将平抛运动实验器置于桌面，装好平抛轨道，使轨道的抛射端处于水平位置。调节调平螺丝，观察重垂线或气泡水准，使面板处于竖直平面内，卡好定位板，装置如图4-1所示。

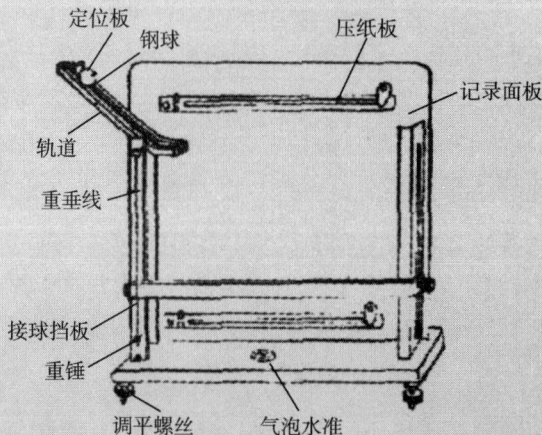

定位板　　钢球　　　　　　压纸板
　　　　　　　　　　　　　　　　记录面板
轨道
重垂线

接球挡板
重锤
调平螺丝　　气泡水准

图4-1

②将描迹记录纸衬垫一张复写纸或打字蜡纸，紧贴记录面板用压纸板固定在面板上，使横坐标x轴在水平方向上，纵坐标y轴沿竖直方向向下（若用白纸，可事先用铅笔在纸上画出x、y坐标轴线），并注意使坐标原点的位置在平抛物体（钢球）的质心（即球心）离开轨道处。

③把接球挡板拉到最上方一格的位置。

（2）将定位板定在某一位置固定好，钢球紧靠定位板释放，球沿轨道向下运动，以一定的初速度由轨道的平直部分水平抛出。

（3）下落的钢球打在向面板倾斜的接球挡板上，同时在面板上留下一个印迹点。

（4）再将接球挡板向下拉一格，重复上述操作方法，打出第二个印迹点，如此继续下拉接球挡板，直至最低点，即可得到平抛的钢球下落时的一系列印迹点。

（5）变更定位板的位置，即可改变钢球平抛的初速度，按上述实验操作方法，便可打出另一系列印迹点。

（6）取下记录纸，将各次实验所记录的点分别用平滑曲线连接起来，即可得到以不同的初速度做平抛运动的轨迹图线。

实验课上一位学生提出："这样做太麻烦了，能不能改进一下？"

教师停下巡视的脚步，面向学生问道："那么你想怎样改进？能否说出自己的方案然后实施？"

学生提出自己的设计："老师说的研究方法是描点作图，无疑是一种传统的方法，因为要研究这条线的规律，所以采用描点作图法，但是采用这种方法无疑是使实验结果的准确性大打折扣，因为用几个点来描绘出一条曲线听上去很搞笑，描出来也只是个大概，而物理这个学科讲究的是准确性。所以，我在想能不能使实验的准确性折扣小点。我的想法是，如果给一张白纸上附上一层不同颜色的粉末（白的不行），利用小球运动时所产生的风，是否可以在白纸上留下一条清晰的路线。"

教师同意学生实际操作一下，在巡视其他学生实验的同时，特别关注这位学生的实验进程。

学生根据自己的设计，在实施的时候很快发现了问题"但是我忽略了一点，那就是即使是最小的粉末，也有一定的质量，如果使白纸竖直夹在仪器上，那些粉末会因受到重力而往下滑，最终纸上只会留下一些颜色。"

教师鼓励学生："你有没有改进的设计？"

学生又提出一种设计："如果是在纸上的一部分涂上墨汁的话，因为墨汁是黏稠状液体，涂在纸表面上，我想效果就应该会好一点，那些墨汁最起码不会很快就落下来。实验的最终效果应该就会比较好，但是成本比较高，而且操作起来比较麻烦。"

教师提出了自己的疑问："你的设计小球是不是要蹭到纸面？小球是否平抛运动？"并给学生进一步的鼓励："如果既想简单、误差又小，你有什么设想？"

学生提出："频闪照相可以吗？"

教师进一步提出："你需要什么设备？你详细规划同时注意实验的其他目的。课上时间不够，课后继续实践你的想法。"

案例评析

　　在本案例中，首先，教师给了学生充分表达自己意愿的时间，耐心地倾听学生的意见、质疑的观点，不断鼓励学生表达自己的想法，给学生创造充分表达并做出决策的机会，对学生自主学习能力的提升有着至关重要的作用。其次，鼓励学生实践，虽然需要更长的时间，但是教师并没有阻止，而是在旁观察。在实践中学生发现了自己实验设计中的问题，不断地进行自我修正，对平抛的认识进一步加深。最后，在遇到重要决定或者学生遇到无法处理的困难时，教师适度地将自己对问题的分析、看法与学生交流，一起讨论，帮助学生梳理思路。这样，在引领、合作中完成的不仅仅是一个实验，它使学生的大脑一直处于活跃状态，深度思考后对知识的认识更加深刻。如此下来，每当遇到问题的时候，先听听学生的意见，教师自己对所教的内容也会得到新的认识和启发。

3. 引导其他学生认真倾听同学的发言，鼓励同学间相互交流、相互评价

　　要求教师以自己的示范及必要的要求引导全体学生一起倾听同学发言，并对问题进行思考，也可以以转而问其他学生的方式鼓励学生交流，同时相互间给予倾听、关切与评价。

案例 3

升华和凝华（初中物理）
本案例由北京市第十七中学宋兆敏老师提供

　　（新课教学）物质从固态吸热熔化可以变成气态。那么物质能不能从固态直接变成气态呢？我们可以通过碘升华实验来证实。碘是紫黑色固体，它的特点是吸热可以熔化，它的熔点是 113.7 ℃。我们想要看看它是否能从固态变成气态。同学们打算怎样进行实验？

　　教师提出问题后等待学生思考，请同学们阐述自己的实验设计。

　　学生 A：对碘加热。实验时，用酒精灯直接对放有少量固态碘的碘升华管加热。

　　教师请学生做出评析：这样做可以吗？你们是否觉得有不妥？

　　学生 B：火焰的温度很高，碘在加热过程中能达到熔点熔化，会不会先熔化再汽化形成气体呢？

　　教师针对发现的新问题提出：你的分析很有道理，大家有没有新的方案设计能够避免出现碘熔化过程？

　　（学生讨论后）

　　学生 C：可以利用把碘升华管放入热水中，观察是否出现碘蒸气。

　　教师：说出你的依据。

　　学生 D：热水温度不会超过 100 ℃，而碘的熔点是 113.7 ℃，无法达到碘的熔点，若出现碘蒸气，则可以认为是碘从固态直接变成气态，而没有液态碘出现。

教师：同学们是否同意此实验方案的设计？此方案特别棒，直接避开液态碘出现。下面我们按此方案进行实验，观察是否会出现紫色碘蒸气。

……

案例评析

本案例中，教师引导学生认真倾听同伴的实验设计，通过学生小组讨论，得出实验方案，小组之间对实验方案进行评估，全体学生充分参与讨论。组内之间的交流和各小组之间的交流，使学生得出对物质从固态直接变成气态这个过程中避免出现液态过程的方法。在此基础上，教师引导学生进行再次讨论，倾听学生想法，让学生得出更完备的实验方案，学生自主解决小组实验中遇到的一些问题，从而体会到解决问题后的兴奋，也提高了学生课堂学习的效率，在合作学习能力、再学习能力方面对学生进行了有效的培养。

阅读理解2 对"认真倾听及时反应"的要求

课堂上教师是否对学生的发言做到认真倾听及时反应，可以通过观其行、听其言来辨别。

一是"听"。教师是否在听学生的发言，有一些外在的表现：

（1）从时间上看，给出听的时间。学生由于对知识的不理解、对方法的不熟练、自己思考的不成熟，在阐述自己观点时会存在用时较长、不断反复的现象。这时，无论教师多么想为了完成教学进度节省时间、为了达到备课时教师和学生对话预期的目的，都不要中途打断学生的发言，不要转移话题，让学生把话讲完。这样可以听清学生的思路，从而在忠于学生原有认知的基础上找到学生学习的生长点。

（2）从体态上看，给出听的态度。教师的体态让学生直接看到是否要继续自己的发言，因此，在学生发言时教师要始终面带微笑注视学生，不做无关动作，身体略微前倾，侧头表示关注，这是教师对学生的阐述感兴趣的表现，它会鼓励学生继续深入思考。

（3）从回应上看，给出听的结果。当教师赞成学生的阐述时，可以面带微笑轻轻点头；对学生的阐述感兴趣时，展露一下笑容；对学生的阐述有疑问时，用"嗯""噢"等表示自己确实在听，并鼓励学生说下去，等等。

二是"说"。教师是否认真倾听了学生的发言，看教师与学生的交流：

（1）教师在倾听学生阐述观点的过程中，产生适当对话，要"所答即所问"，这表示双方在交流。如重复学生说话的某个部分或某个观点，在没有理解学生的阐述时，询问学生"你的意思是……""我这样理解……你看是吗？"等等。

（2）教师在倾听学生阐述观点的过程中，适时提出问题，让学生知道教师在听他的发言，并且通过提问，使交流更深入地进行下去。如在讨论被水平抛出的物体为什么向前做曲线运动时，学生冲口而出是"由于物体具有惯性"，教师提出问题"惯性的作用是什么？""为什么抛出后物体会做曲线运动？""物体落地时是垂直于地面的吗？"等等。

（3）教师在倾听学生阐述观点的过程中，适时加上自己的见解，以使给予和吸收两个方面平衡，并因势利导，适时的追加一句"你对这个问题还有什么见解？""你能不能再谈谈对某个相近问题的看法？"等等。从而生长出新的知识，发展能力，实现学生学习的进阶。

三是"导"。教师的倾听，贵在能够引导学生发现自己隐藏的问题、引导学生听到他人的心声：

（1）一个聪明的倾听者，听的不仅是内容，还要听出情感、隐蔽的内涵。不能仅仅满足表层的听和理解，而要从学生的言语中听出话中之话，从其语情语势、身体的动作中演绎出隐含的信息，从而把握学生的真实意图，和学生一起梳理思路，促使学生自主发现问题。如学生说着说着突然一个犹豫的停顿、声音的降低、语速的放缓，某些细微短暂的表情，会无意识地表露出来，如果被老师及时捕捉到，从而做出应对，这样就能做到真正的交流、沟通。有些顿悟就在这一瞬间。

（2）一个细心的倾听者，能在学生表述不准确、不正确的时候，从表述中剥离出学生真正想问的东西，这就要求教师倾听时要用心去感受、去思考、去回应，要迅速地抓住问题的端倪，引导学生发现、修正错误所在，构建正确的知识体系。

（3）一个智慧的倾听者，不仅能听到一位学生的心声，还能听到其他学生的心声，能引导每位学生听到同伴的声音。课堂上倾听的信息源是全体学生，教师要引导其他学生关注、参与问题的交流、讨论，引导学生间相互对话，在对问题由表及里、由浅入深的研究中，在倾听同学的发言中，产生心灵的共鸣，从而相互发现自己的问题所在，进而自主解决问题。

案例4

匀变速直线运动规律的应用

本案例由北京市日坛中学梁志鹏老师提供

（新课教学）PPT展示汽车追尾图片。

教师：在高速公路上，有时会发生"追尾"事故——后面的汽车撞上前面的汽车。你能说出造成"追尾"事故的原因有哪些？

学生A：车速快、刹车慢。

学生B：车超载，惯性大，不容易停下来。

学生C：……

教师根据学生的回答情况总结归纳：车速快、车距小、酒后驾驶、疲劳驾驶、雾天、路面滑……

引出例 1：我国高速的最高车速限制为 120 km/h。设某人驾车正以 108 km/h 的速度沿平直高速公路行驶，该车刹车时产生的加速度大小为 5 m/s^2，则刹车时的制动距离为多少？

（问题简单，学生计算制动距离，计算结果为 90 m）。

教师：如果司机发现在车的前面 100 m 的距离处出现障碍物，例如一辆停着的汽车，是否会发生"追尾"事故？同组交流一下。（学生交流，教师巡视）

教师：好了，现在哪一组同学有想法？

学生 A：我们认为，首先人有一定的反应时间，来不及反应，然后踩刹车，然后匀减速。

教师：有一个反应时间，那么在反应时间内汽车是怎么运动的？

学生 A：我觉得是匀速直线运动。

教师：大家说他说的有道理吗？

学生：有道理（学生们一起说）。

教师：刚才同学提出了一个反应时间，反应时间到底是什么？

学生 B：反应时间就是你的眼睛收到前面汽车的信号，从大脑反应到你的行动上。

教师：最后截止到哪儿？

学生 B：截止到踩刹车。

教师：截止到让刹车起作用，好，坐下。

教师：我们看一下反应时间，从意识到应该刹车到刹车起作用的时间。那么，在反应时间内汽车做什么运动？

学生：匀速直线运动（学生们一起说）。

教师：如果反应时间是 0.7 s，你判断一下能否撞上？

学生：（计算后）撞上了（学生们一起说）。

教师：公安部门规定：严禁酒后驾车，你能解释为什么吗？

教师：做完这个题目后，你对减少交通事故或避免交通事故想做点什么？怎么去做？……

案例评析

本案例中，教师依托真实情景，通过学生小组合作交流，学生提出一个新的名词"反应时间"，但是教师没有停留在学生只知其名，而是引导全体学生关注这组学生提出的新概念，全体学生参与讨论"反应时间内汽车做什么运动"，明其意后，对整个刹车过程有一个全面的认识。而一个题目的价值不仅仅在物理知识的应用，还有它的社会价值。从倾听学生剖析追尾事故成因，到倾听严禁酒后驾车规定的解释，教师都在激发学生的安全意识及社会责任感。

三、案例分析

（一）初中案例

摩擦力

本案例由北京市润丰学校孙晓兵老师提供

（新课教学）探究滑动摩擦力的大小与什么因素有关。

教师：你能拉动平放在桌子上的木块吗？在水平方向上木块受什么力？

学生A：拉力、支持力。

教师：支持力是水平方向的吗？

学生A：拉力、摩擦力。

教师：你能测出木块所受的滑动摩擦力的大小吗？

没人反应（教师用鼓励、期待的眼神等待学生进行思考、回答）。

教师：弹簧测力计只能测出哪个力的大小？

学生A：拉力。

教师：滑动摩擦力的大小能测量吗？

教师：利用二力平衡的知识再想想。

学生B：我觉得让弹簧测力计拉着物体做匀速直线运动。

教师：为什么要做匀速直线运动？（教师重复学生的用词）

学生B：使物体的运动状态保持不变。

教师：非常好，物体的运动状态保持不变。然后呢？（教师微笑着等待学生思考、回答）

学生B：根据二力平衡。

教师：谁和谁二力平衡？（教师重复学生的用词）

学生B：弹簧测力计对物体的拉力和物体受到的摩擦力二力平衡。

教师：非常好。当物体做匀速直线运动时，物体受到的拉力与摩擦力二力平衡，它们的大小相等。这时我们根据弹簧测力计的示数就可以知道滑动摩擦力的大小，滑动摩擦力是不是就测出来了？

针对上述案例，请将界定层次的理由写在下面（依据结果指标）。

_____

_____

_____

（二）高中案例

一节习题课的课堂对话与分析

本案例由北京中医学院附属中学李春光老师提供

通过师生对话，一节习题课，学生不仅获得问题的解决方法，更重要的是对物理情境、物理过程、物理规律与物理概念的认识上升到一个新水平。学生在解决问题的过程中既获得了成功的体验，也获得了对物理学习持久的兴趣。

习题：放在水平地面上的物体受到方向不变的水平力 F 的作用。图 4-2（a）所示为推力 F 与时间 t 的关系图像，图 4-2（b）所示为物体运动的速度 v 与时间 t 的关系图像。结合图像思考完成下列问题：

（1）物体在 $2 \sim 4\,s$ 时间段内，物体处于什么状态？

（2）$0 \sim 2\,s$ 内推力 F 所做的功是多少？

（3）物体匀速直线运动的过程中，推力 F 做的功和功率分别为多大？

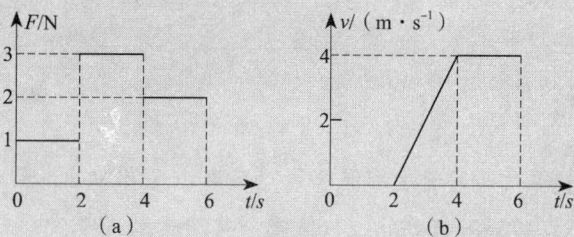

图 4-2

【课堂活动片段1】

教师：第（1）问中的"物体处于什么状态"指的什么？

学生：（未及教师点名，大多数学生齐声，以下用"齐"表示）是指物体处于静止或匀速直线运动状态。

教师：是吗？

学生处于茫然状态，不知何意；教师停顿约 $30\,s$ 后提示："物理上一般通过什么物理量来观察物体的运动状态？"

学生（齐）：速度。

教师：好，那么，如何知道 $0 \sim 2\,s$ 时间段内的速度？

学生 A：从图 4-2（b）中观察。

教师：很好，那么速度如何？

学生 B：在 $2 \sim 4\,s$ 内物体的速度逐步增大。

教师：那么，这段时间内物体处于什么状态？

学生（齐）：加速运动状态。

【教学行为分析】由于受思维定式的影响，多数学生在提到"物体运动状态"时就知道"静止或匀速运动状态"，所以学生在教师提出问题后不假思索地说出答案。教师漫不经心地问"是吗？"引起学生思维冲突。此时，教师运用延迟判断的方式让学生有思考的空间，在思考的过程中，教师提醒学生如何判断运动状态，一语惊醒梦中人，学生猛然想起如何判断物体运动状态，并得出正确结论。教师在教学活动中巧妙地运用了教学提示用语，让学生自己矫正思维缺陷，达到修缮自我思维结构的良好效果。

【课堂活动片段2】

教师：如何求 $0 \sim 2\,s$ 推力 F 做功？

学生（齐）：先找力，后找距离，用力和距离的乘积表示。

教师：那么，$0 \sim 2\,s$ 推力是多少？

学生C：从图4-2（a）可知，$0 \sim 2\,s$ 的推力 $F = 1\,N$。

教师：这段时间内物体运动的距离是多少？

多数学生不知道，如何求物体运动的距离。教师提示：$0 \sim 2\,s$ 内物体处于什么状态。

学生D：由图4-2（b）可知，$0 \sim 2\,s$ 内物体处于静止状态，即速度为零，所以在 $0 \sim 2\,s$ 内物体运动距离为零，因此，推力没有做功。

教师：同学D说的对吗？

学生（齐）：对。

【教学行为分析】学生利用速度图像求运动距离还没有基础，需要在教学中慢慢地引导。教学时通过让学生回顾"片段1"物体运动状态来让学生唤醒认知感觉，从而判断出物体处于静止状态，知道物体运动距离为"0"，得出 $F = 1\,N$ 的力没有对物体做功，或者说做功为零。同时，这个问题为第（3）问做铺垫。

【课堂活动片段3】

教师：物体匀速运动的过程是指什么时间范围内？

学生（齐）：$4 \sim 6s$ 内。

教师：这段时间内物体的速度是多少？

学生E：从图4-2（b）可知，$4 \sim 6\,s$ 内物体运动速度 $v = 4\,m/s$。

教师：这段时间内物体运动的距离是多少？

学生F：物体运动的距离 $s = vt = 4\,m/s \times 6\,s = 24\,m$。

教师：同学F的做法对吗？

学生（齐）：不对。

教师：为什么？

学生（齐）：时间 t 代错了。

教师：错在什么地方？

学生G：$4 \sim 6s$ 内物体匀速运动，所以时间是 $2s$，而不是 $6s$。

教师：同学G说得对吗，为什么？

学生H：同学G的答案对。从图4-2（b）可知，在$t=6\,$s的过程中，$0\sim2\,$s内物体静止，$2\sim4\,$s内物体做加速运动，只有$4\sim6\,$s这段时间内做匀速运动，所以匀速时间只有$2\,$s。

教师：那么，同学们会求$4\sim6\,$s内推力做的功吗？

学生（齐）：会。

教师：同学做一下。

学生I：$s=vt=4\,$m/s$\times2\,$s$=8\,$m，$W=Fs=2\,$N$\times8\,$m$=16\,$J。

【教学行为分析】在教学过程中，从问题匀速时间段开始，引导学生厘清运动过程与运动状态，为求$4\sim6\,$s内力的做功作辅陈。教学实践发现，学生在收集思维素材的过程中，往往会受到其认知水平的局限，因而会导致解决问题的一些失误。教师在教学过程中，通过设计教学"预警机制"的方式来让学生逐步提升认知水平，丰富其认知结构。

针对上述案例，请将界定层次的理由写在下面（依据结果指标）。

_____

_____

_____

四、训练

（一）教学过程中如何实现认真倾听及时反应

▶▶ **活动6　认真倾听及时反应的表现**

步骤1　请根据自己的理解，结合教学实践，以小组为单位进行交流讨论，课堂上哪些行为体现出教师做到了认真倾听及时反应。（参考阅读理解2、附录4-2）

_____

_____

步骤2　组与组之间进行交流讨论，最后形成一个大家认可的结果。

_____

_____

_____

▶▶ **活动7　讨论认真倾听及时反应技能的构成要素**

结合前面"阅读理解"、教学案例，您认为"认真倾听及时反应"包含哪些基本要素？

_____

_____

▶▶ **活动8 分析认真倾听及时反应的构成要素**

做功与物体内能的变化

本案例由清华大学附属中学朝阳学校孙艳希老师提供

在学习完物体内能的概念后，让学生利用已有的生活经验，把一段50 cm铜丝的温度升高，将学生说出的方法归纳总结出改变物体内能的方式有做功和热传递。这时老师提出：如果外界对物体做功，内能是增加，还是减小？有的学生根据生活经验判断：天冷手凉，搓一搓，就暖和了，所以说对物体做功，内能是增加的。通过学生表情可以看出不确定这种说法是否正确，这时，引导学生思考：在物理学中我们通常用什么方法来证明结论的正确性？学生都知道利用实验来验证。老师拿出空气压缩引火仪装置，介绍仪器构造及使用方法，进行实验：迅速下压活塞，学生看到硝化棉燃烧了。老师提问：硝化棉为什么燃烧？说明了什么？学生认真思考并回答：下压活塞，对筒内空气做功，空气温度升高，达到硝化棉的燃点。说明外界对物体做功，物体内能增加。"如果筒内不放硝化棉，筒内温度升高吗？内能增加吗"？大部分学生认为：看到硝化棉燃烧其实质是筒内温度升高，内能增加了。但有的学生在认真倾听其他同学分析的过程中，也产生了自己的想法：刚才这个实验是通过间接的观察硝化棉燃烧来说明筒内空气内能增加了，能不能设计一个实验直接去测量筒内空气内能的变化？其他同学认为这个想法不错，可是怎样测量内能的变化？能设计一个实验吗？

在大家为怎样设计实验热烈地讨论中，有的学生提出用温度计测量筒内温度，筒内空气温度变化了，说明内能也变化了；有的学生认为，把温度计放入空气压缩引火仪筒内很困难，不好操作；还有的学生提出，将温度计放入筒内，实验效果会怎样？面对学生们提出的各种方案，老师说出了自己的想法：准备这节课的实验时，有时实验成功，有时看不到硝化棉燃烧。因此，老师也想直接测量筒内温度的变化，让实验现象更直观。于是老师利用温度传感器，把它的探头装进注射器的筒内，使其横卧，连接数据采集器，接入计算机。当用力推压注射器的活塞，并压缩至最大限度时，观察数据的变化情况，利用计算机软件将采集的数据进行处理，得到一个筒内温度随时间变化的图像。学生通过观察图像，很容易得出实验结论，同时学生提出的一系列问题也一一获得了解决。

上述案例中，教师的倾听与反应对学生的进步起到怎样的促进作用，小组讨论形成统一意见。

_____

_____

_____

（二）认真倾听及时反应的微格训练

步骤 1　仔细阅读前面理论部分。

步骤 2　根据自己任教年级，设计一节能体现出认真倾听及时反应的微格教案，在小组内进行交流、评价。教案参考格式如表 4-3 所示。

表 4-3

课题_____　　　　　　　　设计者_____

教学目标		
时间 / 分	教师活动	学生活动

步骤 3　分小组进行微格教学训练，将自己设计的教案在小组内试讲、录像。并根据认真倾听及时反应的评价标准进行自评和互评。

存在问题：_____

_____

_____

意见和建议：_____

_____

_____

步骤 4　根据评价进行修改并重新试讲。

五、反思提升

（1）学习日记：请您写出本模块的学习要点。

_____

_____

_____

（2）您认为通过本模块的学习，您有哪些收获？

_____

_____

_____

（3）现在您还有哪些问题与困惑？

_____

_____

_____

（4）您对本模块的学习有哪些建议？

_____

_____

_____

（5）如果您与一位学生课下单独交流，如何做到认真倾听及时反应？

_____

_____

_____

附 录

附录4-1　学会倾听 [①]

1.倾听

所谓倾听，是指"把感官、感情和智力综合起来，寻求其含义、理解的智力和情感的过程"。它包含两个层次的功能——既帮助听者理解字面的意思，也促进听者理解对方的情感。好的倾听者不仅能听到对方的语言文字，而且能穿透文字，理解对方表达的感受和情绪。教师在课堂教学中要听来自学生的各种声音，教学才能得以顺利展开。

从倾听教师的授课中，学生获得知识技能，受到教师学习情感的熏陶。教师在倾听学生言说的过程中，能够敏锐地发现学生理解上的偏差、情感中的疑惑、知识背景中拥有或缺少的东西。通过倾听，教师能够准确地判断学生的理解程度，从而果断地决定教师是否介入和如何介入。通过倾听，教师领悟了课堂教学是"人"与"人"之间的对话，而不是"教案"与"学生"的交流。如果教师拒绝倾听，那将会使课堂教学变成教师个人的独白，变成教师执行教案的过程。

2.学会倾听意味着什么

美国知名主持人林克莱特去访问一位小朋友，问他：你长大后想当什么？小朋友天真地回答：嗯，我要当飞行员。林克莱特接着问：如果有一天，你的飞机飞到太平洋上空，所有引擎都熄火了，你会怎么办？小朋友想了想：我先告诉飞机上的人绑好安全带，然后我系上降落伞，先跳下去。当现场的观众笑得东倒西歪时，林克莱特继续注视着这孩子。没想到，接着，孩子的两行热泪夺眶而出，这才使得林克莱特发觉这孩子的悲悯之情远非笔墨所能形容。于是林克莱特问他：为什么要这样做？孩子的回答透露出一个孩子真挚的想法：我要去拿燃料，我还要回来！我还要回来！主持人林克莱特与众不同之处在于，他能够让孩子把话说完，并且在"现场的观众笑得东倒西歪时"仍保持着倾听者应该具有的一份亲切、一份平和和一份耐心。这让林克莱特听到了这名小朋友最善良、最纯真、最清

---

① 周军.教学策略［M］.北京：教育科学出版社，2003.

澈的心语。

（1）民主与尊重

教师的倾听意味着师生间民主的氛围。课堂教学中的师生对话和生生对话都需要建立在最基本的师生平等和教学民主的关系基础上。教师应充分应用倾听教学，把学生看作是与自己相同的生命体，想方设法引导学生与他人对话，细心聆听学生的发言，通过师生间的平等交流，培养学生的创新能力，达到教学相长。

（2）赏识与期待

善于倾听，是教师必备的教学素养。教师的倾听意味着积极的赏识。对勇于提出自己独特见解的同学，不管见解是否合理，教师应给其以鼓励，耐心倾听其意见。倾听是把学习的主动权交给学生，只有把主动权交给学生，才能唤醒学生的主体意识，让学生根据自己的能力水平提出问题，并由学生讨论，阐述自己的见解，而教师应是热情地期待并适时地参与学生的交流讨论。这样的教学，学生主动性得到充分调动，同时在相互的交流中既获得了知识，也培养了学生间互相交往的能力。

（3）策略与参与

教师在倾听的同时敏锐地判断学生理解知识的广度与深度，根据具体的教学内容，选择恰当的教学手段、方法和途径，引导学生积极思维，激发学生对教材内容各抒己见。通过倾听学生，一位好的教师能准确地判断学生是否已充分交流完他们所能想到的和理解到的一切，从而果断地决定在何时介入讨论，以何种方式介入；通过倾听学生，教师还能对每个学生的理解水平有一个大致的了解；通过倾听，教师根据恰当的教学内容，在最恰当的时机，使学生思维中的矛盾激化，并能够将学生思维的着眼点引至对与错、是与非的对立点上，最终在相互理解的基础上解决矛盾。课堂教学中作为倾听者的教师，通过倾听可以听出学生对求知欲望的需求、学生的情感思想、学生间的差异区别、学生的知识掌握与个性发展以及学生与他人的关系等。

3．倾听要关注的几个问题

（1）听课≠倾听

听课指的是简单用耳朵听，听课时如果学生不能融入兴趣、思维、感情等主动因素，那么即使认真到一个字不落的程度，也只是被动地听课，不会收到良好的效果。课堂倾听则是一种含有听课技巧和听课艺术的积极高效率的听课，它还包含鉴赏性思考、主动性理解、批判性接受等方面。

（2）甲听≠乙听

在课堂上，学生的资质参差不齐，他们的倾听能力和倾听状态也有较大差异，甲愿意听不等于乙愿意听，甲听得懂不等于乙听得懂，他们上时段在听不等于下时段也在听。据心理学分析，学生的倾听效果是由学生对学科的兴趣和其倾听目的来决定的。如果兴趣不浓，目的不明，或存在其他的倾听障碍，它会自动关闭接收语音信息的通道，故意听不见教师的讲解，这样就产生了心理学上所讲的"选择性失聪"现象。所以，教师要增强教学的针对性、层次性，教学形式要丰富，问题要有深度，因人而异，因材施教；要引导学生抓住关键词，抓住主要内容倾听。

（3）用心倾听

要使学生明白，学会倾听，不单单是用耳朵倾听，更要用心倾听。边听边思考，如大家都在思考老师的问题，有同学先回答，听了之后就要想想，他的回答有没有道理，和自己的解答是否一致，有没有需要补充、完善的地方，以使自己的解答更完美。只有时刻与老师、同学同思、同想，才能有更高的倾听质量和效果。

附录4-2　体态语言 ①

体态语言，亦称"人体示意语言""身体言语表现""态势语""动作语言"等，是人际交往中一种传情达意的方式。在日常人际交往中，体态语言是有一定规律可循的。了解这一点，不仅有助于理解别人的意图，而且能够使自己的表达方式更加丰富，表达效果更加直接，进而使人与人之间更和谐。在交际中常见的体态语言主要有情态语言、身势语言和空间语言。

1. 分类

体态语言丰富而微妙，是人们心际的显露、情感的外化，好似一个信息发射塔。体态语言在人们的日常交际过程中往往起着不可估量的作用。一位运动员场上的身影，可浓缩一个民族的风采；一位商人从事国际贸易，形体语言可透出其所在国的实力；一位国家领导人，其体态语言里往往能读出那个国家的文明程度。

体态语言是身体语言、是心理语言的外露，心理活动通过语言来传达，由体态语言来表露。体态语言是民族文化形成的印记。一方水土养育一方人，不同人群拥有不同的体态语言。体态语言从另一个层面反映着人的思想境界，反映着人的精神面貌。

（1）情态语言

情态语言是指人脸上各部位动作构成的表情语言，如目光语言、微笑语言等。在人际交往中，目光语言、微笑语言都能传递大量信息。人的面部表情是人的内心世界的"荧光屏"。人的复杂心理活动无不从面部显现出来。面部的眉毛、眼睛、嘴巴、鼻子、舌头和面部肌肉的综合运用，可以向对方传递自己丰富的心理活动。以微笑语言为例，微笑是一种令人愉悦的表情，它可以和有声语言及行动一起互相配合，起到互补作用，在交际中表达深刻的内涵。有魅力的笑能够拨动人的心弦，架起友谊的桥梁。笑与举止应当协调，以姿助笑，

---

① 摘自"搜狗百科".

以笑促姿，形成完整、统一、和谐的美，使人感受到愉悦、安详、融洽和温暖。

（2）身势语言

身势语言亦称动作语言，指人们身体的部位做出表现某种具体含义的动作符号，包括手、肩、臂、腰、腹、背、腿、足等动作。在人际交往中，最常用且较为典型的身势语言为手势语和姿态语。手势语是通过手和手指的活动来传递信息，能直观地表现人们的心理状态，它包括握手、招手、摇手、挥手和手指动作等。手势语可以表达友好、祝贺、欢迎、惜别、不同意、为难等多种语义。比较而言，握手是人际交往中用得最频繁的手势语。姿态语是指通过坐、立等姿势的变化来表达语言信息的"体语"。姿态语可表达自信、乐观、豁达、庄重、矜持、积极向上、感兴趣、尊敬等或与其相反的语义。人的动作与姿态是人的思想情感和文化教养的外在体现。

（3）空间语言

空间语言是一种空间范围圈，指的是社会场合中人与人身体之间所保持的距离间隔。空间距离是无声的，但它对人际交往具有潜在的影响和作用，有时甚至决定着人际交往的成败。人们都是用空间语言来表明对他人的态度和与他人的关系的。多数人都能接受的四个空间，即亲密空间、个人空间、礼交空间和公共空间。

2．要点

体态语的设计旨在协助有声语言更好地表达自己的思想感情，因而必须做到以下四点。

（1）自然

自然是对体态语的第一位要求。动作要自然，自然见真淳。有的人说话时，动作生硬、刻板如木偶；有的人则刻意表演，动作和姿态总是那样做作，像在"背台词"。这都使人觉得别扭、不真实、缺乏诚意。孙中山曾这样告诫人们，"处处出于自然"，即使"有时词者严重"，也"不可故作惊人模样"，这样才能博得人们的信赖。因此有人说，宁要自然的雅拙，不要做作的乖巧。这不是没有道理的。

（2）简洁明了

动作要大众化，举手投足要符合一般生活习惯，简洁明了，易于被人们看懂和接受。不要搞得烦琐复杂，拖泥带水，不要龇牙咧嘴、手舞足蹈地像在表演戏剧。否则，不仅会喧宾夺主，妨碍有声语言的正常表达，也叫听的人眼花缭乱，不知所以。要注意克服不良的习惯动作，无意义的多余的手势务必去掉。

（3）适度、适宜

所谓适度，即要求动作要适量，以不影响听者对你说话的注意力为度，不要用得过多。有的人做的动作比说的话还多，那不是口才，而是表演。所谓适宜，即要求动作必须与说话的内容、情绪、气氛协调一致，不要故作姿态、故弄玄虚，甚至手口不一。据说美国前总统尼克松在一次招待会上举起双手招呼记者们站起来，嘴上却说："大家请坐。"使记者们大惑不解。于是，这一说话时动作与内容的不协调成了逸闻。

（4）富有变化

教师说话时，适当的重复动作是完全有必要的，它往往能重现或强调原来的情绪。但不要老重复一种姿势，如果一种表情、一种手势到底，则会单调乏味，呆钝死板。因此，要善于随着内容、情绪的变化适当地变换动作和姿态，以期生动活泼、富有朝气和魅力。

模块五　强化学生积极表现

学习目标

◆ 了解强化学生积极表现的能力要点及层次标准。

◆ 了解有关强化的教育理论，能利用理论指导教学行为。

◆ 能够根据不同学生的特点，采用适当的强化方式。

◆ 能有效地利用强化的方法设计教学活动。

一、问题提出

▶▶ 活动1　热身

做一做：练习绕口令，如：

化肥会挥发。

黑化肥发灰，灰化肥发黑。

黑化肥发灰会挥发；灰化肥挥发会发黑。

黑化肥发灰挥发会花飞；灰化肥挥发发黑会飞花。

步骤1　先自己练习。

步骤2　后两至三人一组，分组练习（要求：一个人说的时候，另外两个听者对说者及时地鼓励）。

步骤3　您认为说好绕口令，除个人的口齿表达能力外，还跟什么因素有关？

_____

_____

▶▶ 活动2　思考交流

步骤1　请结合自身教学经验，举例说明及时强化学生积极表现的实例。

成功经验_____

步骤 2 请结合自身教学经验，在小组内交流、讨论在教学实践中遇到的困难和问题。

问题_____

二、强化学生积极表现标准解读

《北京市朝阳区教师教学基本能力检核标准》（以下简称《标准》）对及时强化学生积极表现的检核标准如表 5-1 所示。

表 5-1

能力要点	合 格	良 好	优 秀
强化学生积极表现	能够关注学生积极表现，并给予肯定	能够根据学生特点对其积极表现进行鼓励	能够通过对学生个体积极表现的强化，感染全体学生

▶▶▶ **活动 3 阅读《标准》**

步骤 1 《标准》中的不同层次为什么使用了"肯定""鼓励"和"感染"这样的动词？它们之间有什么不同？

步骤 2 尝试用自己的话表述《标准》中的要求，并将不理解的地方用横线画出来。

步骤 3 根据自己的理解向小组内的同伴讲述《标准》中的要求，将不理解的问题提出来，看是否能够得到同伴的帮助，也将小组内没有理解的问题写在下面。

_____

_____

下面就《标准》中的名词和各层次中的一些结果指标进行解读。

（一）名词解释

1. 强化

强化是一个心理学概念："使有机体在学习过程中增强某种反应重复可能性的力量称为强化。"它是形成条件反射的关键变量，引起强化作用的物体或手段称为强化物[1]。强化，事实上是人在学习过程中某种行为发生、巩固、延续及改变的一种条件、一种方法、一种具体措施。通过强化，人能够获得某种行为、持续某种行为或改变某种行为[2]。

将强化理论运用到教学中，教师依据"操作性条件反射"的心理学原理，对学生的反应采取各种肯定或奖励的方式，使学习材料的刺激与教师希望的学生反应之间建立稳固的联系，帮助学生形成正确的行为，促进学生思维发展的一种教学行为方式。

---

[1] 杨宣.强化技能训练 中小学教师课堂教学技能训练丛书［M］.天津：天津出版社，2010.

[2] 张文华，加毛太.强化理论与学生良性行为的塑造［J］.西宁：青海民族大学学报，2013（4）.

课堂教学过程中，强化是一个重要的因素，影响着课堂教学的效率和效果，对学生掌握知识和技能具有积极的意义。

1）强化的分类

根据强化的性质和目的，强化分为正强化、负强化和自然消退。

正强化也叫积极强化，是指由于一刺激物在个体作出反应（行为）后重复出现从而增强了该反应（行为）发生的概率。

正强化是用于加强所期望的个人行为。当人们采取某种行为时能得到某种令其感到愉快的结果，这种结果反过来又成为推动人们趋向或重复此种行为的力量。在教学中，学生对教学材料的刺激做出了正确的反应，教师就给予肯定或奖励，学生就会在以后的学习中重复那些受到肯定或奖励的反应。

负强化也叫消极强化，是指由于一刺激物在个体做出某种反应（行为）后予以排除从而增强了该行为（反应）发生的概率。

负强化的目的是减少和消除不期望发生的行为。人们通过某种不符合要求的行为所引起的不愉快的后果，对该行为予以否定。

惩罚是负强化的一种典型方式。教学中，教师有时会用批评、处罚等方式减弱或消除某些不利影响。

自然消退是指对原先可以接受的某种行为强化的撤销。由于在一定时间内不予以强化，此行为将自然下降或逐渐消退。

2）强化的功能

强化的主要功能，就是按照人的心理过程和行为的规律，对人的行为予以导向，并加以规范、修正、限制和改造。强化对人的行为的影响，是通过行为的后果反馈给行为主体这种间接方式来实现的。人们可根据反馈的信息，主动适应环境刺激，不断地调整自己的行为。[1]

2. 学生积极表现

1）学生表现

学生表现有两种含义：一是把好的行为、作风表现出来；二是故意显示自己，所以爱表现很多时候是一种积极的心理特征。

2）学生积极表现

在课堂上，学生的积极表现主要有专心听讲、认真做笔记、积极思考、积极回答问题、主动参与讨论交流等。在课下，认真、及时完成作业，能够做到课前预习、课后复习，善于发现问题、提出问题并表达自己的想法等。

---

[1] 杨宣. 强化技能训练 中小学教师课堂教学技能训练丛书 [M]. 天津：天津出版社，2010.

研究表明，每个人都有荣誉感、表现欲，特别是中学生的这种欲望更强烈、更外露。因此教育应该关注学生成长和发展的每一点进步，帮助学生发现自己、肯定自己，让学生在表现中增强自信，在成功中体验幸福，塑造学生健康心态、健全的人格和自信的人生。

阅读理解 1　初、高中学生的表现特点

初中学生，年龄在 12~15 岁之间。他们的注意具有稳定性、目的性和选择性，理想比较明确，自控能力加强，集体观念扩大。老师通过对学生的细心观察和了解，捕捉到学生的闪光点，给他们提供进一步表现的机会，并推荐其参加各种活动，增添其参与活动的兴趣。对于从来都不敢提出问题的学困生，鼓励其勇敢提问，一旦他们提出问题，老师就给予及时表扬，并认真解答，这样就促使他们在学习中不断地思考问题、解决问题，一步步地向前迈进。

高中学生，年龄在 15~18 岁之间，他们的注意更具稳定性、目的性且范围扩大。他们有自己的奋斗目标，有自己的远大理想，特别关心未来的职业。重点中学的优秀学生，老师经常安排他们在不同的场合介绍学习经验，给他们推荐优秀书籍，在家长会上表扬他们，并把他们树立为学校的学习标兵。这些正面的强化使他们不断地得到鼓舞，学习的积极性越来越高。

3．强化学生积极表现

强化学生积极表现即对学生的积极表现给予肯定、表扬或鼓励，是促进学生学习的重要因素，是成功教育的支撑点，对于激发学生的积极性，主动参与教学过程具有明显的作用。

1）强化学生积极表现的方式

（1）语言强化。语言强化是指教师运用语言评价的方式，对学生的反应或行为表示某种判断和态度，或提供线索引导学生将他们的理解从客观实际中得到证实。

语言强化不仅表达教师对学生反应的肯定或否定的态度，而且还应对强化做进一步说明，如接受或肯定学生的回答，则应表扬学生的学习态度和行为，称赞学生的进步，鼓励学生大胆质疑或提出不同的看法；说明学生反应中的正确与错误所在及其原因，使学生对自己的反应有更清楚的认识；调动学生群体互相激励等。

（2）动作强化。动作强化是指教师运用非语言的身体动作，对学生在课堂上的行为表现，表达自己的态度和情感，体现教师对学生的尊重、信任、热爱和期望。

有时，无声语汇——教师的点头示意、微笑、期待的目光、专注的神情等非语言行为运用恰当，能起到"此时无声胜有声"的评价效果。

在课堂教学中，教师的动作强化常伴随语言强化同时出现，此时往往能获得更好地强

化效果，这是由于学生能够更强烈地感受到教师的鼓励和肯定。

（3）活动强化。活动强化是指教师安排一些特殊的活动，对学生在学习中的参与和贡献给予奖励，使学生在活动中不断巩固正确的行为，得到自我强化。

（4）标志强化。标志强化是指教师运用各种象征性的标志、奖赏物，对学生的成绩或行为，给予肯定和鼓励。

这种强化能使学生获得成就感，更有效地激励学生的学习热情。对年龄小的学生，这种看得见、摸得着的鼓励，印象更深刻，激励的时效更长久。

2）及时强化学生积极表现

教师在学生行为发生后及时给予信息反馈，以提高学生对强化的认识和理解。教师提供反馈越及时、具体、明确，则对学生行为的强化效果越佳。及时的强化利于学生行为与强化之间建立直接联系，避免无关因素的干扰。当学习者完成某一特定学习任务之后，立即给予及时的反馈，这样学生就可以很快地了解自己的结果是否正确。当学生得到了奖励，将增强其自信心，有助于他再次表现类似行为。而当他得知自己做错了，并不会影响其学习，相反会帮助他取得成功。

▶▶ **活动 4　请在下面的横线上写出 10 个强化的短语或语句**

_____

_____

_____

▶▶ **活动 5　反思交流**

步骤 1　回顾本学期教学中，您采用过哪些强化形式？请举例说明。

_____

_____

步骤 2　回顾本学期教学中，请举例说明及时强化学生积极表现的实例。

_____

_____

（二）结果指标的制定与解读

根据《标准》和中学物理教学的特点与现状，我们确定物理学科该能力要点的结果指标如表 5-2 所示。

表 5-2

及时强化学生积极表现	能够关注学生积极表现，并及时给予语言、动作等形式的肯定，使学生保持较长时间的乐观心情及学习的注意力
	能够根据学生特点对其积极表现及时进行个性化的鼓励和奖励，激发学生持久的学习内驱力
	能够通过对学生个体积极突出表现的及时强化，让在本教学环节表现突出的学生给其他学生做示范，以感染全体学生

1. 关注学生积极表现，并及时给予语言、动作等形式的肯定，使学生保持较长时间的乐观心情及学习的注意力

中学生的心理素质和行为方式都处在发展阶段，需要有效的培养和训练。比如，学生的注意力不易集中，注意力保持的时间短，兴趣不够稳定，行为控制能力较差等。对于他们，教师适时适度地运用强化技能，在改变行为方面的作用会更大，能极大地调动学生的学习积极性和主动性。

1）恰当使用强化，提高学生的注意力

在教学过程中，教师应使用语言强化、动作强化等将学生的注意力集中到教学内容上来，而且得以保持，并使学生的思维进程始终与教师保持高度的同步。对于激发学生学习的兴趣，调动主动参与教学活动的积极性，促进学生在教学过程中积极表现具有明显的促进作用。

案例 1

关注学困生

本案例由北京市黄冈中学垡头校区魏莲靖老师提供

我教过的一个初三学生李某某，平时说话的时候都不怎么敢抬头，据说上小学时还开有弱智证明。初中物理，中等学生都觉得不容易，更别说她了。这个学生因为成绩较差，课上可以明显看出有些问题她听不懂、听不下去，因而导致听课时的注意力不够集中。不过她的学习态度还好，笔记做得非常工整。我想，这样的学生老师应多关注、多鼓励，帮她树立信心，她一定能够达到合格的水平，只是比别的学生花的时间要长一些。

于是，课上我比较关注她，一些简单的、觉得她能回答上来的问题就提问她，并及时肯定、鼓励她。课下，我又针对重要的知识点给她讲解、分析，并鼓励她说：你只要把课上的概念理解、例题会做，物理就一定能学好。这样的特别关照经过了一段时间，我发现她上课听讲比以前认真了，课上也能主动参与教学活动了。然而，之后的一次模拟考试她仍然没及格，她很沮丧，课后我赶紧跟她一起分析试卷，首先肯定她通过自己的努力取得了一定的进步，同时也指出有待改进的地方，要相信自己。"别着急，下次肯定及格了。"可是，下一次模拟考试她还是没及格，这回她急得直哭。我又赶紧跟她一起分析试卷，利用她做对的题目大加肯定与鼓励，分析错题原因，讲学习方法，并充满信任地说："我相信你期末没问题！"

　　终于，期末考试她真及格了，考了 63 分，她高兴极了。我就趁热打铁地说："继续努力，中考物理也一定能及格！"果然，她中考物理真的及格了，尽管那年中考物理很难。我想，她取得的成绩是源于我对她的肯定与激励，使她产生了强大的自信心，战胜了貌似不可逾越的困难。

案例评析

　　做好学困生的转化工作，是教师义不容辞的责任。学困生的成因有智力因素，也有非智力因素。在教学实践中，学困生普遍存在压抑、自卑、厌学、惧学等消极心理，以致学习信心不足，学习情绪不高。

　　心理学的知识告诉我们：师生之间情感淡漠，会产生心理距离甚至会产生心理上的排斥，严重削弱教师的教育感染力，收不到应有的教育效果。因此，教师首先对学困生要有情感的"倾斜"，适当地给予"偏爱"，使学困生体验不到因自己"差"而被老师所忽视。这样做可以加深学困生对老师的信赖，使他们从情感上乐于接近老师。其次，教师的关注与鼓励是非常重要的。教师要善于发现学困生身上的积极因素和闪光点，点燃他们心中的希望之光，帮助他们获得成功。对他们的点滴进步，即使在一般同学眼里是微不足道的小事，教师也要"小题大做"，采取适当的方式及时给予肯定和表扬。

　　在教师的关注与鼓励下，让学困生逐渐体验到只要通过努力，就能克服学习中的困难，尝到成功的喜悦，可以大大提高他们学习的积极性，增强学习自信心。当然，对学困生的进步和成功还需要"等待"，等待是对他们成长的保护、尊重和信任。

　　另外，教师诚恳、积极的态度，其核心是对学困生的暗示期待，表示对其亲切关怀、高度信任和鼓励，这对学生是极大的鼓舞，更增强学生克服困难的毅力和决心，对学生的智力、品德和个性发展都产生直接影响。

　　教师的注目、点头、微笑等都是引起学生无意注意的刺激物和强化物，如运用得巧妙，常取得"此处无声胜有声"之效。

///案例 2

通过趣味故事强化学生学习的积极性
本案例由北京市第八十中学赵贺林老师提供

讲完高中物理"超重与失重"知识后，教师让学生做一个古老的智力小游戏：一个人想一次携带三个相同质量的铁球过独木桥，可是独木桥的最大承受力，只有一个人和一个铁球的重力之和。于是，他灵机一动，用连续抛球的方法过桥，任意时刻手上都只有一个铁球，如图 5-1 所示。你认为可以吗？

问题一提出，教室里立刻沸腾了，学生中马上就产生了两种观点："能过""不能过"。教师没有急于给出答案，而是认真关注并倾听学生的观点，然后引导学生用"超重与失重"的知识让学生以小组为单位进行讨论。

在学生热烈地讨论、争论中，教师巡视并听取各组的观点和论证，然后让各组派代表发言阐明观点。通过分析、推理、论证，最后全班达成共识——这种连续抛球的方法不能过此桥。

图 5-1

但仍有不甘心的一些同学提出："老师，能否用实验验证一下？"老师微笑着问全班同学：你们能不能设计一个实验来验证刚才的结论？

学生的注意力又一次集中起来，并且展开了热烈的讨论。最后，根据学生讨论的结果和实验室的条件，决定利用实验室的体重秤和两个网球（教师预设好了），演示"连续抛球的方法过桥"，教师引导学生仔细观察体重秤的示数（如果条件允许，可用手机拍照的"慢动作"功能，把细节展示出来）。通过实验验证同学们的猜想，不仅增强了学生对"超重与失重"现象的感性认识，更促进学生对"超重与失重"本质的认识更深刻。

《《案例分析

教师利用智力游戏提出问题，激发学生的学习兴趣。当问题一提出，学生的注意力马上都集中起来。通过教师引导，利用所学的知识分析、判断得出理论上的猜想，再让学生设计实验验证猜想。整个过程学生"兴趣盎然"，主动参与教学活动。当然，在本案例中，教师不仅仅局限于激发兴趣和保持学生的注意力，还促进学生主动参与、积极探究。

▰▰▰案例3

未对学生的积极表现进行强化

在一次听课中，教师讲弹簧测力计的原理，做完实验后教师问："通过刚才的实验我们能得到什么结论？"一名学生马上站起来回答："弹簧受到的拉力越大，弹簧的长度越长。"教师立刻拿出一根更长的弹簧平放在桌面上，问学生：这根弹簧受到的拉力是多少？学生答："0 N"。说到这，学生立即意识到自己前面回答中的错误，补充说"应该是受到的拉力越大，弹簧伸长得越长。"教师说了句："坐下！"

《《 案例分析

学生在总结、归纳结论时虽然走了一些弯路，但毕竟通过自己的思考发现了问题的实质。教师本来应该给予表扬，至少要理解、肯定学生回答的正确部分。然而教师简单地、略带不认可的反馈，会使学生坐下后心情一定很复杂：沮丧、不甘心……如果教师说："你已经发现了问题的实质，你能说得再明确一些吗？"我相信学生听到教师肯定的鼓励，一定能把刚才的观点正确、完整地表述出来，而且他今后学习物理的信心会更强、兴趣会更高。学生在教学活动中积极表现时，如果教师不予以强化甚至简单地否定，会使学生失去进一步思考的方向，同时对正确的部分也产生了怀疑。

多萝茜·洛·诺特尔在《孩子们从生活中学习》中写到：如果一个孩子生活在批评之中，他就学会了谴责；如果一个孩子生活在讽刺之中，他就学会了自卑；如果一个孩子生活在鼓励之中，他就学会了自信；如果一个孩子生活在表扬之中，他就学会了感激……表扬其实就是对学生学习行为以及学习结果的一种最佳认可。这种认可对于教师来说，只是一种意识问题；但对于接受表扬的学生来说，则意义大不一样，他们会把教师的表扬作为自己的一种价值取向。当自己的行为能够取悦于老师时，学生便从教师那里得到表扬，因而觉得自己是有价值的；相反，如果自己的行为不能取悦于老师，学生便开始怀疑自己的价值。

强化的教学功能还体现了教师对教学过程的控制，是师生相互作用的关键环节。教学过程中，教学材料的呈现是经过教师精心加工的，当学生对教学材料的刺激做出反应后，如果教师不进行反馈强化，则师生相互作用就中断了。一方面，教师只了解学生当前的认识状态，但没有对其施加任何影响，接下去的教学材料的刺激很难说是有针对性的；另一方面，学生得不到来自于教师的反馈信息，则认识的尝试活动就失去了方向，教学在这一环节也就失去了控制。

阅读理解2　阿伦森效应

阿伦森是一位著名的心理学家，他认为，人们大都喜欢那些对自己表示赞赏的态度或行为不断增加的人或事，而反感上述态度或行为不断减少的人或事。于是，人们把这种现象叫阿伦森效应。为什么会这样呢？其实主要是挫折感在作怪。从倍加褒奖到小的赞赏乃至不再赞扬，这种递减会导致一定的挫折心理，但一次小的挫折一般人都能比较平静地加以承受。然而，继之不被褒奖反被贬低，挫折感会陡然增大，这就不大被一般人所接受了。递增的挫折感是很容易引起人的不悦及心理反感的。下面是一个阿伦森效应的典型故事。

国外一位老人，退休后想图个清静，于是就在湖区买了一所房子。住下的前几周倒还太平，可是不久，有几个年轻人开始在附近追逐打闹、踢垃圾桶，且大喊大叫。老人受不了这些噪声，出去对这些年轻人说："你们玩得真开心。我喜欢热闹，如果你们每天都来这里玩耍，我给你们每人一元钱。"年轻人当然高兴，既玩了还能得钱，何乐而不为呢？于是他们更加卖力地闹将起来。过了两天，老人愁眉苦脸地说："我到现在还没收到养老金，所以，从明天起，每天只能给你们五角钱了。"年轻人虽然显得不太开心，但还是接受了老人的钱。每天下午继续来这里打闹，又过了几天，老人"非常愧疚"地对他们讲"真对不起，通货膨胀使我不得不重新计划我的开支，所以每天只能给你们一毛钱了。""一毛钱？"一个年轻人脸色发青，"我们才不会为区区一毛钱在这里浪费时间呢，不干了。"从此，老人有了安静悠然的日子。

这个故事中，老人的智慧其实暗合了心理学上的"阿伦森效应"。

——摘自百度百科

2. 对学生的积极表现及时给予肯定、表扬或鼓励，是促进学生学习的重要因素

关注学生积极表现，对学生的积极表现及时给予肯定、表扬或鼓励，有助于学生形成正确的行为，促进学生的发展。课堂教学过程中，强化是一个重要的因素，影响着课堂教学的效率和效果，对学生掌握知识和技能具有积极的意义。

案例4

《洛伦兹力》教学片段
本案例由北京市第八十中学王巨生老师提供

教师：前面我们学习了安培力的有关知识，下面大家先回忆安培力的有关内容。请问安培力是怎样产生的呢？它的大小、方向跟什么有关？（找某位同学回答）
学生：通电导线在磁场中受到磁场的作用力叫安培力。当电流与磁场垂直时，安培力的大小等于BIl，方向用左手定则判断。

教师：非常好，回答得很严谨。（及时强化鼓励）

教师：那么大家再回忆一下，电流是如何形成的呢？

全体学生：电荷的定向移动形成电流。

教师：既然通电导线在磁场中要受安培力的作用，由此你能推断出什么？（教师用期待的眼神注视着学生）

学生：定向运动的电荷在磁场中会受磁场力作用。

教师：大家都是这样猜想的？如何验证这个猜想？

全体学生：实验！

教师：说得对！我给大家介绍一个实验，请看示意图（见图5-2）和实物。

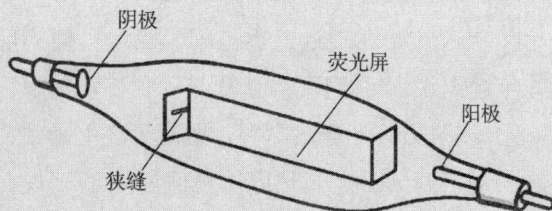

图5-2

这是阴极射线管，从阴极发射出来的电子在阴阳两极间的高压作用下加速，形成高速电子流。电子是看不见的，但电子流轰击到荧光屏上会激发出荧光，荧光可以显示电子流的运动轨迹。

教师演示实验：用阴极射线管研究磁场对运动电荷的作用。

演示1：观察高速电子流（不加磁场）打在荧光板上的情况。

教师：看到电子的轨迹是什么样的？

全体学生：直线。

教师：如果在电子前进的方向上加一磁场，电子通过的路径释放有什么变化？怎么变？大家可以以小组为单位讨论一下。

教师在此期间巡视，听各小组的讨论，但不回答问题。

教师：下面我们请1组的同学说一下。

1组学生代表：如果在电子前进的方向上加一垂直指向黑板的磁场，电子应该向上偏转。

教师追问：为什么？你能分析一下吗？

教师：噢，好！（看到另一组同学举手示意）谢谢1组的同学们。2组的同学想给大家分析一下电子偏转的详细过程。

2组学生代表：在电子前进的方向上加一垂直指向黑板的磁场，因为电子带负电，用左手定则判断（学生伸出左手），电子应该向下偏转。

教师追问：左手定则中四指的方向是谁的方向？

全体学生：电流。

教师追问 2 组学生代表：你的左手应该怎么放？请示意一下。

教师（面对全班）：他这样做，对不对？大家都比划一下，判断电子到底向上偏转还是向下偏转呢？

教师：好，感谢 2 组的同学给大家的分析。（大家用左手定则比划得都很认真）

1 组学生代表：老师，我刚才忘了电子带负电了，电子应该向下偏转。

教师（点头微笑）：大家想不想用实验验证一下呢？

全体学生：想。

教师演示实验：用 U 形磁体在垂直阴极射线管加一指向黑板的磁场，研究磁场对高速电子流的作用，如图 5-3 所示。

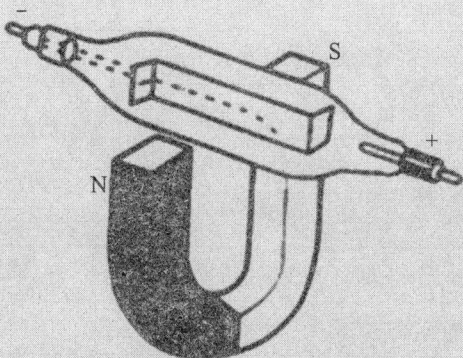

图 5-3

全体学生：（瞪大眼睛观察电子流的偏转情况）哇，向下偏！（鼓掌）

教师：好！如果将磁场方向掉转过来，电子往哪儿偏转？

全体学生：向上偏转。

教师演示实验：给阴极射线管加一垂直黑板指向学生的磁场。（实验现象：电子向上偏转）

结论：磁场对运动电荷有力的作用，物理上把这种力叫洛伦兹力。

案例评析

本案例中，对于学生的不同猜想，教师都给予了鼓励，但并没有立即评判，没有做简单地肯定或否定的反馈，而是引导学生用以前所学的知识展开讨论，并利用学生的期待引出验证性实验。当有的学生的回答或操作不完全正确时，教师不应当简单、笼统地否定学生的回答，要对正确的部分或因素教学正面强化；对于不合理或不正确的部分，教师要指出并说明其原因，使学生明确教师强化的意图。

另外，本案例中，教师关注学生积极表现，对主动参与教学活动的学生给予了充分的肯定和鼓励，不仅他们本人更主动地参与教学活动，还能促进更多的学生积极投入教学活动之中，形成热烈、活跃的课堂教学气氛，使学生在活动中不断巩固正确的行为，并得到自我强化。

随着教师教育理念的更新，越来越多的教师更关注并及时强化学生的积极表现。但是在教学实际中，仍然存在一些问题，比如，强化语言单调、模糊，像"好""很好"，等等，缺少针对性和个性化；教师的强化还表现在重结果而轻过程，缺乏对学生的引导和启发。

◆ **激励性评价语言示例**

恳求性	我们很想听一听你的想法。
	说得很对！为了让每个人都听清楚，你能再说一遍吗？
	我们能不能分享一下你遇到的困难和解决的措施？
	你愿不愿意上台展示一下你巧妙的解题思路？
鼓动性	再想一想，老师相信你一定能行！
	这道题你做对了！想一想，你能否有更简捷的方法呢？
	有一点儿可惜，离正确答案还差那么一点点，再考虑考虑。
	你的分析有一定道理，再整理一下，那会更合逻辑。
	再给大家一次机会，要仔细地观察，会有意想不到的发现。
	若你能在这一步上有突破，那就比较完美了。
赞赏性	你这种方法确实不错，连老师都没想到，希望你继续努力！
	你真是厉害，跟编书的专家想到一块儿去了！
	太棒啦，我也希望能有你这样的想象力！
	谢谢你的演示和说明（回答），简洁明了，我们大家都听明白了。
	你的设想（操作）提醒了老师和同学，我们不应该局限于课本知识。
	你能提出这么有价值的问题，真了不起！
	你的发言给我们很大的启发，非常感谢你！
	你实事求是的态度就是科学的态度！
	你很会思考，结论和某个科学家一样啊！
	他是会听课的学生，学习效率高，这才是真正会学习的人！

教师还可以运用一些醒目的文字、符号、色彩对比等书面语来强化教学活动。比如教师在批改作业时可采取这类方式鼓励、激励学生。即便是批评，换一种带有期望的说法，学生更容易接受，更能激励学生。

作业等书面语强化示例

◇ "字迹再工整一些，你的作业会写得更漂亮！"

◇ "如果认真书写，就更好了！"

◇ "相信只要用心去做，你的作业本会更整洁！"

案例5

探究焦耳定律

本案例由北京市第八十中学段巍老师提供

教师：我们知道电流通过导体产生的热量跟电流、电阻和通电时间有关系，而且电流越大、电阻越大、通电时间越长，导体产生的热量就越多。于是，有人猜想电流通过导体产生的热量跟电流、电阻和通电时间是正比关系。对不对呢？我们应该怎么办？

全体学生：实验验证。

教师：采用什么方法？

全体学生：控制变量法。

教师：好！那需要大家设计实验。

学生以小组为单位讨论并设计实验，把电路图画在学案上。教师在学生之间巡视，听取各小组的设计思路。

学生1：老师，怎么测量导体产生的热量？

教师：问得好！

学生2：可以用量热器。

学生3：不行，导体放入量热器的水中会短路的。要么在量热器中放入不带电的油。

……

教师：刚才大家说的都很有道理。我们实验室有更简便、专用的装置——焦耳定律演示器。演示实验器材如图5-4所示，它的原理是导体通电后发热，被密闭容器内的空气全部吸收，空气受热膨胀，挤压U形管内液面致使U形管两侧液面出现高度差，我们通过这个高度差判断导体放热多少。两侧的两个导体及配套的密闭容器、U形管，是用来进行控制变量对比的，我们只要对比两侧U形管与大气连通的液面上升的格数，就可以比较电流通过两导体产生热量的多少。

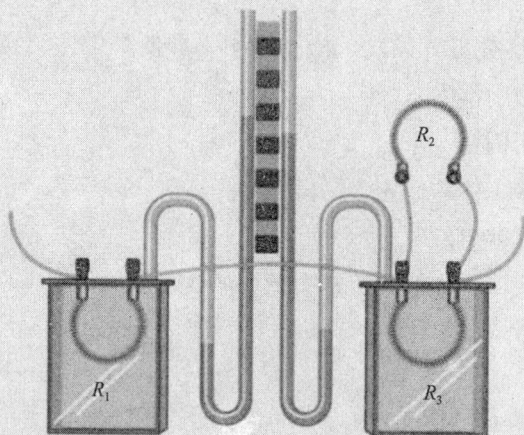

图 5-4

教师：下面请同学们设计实验电路。

教师在各小组之间巡视，并做适当地指导。各小组基本完成后，教师让小组代表通过投影展示几个同学设计的电路图。表扬做得正确的学生，最终全班达成共识。

教师演示实验：首先做在电流和通电时间相同的情况下，比较不同电阻产生的热量；然后做在电阻和通电时间相同的情况下，比较通入不同电流产生的热量；最后做在电流和电阻相同的情况下，比较时间不同产生的热量。

在教师做实验时，让学生在学案上记录两侧 U 形管与大气连通的液面上升的格数。实验做完后让学生以小组为单位讨论，教师在学生小组间巡视。

学生 4：在电流和通电时间相同的情况下，电阻越大，产生的热量就越多。

教师（微笑）：总结得不错，注意了不变量的说明。不过，我们记录两侧 U 形管与大气连通的液面上升的格数的目的是量化我们的实验结论，你能再定量地表达这个结论吗？

学生 4：噢！应该是在电流和通电时间相同的情况下，导体产生的热量跟电阻成正比。

教师（点头）：很好！

学生 5：在电阻和通电时间相同的情况下，导体产生的热量跟电流成正比。

学生 6：老师，不是，应该是热量跟电流的平方成正比。

教师：你能说得更严谨一些吗？

学生 6：在电阻和通电时间相同的情况下，导体产生的热量跟电流的平方成正比。

教师（竖大拇指）：非常好！怎么判断出来的？

学生 7：如图 5-5 所示，因为从 R_1 流出的电流，到 R_2、R_3 左端分为两个支路分别流过 R_2 和 R_3，又因 $R_2 = R_3$，所以两个支路中的电流相等，因此有 $I_1 = 2I_2$。通过数据知道产生的热量是 1:4 的关系，所以热量跟电流的平方成正比。

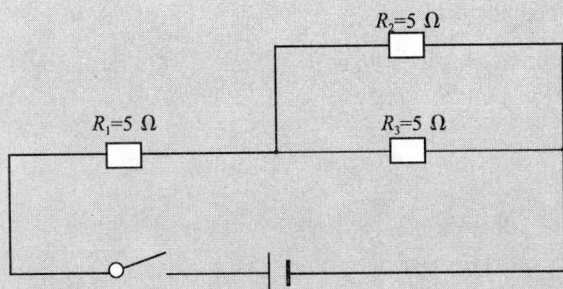

图 5-5

教师（鼓掌）：太棒啦！分析得非常好，电学知识运用得很熟练！

案例评析

本案例中，教师不仅使用语言强化（表扬某个学生、鼓励探究）、动作强化（走到学生中间给予实验指导），同时还设计活动强化，注意强化的多样性和多维性。

在学生小组学习中，教师不断巡视，鼓励积极主动参与教学活动的学生，不仅使他们本人更主动地参与教学活动，还影响更多的学生投入其中。同时，教师还要提携小组活动中的弱者，发现他们的"闪光点"，积极支持他们发表自己的观点，并充分肯定他们的表现，使他们感到积极发言，得到的是诚恳的帮助、热情的鼓舞，增加了积极参与教学活动的勇气和信心。

◆激励性动作强化示例

激励性动作强化	表示教师的态度和情感
期待的目光	表示尊重、信任
激励的眼神	表示肯定、信任
微笑	表示诚恳
肯定地点头	表示肯定、赞许
竖起大拇指	表示赞赏
鼓掌	表示强烈的鼓励
接近	表示关心、友好

阅读理解 3 体态语的"SOFTEN"模式

西方研究者用英文"SOFTEN"来概括对教师体态的要求，其中"S"指微笑（Smile），

"O"指开放的身姿（Open posture），"F"指身体前倾（Forward lean），"T"指触摸（Touch），"E"指目光交流（Eye contact），"N"指点头（Nod）。这些都属于积极的体态语言。[①]

案例6

围绕物理教学，开展"物理月"活动

本案例由北京市第八十中学张晓慧老师提供

物理是一门建立在实验基础上的学科，它来源于生活，《课程标准》中倡导中学物理要"走进生活，走向社会"。开展物理课外活动是课堂教学的延伸和拓展，把在课内学到的一些概念、原理、规律应用到实践中去，尝试解释一些现象、解决一些实际问题，从而加深对知识的理解和巩固。

我们物理组每年都开展"物理月"主题活动。在活动中，教师从学生最容易接受的问题入手，开展丰富多彩的小实验、小制作、小演讲、小论文等活动，让不同层次的学生都有取得成功的体验。

◆展示学生的作业

教师把学生的作业全体进行展示，让每个学生参与其中，并让学生自己讲解、展示。当然，在展示之前，教师对于比较差的作业都要面对面帮助学生反复修改，直到满意为止。最后让学生自己讲解、展示，学生的积极性被充分调动。

◆展示学生的小制作

学生根据教材和课外参考书上介绍的物理小实验制作简易物理器材，如弹簧秤、天平、杆秤、量杯、万花筒、孔明灯、潜望镜、潜水艇、小孔成像器等。这样既激发了学生学习物理的兴趣，锻炼了学生的动手能力，又巩固了所学知识，更提升了学生的科学素养。教师把学生的作品作为教具在课堂教学中展示并使用，极大地促进了学生的自信心，学生感到非常自豪。

◆撰写物理小论文

我们让学生自己撰写物理方面的小论文，由老师负责修改、编辑、统稿、排版，最后装订成册。当学生们拿到铅字的论文集时，激动、兴奋的心情溢于言表。

对于优秀的学生作品和论文，我们还建立评奖的奖励机制，老师们挖空心思自制具有物理特色的小徽章作为奖品，学生积极收藏，意义非凡。

在这样的活动中，学生不断得到鼓励，一次次收获成功的喜悦，不仅巩固知识，还充分调动起学生学习物理的积极性，激发了潜能。特别是对那些在日常物理课堂上并不突出的学生，通过"物理月"活动，为他们创造了展示自己的机会，让同学们和老师们发现了他们的闪光点和优势，促进他们今后在课堂上的积极表现。

---

① 陈旭远.教学技能［M］.北京：北京师范大学出版社，2015.

案例评析

> 在教师安排活动中，为每一位学生提供展示的机会，对参与者和贡献者给予物质性或精神性的奖励，使学生在活动中不断巩固正确的行为，得到自我强化。在活动中，学生之间互相提醒、互相督促，学生的学习行为得到了强化。通过活动，不仅调动起学生学习物理的积极性，而且还有力地促进了物理教学。

安排的活动强化可以采用以下形式：

◆让学习有特长的学生代替老师上一片段课；

◆让实验表现突出的小组向全班介绍他们的思路和经验；

◆让课堂练习中完成得又好又快的同学思考改变情景条件或者加深思维深度的问题；

◆组织丰富多彩、形式多样的教学游戏；

◆适当开展竞赛性活动。

阅读理解4 激励学生的"四个一"

教师的重要职责是以自己的精神气质鼓励、唤醒和鼓舞学生。激励的最大功能是实现"要我学"变成"我要学"，激励是最好的攻心术。

1）拥有一双慧眼——洞悉人性

人的内心深处都渴望得到肯定，人人都需要激励，人们都愿意干那些从中得到报答的事。教师要有洞察学生心灵的慧眼，学会用自己的一双慧眼观察学生的所思所求所困，走进学生的心灵。人天生好奇好动好玩，尤其青少年学生具有强烈的表现欲、成功欲和探究欲，这些都是教育教学最为重要的课程资源。

2）擅长一种表情——会微笑

师生关系是教育教学所有关系中最重要的关系。融洽的师生关系是成功教学的关键。带给学生快乐比掌握知识技能更重要，没有快乐就没有健康的情感和健康的人格发展。教师要用乐观向上的精神状态去潜移默化地感染学生，尤其教师发自内心的微笑会增强师生情感和学生学习的信心，对形成和谐的人际关系，营造轻松、愉快的学习氛围都具有积极的促进作用。

3）具备一种胸襟——学好了表扬学生，学差了检讨自己

教师更多是用自己的人格力量去潜移默化地影响和鼓励学生，宽容大度，谅解包容。学生学习的点滴进步要归功于学生的努力，当遇到学生学习状况不好，学业成绩下降，教师要做的事不是去训诫学生指责学生，反而应当多检讨自己，并且要当着学生的面多做自我反思。教师寻找自己的过失，学生常常因此受到激励，从心中对教师的人格敬畏进而形

成向上的动力。

4）历练一种能力——善鼓励

华南师大教授刘华良指出，"传道"，以教师的激情与精神气质感染学生，与"知识"的传授不同，"情感""态度""价值观"几乎不可教。教师的"传道"只能显示为感染、熏陶和引导，只能显示为激励、唤醒和鼓舞。精神通过自身的满腔热情和不断超越的精神气质去感召学生，进而让学生树立必胜的信心，从而挑战自我，勇敢地面对前进中的困难与挫折。好的教师总是以自己的人格魅力和良好的精神气质感染、感化学生，以自己的激情唤醒学生，让学生成为有独立人格、乐观向上、不惧怕困难勇往直前的人。①

2．能够根据学生特点对其积极表现及时进行个性化的鼓励和奖励，激发学生持久的学习内驱力

案例 7

利用课堂生成激励学生

本案例由北京市第八十中学张桐老师提供

在进行"内能的转化"这个知识点的教学中，我与多数老师一样，通过演示实验（如图 5-6 所示）进行教学。

某次在教学中，当我引导学生观察、思考，刚刚归纳出"物体对外界做功，物体的内能减少，集气瓶塞弹出时，瓶口的水蒸气液化成小液滴"的结论时，一个平时学习不够认真的学生突然举手说：

"老师，我不用打气筒也可以做这个实验！"

看到他自信、兴奋的样子，我暂停了自己的讲课，请他叙述并演示他的实验。原来学生中流行一个游戏，就是把刚喝完水的矿泉

图 5-6

水瓶拧紧瓶盖（一般选用瓶体较软的矿泉水瓶），然后用力挤压矿泉水瓶。当挤到不能再挤之后慢慢拧松瓶盖，如果瓶盖的松紧合适，再稍稍挤压瓶体，瓶盖就会"嘭！"地喷出很远，学生们乐此不疲。

当这个学生说出这个例子时，我故作疑惑地问他："会这样吗？"，并鼓励他试一试。这个学生平时常常玩这个游戏，所以实验很成功，效果非常明显。

"好！"我和其他学生一起鼓掌，祝贺他实验做得非常成功，并表扬他注意观察生活中的物理现象，积极动脑筋思考，而且勇于表达自己的想法。

---

① 王安民．中学物理教学策略——物理教师的九项修炼［M］．重庆：重庆出版社，2009．

然后，我说：对于你的实验，我想问你几个问题，请你解释一下。当然，其他的同学也可以提问，也可以来解答问题。

◎飞出去的瓶盖具有什么能？

◎瓶盖获得的机械能是谁给的？

◎为什么拧松瓶盖之前要用力挤压瓶体？

◎挤压瓶体的过程与之前哪个实验类似？

◎瓶盖是被谁推出去的？

◎瓶内出现了什么？

◎水雾的出现说明了什么？

◎瓶内的气体温度为什么会降低？

◎拧松瓶盖的时候为什么不能太松？

◎要想让瓶盖崩的更远应该怎么办？

……

最后，我提醒他："做这个游戏时，一定要注意瓶盖崩出去的时候不能对着人！"

虽然这一系列的问题不过是演示实验的重现，但是由于实验是学生自己提出来的，分析学生自己的实验，无论是提出问题的学生还是其他学生，对实验分析的关注度都很高。这名学生在学习内能、热机等一系列相关问题时课堂表现都变得非常积极。教师对学生课堂表现的积极反馈无疑是对学生学习兴趣的保护和保持起到了积极的作用。

案例评析

在本案例中，教师对一个平时学习不够认真的学生提出的实验，采取了尊重、信任的态度，为该学生提供了积极表现、展示的机会并进行强化。根据学生的"游戏"，及时捕捉学生的闪光点，并转化为教学动态生成的切入点。课堂是一个动态生成的过程，教师对学生的强化，不应局限于自己事先预设好的范围内，而是应该根据"变化的课堂"即时进行准确判断，发现学生反应当中有价值的东西进行及时强化。教师对学生课堂表现的积极反馈，无疑对保持和提高学生学习兴趣起到了积极的作用。

在本案例中，教师运用非语言的身体动作强化，如故做疑惑期待的眼神、鼓掌祝贺以及暂停教学进程让学生展示游戏等，体现了教师对学生的尊重与信任。在课堂教学中，教师的动作强化常常伴随语言强化同时出现，学生能够更强烈地感受到教师的肯定与鼓励，往往取得更好地强化效果。

值得一提的是，在本案例中，教师还针对游戏中的行为进行了德育和安全方面的教育。

阅读理解5 辨证看待学生的表现

我们都遇到过一些学生，他们性格外向，喜欢表现自己。老师提问还没讲完，他们已把手高高举起，甚至站起来抖动着手，一副迫不及待的样子。可要他回答时，却什么也答不出来，或者答非所问。

首先，对于这类学生要辩证地分析，一分为二地看待：善于表现自己，主动获取锻炼机会，是一种积极的心态，更是有自信心的表现。但另一方面，一味地想获得老师的关注和赏识，学习不扎实，不懂得尊重别人。

然后，针对这类学生的表现，教师要有意识地进行心理疏导，一是尊重和保护他们敢于表现的特点，满足他们的表现欲望；二是赏识其成功表现之举，使其明确方向；三是适时引导，要求他们学会倾听，踏实学习，尊重他人。

3．能够通过对学生个体积极突出表现的及时强化，让在本教学环节表现突出的学生给其他学生做示范，以感染全体学生

心理学家班杜拉提出"替代强化"理论。指出，学习不一定都要亲身经历，观察他人的行为及其后果同样可以获得学习。有经验的教师，不是喋喋不休地批评迟到的学生，而是表扬早到和守时的学生；学生观察到其他学生的某种行为受到了老师的表扬，自己虽然没有受到表扬，他也会习得这种行为。

教学中，一些比较聪明的学生，在物理课上反应很快，但是相当一部分这样的学生只满足于此，所以他们的成绩中等。为了促进这样的学生进一步提升，通过及时激励，给他们树立更高的目标、提出更具挑战性的问题。并且，这样的学生得到肯定与激励，起到榜样、示范作用，必然会感染其他的同学。

案例8

每日一题

本案例由北京市第八十中学段巍老师提供

初中学生求知欲强，争强好胜，学习上愿意"互相攀比"，但缺乏主动性，学习情绪容易波动，为了激发和保持学生学习物理的兴趣和积极性，于是我作了"每日一题"。

在初三总复习的时候，为了提高学生学习的积极性，我采用了一种方法，叫"每日一题"，具体的操作是每天给学生留一道题，第二天检查学生做的情况，但是有时题目比较难，学生之间有可能互相抄袭，达不到检测的效果，久而久之，学生积极性没了，做题的效果也流于形式。

于是为了激励学生做题，我先把当天要做的一道题打印出来截成一道题一个小条，然后利用课间或者中午的时间，很神秘的在班里把小条给几个学习不错和中等的学生，告诉他们："这道题我不太会做，用了很长时间才做出来，你们帮我看看有没有简单方法很快做出来？"做出来了告诉我。

没想到这几个学生或是彼此商量，或是独立完成，或是证明比老师快，方法好，一节课的时间就迫不及待地告诉我答案，我一看还真都全对，就表扬他们说："你们真棒，比我快，比我方法好。"然后就把已经买好的棒棒糖发给他们。（这些学生）他们高兴极了，一边吃着糖一边回班炫耀，别的同学一看，就一窝蜂跑到我这里来要题做。

这样一来学生的积极性被调动了起来，虽然有些同学做题困难一点，但为了得到这份"表扬"，做题还真卖力气，不会的也能积极地问同学获得答案。通过一周的做题，我又改变了策略，改为小组合作奖励，因为每天每人一颗棒棒糖，我有点吃不消。两人以小组结成师徒对子，每天领小条做题练题，互相讲解，周五测试，师徒组合得分高的，全班表扬，发奖状。

案例评析

本案例中，对于一些难题往往涉及概念的理解、规律的应用以及逻辑推理等综合性的分析。教师利用物理成绩好的学生的心理特点，采取竞赛的形式，特别是"团体比赛"，不只存在教师的强化，学生之间、小组之间的交流也是一种有效的强化，也起到了示范强化的作用，感染了其他的同学。

竞赛是激发学生学习积极性和争取优良成绩的一种较为有效的手段。因为在竞赛中，学生的好胜动机和求胜需要会更加强烈，学习兴趣和克服困难的毅力会大大增强。所以，多数人在竞赛情况下，学习和工作的效率会有很大提高。当然，竞赛也有它的负面影响，如造成紧张气氛、价值形式负担、更容易打击学困生的自信心，等等。所以，在开展竞赛活动时，一定要考虑这些不利因素。

案例9

树立榜样，规范解题

本案例由北京市东方德才学校尹德利老师提供

高中许多学生物理学不好、解题没思路，主要是因为没有养成按步骤规范解题的习惯——审题时不标关键词，分析时没有根据题意用直尺规范地做出物体的受力图和运动过程示意图，没有挖掘出物理习题中的隐含条件等相关解题信息等，因而不能正确地选择物理规律列方程，导致解题陷于困境。所以，培养学生良好的解题习惯非常重要，并且，良好解题习惯的养成越早越好。

如何培养学生规范化的解题习惯呢？我首先从自身做起——身教重于言教嘛！每次讲解例题，无论题目多么简单，我都坚持用直尺和圆规来作图，我还把自己做题的过程通过实物投影展示给学生，我也要求学生这么做。但头两周，从学生的作业情况来看，效果并不理想。班里许多学生尤其是男生，解题根本不画图，有些学生虽然画图了，但不是用直尺作图，而是徒手画，图线画得歪歪扭扭，难看极了！

当然，培养学生良好的解题习惯不是一朝一夕的事情，我是有心理准备的。于是进行第二步，我要树立榜样，利用身边榜样的力量感染学生。我找了几个有代表性（好的和差的几名同学）的作业，通过实物投影展示给大家。让大家当一回小老师，给他们判作业，让学生评价谁的作业好，好在哪里？哪个作业差，为什么差？让学生自己分析解错的原因是什么？通过全班展示，作业好的学生受到激励，作业差的学生受到鞭策。通过这次作业展示，学生的作业就有了明显的好转，作业好的学生人数也明显增加了。为了强化学生的积极表现，每次作业讲评，我都对作业好的学生进行表扬，激励他们再接再厉，并通过实物投影对进步学生的作业进行了展示。经过近一个月的培养，班里绝大多数学生规范解题的习惯基本养成了。

案例评析

本案例采用的是替代强化法，运用榜样教育，提供了强化对象和强化措施。英国著名教育家洛克主张，"在教育孩子的时候，与其让孩子记住规则，还不如给孩子树立榜样。"我们不仅可以通过教师的示范作用来强化学生的行为，还可以通过对某些学生行为的强化来调节其他一些学生的行为。

阅读理解6　榜样教育法

榜样教育法又叫示范教育法，就是用榜样的正确并且简捷的方法示范，对学生产生正强化。它把教师的讲授变为通过身边鲜活的同学来进行教育，从而引起学生感情的共鸣，引导学生去学习和仿效。榜样教育法与正强化相结合，具有激励学生奋发向上的功能，因为它符合人的自尊、模仿、从众等心理活动的特点，易于被学生所接受。[①]

列宁说得好：榜样的力量是无穷的。榜样像一面旗帜，使人学有方向、干有目标，给人以巨大的激励作用。对于中学生来讲，他们的模仿能力比较强，常常会寻找其身边的人作为仿效的对象，然后以特定的方式把这种效仿在自己身上反映出来，并逐步内化为自己

① 张文华，加毛太.强化理论与学生良性行为的塑造［J］.西宁：青海民族大学学报，2013（4）.

的心理品质。①

▶ **活动6　反思交流　根据学生特点，对其积极表现进行不同形式的强化**

_____

_____

_____

三、案例分析

（一）初中案例

杠杆的应用

本案例由北京市第八十中学张晓慧老师提供

教师活动	学生活动	设计意图
（一）省力杠杆的应用 大家看看这是什么？（出示羊角锤）	锤子。	联系生活
提问：它怎么使用呢？我们为什么要使用它呢？ 肯定：说明大家有生活经验。	砸钉子的、撬钉子的。 为了省力。	
教师演示拔钉子： 1. 先用手试着拔钉在木板上的钉子。 2. 用羊角锤翘下木板上的钉子。	用锤子的两个角来撬钉子。	通过对比实验感觉两种情况哪种更省力？
安排学生分组探究，教师巡视： 问：感觉用力的情况有何不同？	学生分组体会，同时仔细观察。	通过实验体验和理论分析，证明规律的正确性。
请学生在学案上画出动力臂和阻力臂。 肯定：同学们画得很认真。	在示意图上找出支点、动力、阻力、动力臂和阻力臂。	
问：羊角锤省力，但同时也有它的不足。谁注意到了？	记录数据。 得出结论：羊角锤为省力杠杆，但是费距离，手移动的距离大于钉子移动的距离，说明使用羊角锤费距离	使学生明白有省就有不省。 事物都具有两面性，进行辩证唯物主义教育
表扬：很注意观察，善于动脑筋		

---

① 沙霞.激励理论在初中教学中的应用研究［D］.苏州：苏州大学，2010（9）.

续表

教师活动	学生活动	设计意图
（二）等臂杠杆的应用 问：生活中有没有既不省力也不费力的杠杆呢？ 肯定：对！ 问：那请同学们证明一下天平是什么类型的杠杆？ 问：天平在使用时，为什么只有游码归零时，右盘砝码的质量等于左盘物体的质量？ 表扬：说得非常好！思路清晰，逻辑严谨。（竖大拇指） 问：等臂杠杆有什么特点？ （引导：省力杠杆，省力但费距离）	有，天平。 测量力臂，填入学案， 结论：天平是等臂杠杆。 答：根据杠杆平衡条件，两个力臂相等时，动力＝阻力，即两边重力相等，根据 $G=mg$，两边物体的质量相等。 答：不省力，也不费距离	使学生清楚等臂杠杆的使用目的
（三）费力杠杆的应用 问：钓过鱼吗？ 那下面我们在教室钓一次"鱼"！ 当然是模拟一下。 首先我们自制一个"鱼竿"——用一把尺子、一根细线。 然后吊起一条"鱼"—— 一个钩码。 （出示生活中钓鱼竿的图片） 考考你们的观察力，钓鱼竿应该怎样用呢？ 现在以组为单位制作"鱼竿"，然后用"鱼竿"钓"鱼"。 1.鱼竿是省力杠杆吗？ 鱼竿费力，但同时有什么好处？ 肯定：说得很好！ 追问：能具体解释一下吗？ 表扬：非常好！（鼓掌） 2.请同学们在学案上画出使用钓鱼竿时的动力臂和阻力臂。 教师巡视：发现有两种画法。 3.提问：两种情况下哪种更费力	有、没有。 疑问？！ 哈哈！ 在学案的图片上，分析并画出用鱼竿钓鱼时的支点、动力及阻力的位置及方向。 制作"鱼竿"。 做实验（大部分用支点在最低点的方式）得出结论： 鱼竿是费力杠杆，但是可以省距离。 手移动很小的距离就把一条鱼从河里移到了岸上，省了距离。 画出力臂进行比较。 学生用投影演示不同支点的情况。 第一种情况更费力	完全由学生自己探究，得出结论，使学生体会学以致用的喜悦。 学生自己找支点、动力及阻力的作用点和方向进行验证，提高学生的认知能力

针对上述案例，请将界定层次的理由写在下面（依据结果指标）。

_____

_____

_____

（二）高中案例

曲线运动

本案例由北京市第八十中学刘亦工老师提供

新课引入		
教师活动	学生活动	强化技能的应用
演示自由落体运动和抛体运动，视频记录其轨迹，引导学生比较轨迹的特点。	学生自由讨论，达成共识：轨迹分别为直线和曲线，得到曲线运动的概念。	活动强化
提出问题：生活中还有哪些运动是曲线的呢？教师肯定学生的回答。	学生举例：生活中如投标枪、铁饼，跳高，跳远，投篮等均为曲线运动。	语言强化、动作强化
教师补充实例	归纳总结：小到微观世界（如电子绕原子核旋转），大到宏观世界（如天体运行），都存在曲线运动，说明曲线运动是普遍的运动情形	示范强化

新课教学		
教师活动	学生活动	强化技能的应用
1.实验探究 探究曲线运动的速度方向。	学生认真观察和思考现象，经过小组讨论逐步认识到：	活动强化
过程1（视频展示）：列举在旋转的砂轮上磨刀具；撑开带有雨滴的雨伞绕柄旋转，伞边缘上的水滴的运动；链球运动员运动到最快时突然松手，在脱手处小球的运动等实例。	①物体脱离后瞬间的速度就是脱离前瞬间的速度。②做曲线运动的物体在不同时刻具有不同的运动方向。③猜想：曲线运动的速度方向可能沿切线方向。	组内强化
过程2（教师演示实验）：用一个具有普遍意义的任意曲线轨道（磁性橡胶条）进行实验，小球在脱离轨道后，沿切线方向运动。	观察教师实验。	示范强化 活动强化
过程3（理论分析）：演示：过曲线上A（脱离点）、B两点做割线。	自主探究实验：学生尝试在曲线上过A点画出一系列割线（另一交点逐渐向A靠近，体会极限的思想）。	示范强化
引导：将B点逐步靠近A点。巡视各组画线的情况。 过程4（归纳概括）：形成结论	小组代表发言：做曲线运动的质点在某一点的速度方向是沿曲线在这一点的切线方向	活动强化

续表

2.理论探究 探究物体做曲线运动的条件。 引导：比较自由落体和平抛运动。		肯定、鼓励学生的猜想。
提问： （1）曲线运动是变速运动，运动状态改变的原因是什么？	回顾牛顿定律的相关知识。 答：力是改变运动状态的原因。	语言强化
（2）对做曲线运动的受力有什么要求？	通过比较自由落体和平抛运动的受力，形成猜想：曲线受到的外力与速度不在一条直线上。	动作强化
提问： （3）如何用一个实验来验证？	小组讨论，形成并完善方案： （1）在光滑的水平面上，具有某一初速度的小球在不受外力时的运动。	活动强化
我们实验桌上给大家提供了小钢球、玻璃板、条形磁铁等器材，请你们利用这些器材设计实验。	（2）在光滑的水平面上，具有某一初速度的小球在运动方向的正前方向或正后方向放一条形磁铁，观察小球的运动。	组内强化
教师巡视，对部分同学提供实验操作指导。	（3）在光滑的水平面上，具有某一初速度的小球在运动方向一侧放一条形磁铁时，观察小球的运动。	动作强化
请小组代表介绍实验方案。 （4）实验中形成的结论是什么？	当物体所受的力的方向跟速度方向不共线时，物体就做曲线运动。	语言强化
（5）归纳总结	只有力（加速度）与速度不共线，物体就做曲线运动；力（加速度）与速度共线，物体就做直线运动	动作强化

针对上述案例，请将界定层次的理由写在下面（依据结果指标）。

_____

_____

_____

四、训练

（一）强化学生积极表现的技能概述

▶▶ **活动7　讨论课堂强化技能的构成要素（参看阅读材料1）**

步骤1　结合上述初中案例"杠杆应用"，你认为强化技能由哪些基本的要素组成？

_____

步骤2　学习研讨案例中的课堂强化技能的构成要素，如表5-3所示。

表 5-3

强化技能的构成要素	操作要点
准确判断	准确理解
	"捕捉"每一个闪光点
	把握课堂生成
	不武断评论
意图明确	具体分析
	明确强化的原因
	面向全体学生
把握时机	及时强化
	延时强化
有效性	反馈自然、得体 学生行为有变化 学生与教师有互动

（二）强化学生积极表现的技能微格训练

步骤 1 阅读前面的理论和案例，体会模块结果指标的层次。

步骤 2 参考及时强化学生积极表现技能，写出自定内容的教学设计（微格），并在小组内讨论。

分析下面案例中及时强化技能的要素。

《自由落体运动》引课（附视频）
本案例由北京市第八十中学王巨生老师提供

教师演示：测"反应时间"的实验：教师手拿钢尺使之竖直不动（小刻度在下方），让学生伸出右手使其拇指和其余四指分开，手对准钢尺上的某个位置，准备在钢尺下落时捏住钢尺，如图 5-7 所示。然后让钢尺自由下落，当发现钢尺下落后，立即用手捏住钢尺。

教师：根据手的初始位置和捏住钢尺位置的长度，即下落的高度，可以粗略估计该人的反应时间。

教师：谁来测一下自己的反应时间？

很多同学愿意参与实验，我找了一位平时发言不是很积极的同学来做实验。

学生实验：该同学手的初始位置和握住钢尺位置的数据差比较小。

教师：×××同学的反应很灵敏。

教师：你知道我是如何判断你的反应是快还是慢的吗？

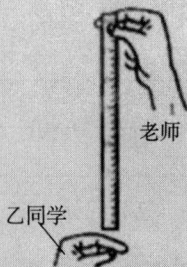

老师

乙同学

图 5-7

学生：通过我手的初始位置和握住钢尺位置的数据差的大小来判断的，这个差值越小说明反应越快。

教师：非常好！那么谁能用我们学过的物理规律来定量地解释刚才实验的检验方法吗？

该学生：钢尺放手后，做的是匀加速直线运动，根据 $x=1/2at^2$ 可知道，x 越大，则 t 越大。

教师：解释得非常准确，可以做个小老师了，大家为他鼓掌。

教师：下面我也想测一下自己的反应时间和这位同学进行一下比较。

教师拿出一个轻薄纸质直尺，让一位同学释放后，教师来捏。结果教师捏住的位置与起始位置的距离差远远小于刚才这位同学的数值。教师骄傲地说："还是我的反应时间快。"

同学（质疑）：老师，这不公平，你用纸质的尺子轻，下落得慢，所以你用纸质尺子测量的反应时间比同学的短，但如果也用钢尺，结果就不一定了。

教师：你们认为他说得有道理吗？

全体学生答：有！

教师：说得好！×××同学说"重的物体下落得快，轻的物体下落得慢"是否对呢？就是今天我们要学习的问题。不过，×××同学刚才发现问题，敢于质疑，很好，说明他对问题积极思考，有自己的见解，非常棒。希望我们今后分析问题时都有自己的独立思考和观点。

本案例中包含的技能要素有：

_____

_____

_____

五、反思提升

（1）学习日记：请您写出本模块的学习要点。

_____

_____

（2）您认为通过本模块的学习，您有哪些收获？

_____

_____

（3）现在您还有哪些问题和困惑?

_____

_____

_____

（4）您对本模块的学习有哪些建议?

_____

_____

_____

附　　录

附录 5-1　强化理论

斯金纳的强化理论

斯金纳认为，任何学习的发生、变化都是强化的结果，要控制人的行为，就要设法控制行为的强化。他的强化理论可高度概括为：有机体行为的结果（刺激）提高了该行为以后发生概率的过程。他把强化分为正强化和负强化，前者指在某一情境中增加某种刺激，有机体反应概率增加；后者指在某种刺激在有机体做出一个操作反应后消退该行为反应概率增加。教育者借助一定的强化物向学生传递对其特定行为的肯定或否定信息，可以达到增强或减弱其行为发生概率的目的。

班杜拉的强化理论（直接强化、替代强化）

班杜拉把人类的学习分为两类：一类是通过自己的行为表现而进行的学习；另一类是通过观察他人的行为表现而进行的学习，并提出了"替代强化"的概念。（斯金纳的强化被称之为直接强化）

附录 5-2　合理运用强化理论及方法，有助于提高教育效果

在学校教育中，必须注重强化理论及方法的运用，提高教育效果。在实施强化教育的过程中，需要正确把握以下几点：

1. 设立目标体系是强化的前提

强化理论是研究如何把人的行为按组织管理者的意图进行改造，使积极行为得以发扬，消极行为予以取消或转变，以达到组织预定的目标。这就要求组织管理者设立一个目标体系，并将总目标分解成若干个分目标，利用每一个目标所取得的成功结果，强化成员的工作积极性。对于学校而言，设立一个总目标，各教研室、年级、班根据总目标制定各自的分目标，每个学生根据班级目标，结合自身实际制定个人目标，然后利用每个学生个人目标所取得

的成果强化其积极行为，进而逐步完成班级、学校的目标。

设立目标及操作过程中要注意以下几点：

第一，目标要具体。目标越具体，努力方向就越明确，实现目标的信心就会增强，更容易形成自我激励。第二，目标要难易适度。目标设置得太容易或过于困难，结果要么难以调动积极性，要么会产生畏惧心理，无法形成激励作用。第三，目标要有稳定性。设置目标切忌"朝令夕改"，让人难以适从。

2．利用强化引导学生主体性发展是关键

社会的发展呼唤具有自主性、积极性、创造性的现代人，而自主性和积极性是主体性的基本特征，创造性是主体性的发展和升华。在教育过程中如何发挥和培养学生主体性是落实素质教育的首要问题。

因此，要利用积极的外部强化引导学生主体性的发展。教师在提供外部强化的同时，要积极创造条件和机会，让学生实现预期目标，感受到成功的喜悦；同样，适当的缺点和不足的评价反馈，让学生明白差距，受到鞭策，学会反思。

3．教育过程中选择正确的强化物是核心

不同的强化物对不同的人会产生不同的强化效果。由于每个学生的需求结构和心理特点是不一样的，因此，教育者要根据具体情况，有针对性地选择强化物才能收到预期的强化效果。比如，对家境贫困而品学兼优的学生，则需要物质上的奖励，包括奖学金及生活用品等；对成就感较强的学生，需要的是精神方面的奖励，包括当众表扬、赞赏及颁发奖状；对自尊心较强、性格内向、心理承受力较弱的学生，教育者要避免公开的、直截了当的批评，要循序渐进、由浅入深地耐心引导，使其逐步适应批评，然后启发其开展自我批评；对依赖心理比较突出、意志消沉、精神萎靡、缺乏积极性和主动性、不愿正视和改正错误的学生，教育者态度要真诚，措词要激烈，使其受到强烈地刺激和震动，从执迷中醒悟过来。运用这一负强化时，切忌使学生产生抵触和对抗情绪。

总之，选取强化物要因人而异，不能一刀切。

4．培养学生自我强化能力是实施强化教育的目的

叶圣陶先生说："真正的教育是自我教育。"自我强化是自我教育的一个部分。自我强化是指个人依据强化理论安排自己的活动或生活，每达到一个目标即给予自己一点物质或精神的酬报，直到最终目标完成。自我强化是较高水平的激励方式。

通过教育和指导，可以帮助学生逐步具备这种能力。教师在对学生的行为进行强化时，要将行为的评价标准传递给学生，学生根据评价的客观公正与否，逐渐掌握对行为的评价体系，并内化形成自己的评价体系。这样，学生会不断地自我肯定或否定，进行自我激励，形成内部动力，使其主体性得到发展。

当然，自我强化并非一蹴而就、轻而易举就能建立的。在学生的成长过程中，自我奖

罚的标准可以通过不同途径获得。一是模仿，多半是通过模仿父母、同伴或权威人物的示范行为获得评判标准；二是标准内化，在成长过程中，由于父母、老师或其他年长者对符合他们信念和标准的行为予以奖励，不符合者予以惩罚，将这些信念和标准内化为自己的标准，掌握道德、伦理的评价尺度；三是榜样作用，凭借榜样作用，学习怎样借助道德的要求或观点为自己的标准提供合理依据。

总之，探讨强化理论的基本原理，对于在教育教学过程中激发学生学习动机和学习兴趣、矫正学生不良行为及塑造良性行为具有十分深远的意义。

附录5-3 如何恰当地使用外部强化增加学生亲历的成功经验

亲历的成功经验为个体提供了最为直接的能量信息。不断获得的成功体验会使学生认识到自己的能力，坚信自己的能力，有助于提高学生的自我效能感，而不断的失败则会使学生怀疑自己的能力，进而使学生丧失自己的能力信念，不断降低自我效能感。在学校教育情境中，培养学生自我效能感最有力的途径就是让学生不断地获得成功的经验和体验，恰当地使用外部强化尤为重要。

1. 根据强化依随性使用外部强化

某一行为操作产生后，呈现外部强化，操作出现的概率增强，即行为依随于外部强化而变化。强化依随性可分为必然依随性和人为依随性。必然依随性强化是某一反映的必然结果，如努力学习会提高成绩，摸火必烧手。人为依随性强化是由他人控制的结果，努力学习就会受到老师的表扬，玩火会受到父母的斥责。在运用外部强化时，要注意是你所控制的强化与被强化的行为之间的因果关系被学生准确认知到，使学生意识到主观依随性与客观依随性一致。

2. 使用有效强化物

根据强化的效果可把强化物分为正强化和负强化；根据强化的具体形态可分为物质性强化、社会性强化、象征性强化和活动性强化；根据个体接受的强化源把强化分为直接强化、替代强化和自我强化。无论何种强化，只要能发挥作用的就是有效强化物。因为时间、地点和人的个性特点等条件不同，有效强化物也不同。选择强化物的基本原则是选择某人所喜欢和想得到的物体和活动来强化他的其他行为。例如，儿童喜欢动画片，让他看动画片就成为有效的强化。在学校，可以了解儿童喜欢的活动，然后以喜欢的活动来促使学生进行那些应该做但不那么喜欢的活动。

3. 恰当地进行强化训练

运用外部强化影响人的形式有多种，依随于是否做出某个反应进行正强化或负强化被称为强化训练，可以分为四种，即奖赏训练、取消训练、惩罚训练和回避训练，在运用这些强化训练的方式时，要根据实际情况将各种形式结合在一起使用。

4. 恰当地使用强化程序

对强化频率的控制被称为强化的程序，在不同强化程序下有机体的行为表现是不同的。强化程序可分为连续强化和断续强化。在社会和学校中，大量行为所受到的是断续强化。虽然在研究中可以将强化程序进行明确的划分，但是在实际生活中应根据情况灵活地使用。

5. 慎用惩罚

大量研究表明，有惩罚比任何强化都没有要强，惩罚对行为有一时的抑制作用。但是惩罚也会引起人的消极情绪，对儿童的人格发展不利，所以要有效地利用惩罚。第一，要就事论事；第二，防止惩罚太轻；第三，防止惩罚后奖赏；第四，惩罚一致性；第五，准备好替换行为；第六，注意对某个人的惩罚会成为对其他人的奖赏。

6. 使学生设立适当的学习目标并及时反馈

根据强化理论，要有效地利用各种强化，安排好强化的量、程序，在学校中要特别注意以下三个方面：第一，使学生设立一个明确且适当的学习目标；第二，及时反馈学生的学习成果；第三，对学习成果进行适当的评价。

模块六　关注个体分层指导

学习目标

◆通过阅读教材和小组讨论等形式，知道关注个体分层指导标准要点中各层次的标准及其含义。

◆通过案例分析与相互交流，掌握分层指导的原则、方法和策略。

◆通过训练与指导，会撰写分层教学目标，会设计分层练习题，会布置分层作业，并能在实际教学中加以落实。

一、问题提出

▶▶ 活动1　热身——阅读并思考

子路（1）问："闻斯行诸（2）？"子曰："有父兄在，如之何其闻斯行之？"

冉有（3）问："闻斯行诸？"子曰："闻斯行之。"

公西华（4）曰："由也问：'闻斯行诸？'子曰：'有父兄在。'求也问：'闻斯行诸？'子曰：'闻斯行之。'赤也惑，敢问。"子曰："求也退（5），故进之；由也兼人（6），故退之。"

【注释】（1）子路：姓仲，名由，字子路，一字季路，孔子弟子，比孔子小九岁。

（2）闻斯行诸：听到一件合于义理的事就当付诸实施吗？斯，此，指合于义理的事。诸，"之乎"的合音。

（3）冉有：名求，字子有，孔子弟子。

（4）公西华：姓公西，名赤，字子华，孔子弟子。

（5）退：畏缩不前。

（6）兼人：好勇过人。兼，倍也。

【译文】子路问道："听到一件合于义理的事，立刻就去做吗？"孔子说："父亲和兄长还活着，怎么可以（不先请教他们）听到了就去做呢？"冉有问道："听到一件合于义理的事，立刻就去做吗？"孔子说："听到了应该立刻就去做。"公西华说："仲由问'听到一件合于义理的事,立刻就去做吗?'时,您回答'还有父兄在,怎么可以听到了立刻就去做?'冉有问'听到一件合于义理的事,立刻就去做吗?'时,您回答'听到了应该立刻就去做。'我感到迷惑,我大胆地请问这是什么缘故呢?"孔子说:"冉求畏缩不前,所以我鼓励他进取;仲由好勇过人,所以提醒他退让些。"

步骤1 上面这段对话选自《论语·先进第十一》,请你回答,为什么子路(即仲由)与冉有(即冉求)向孔子提出同一个问题"闻斯行之?"孔子却给了两个完全不同的答案,这反映了孔子的什么教育方法?

_____

_____

步骤2 在日常教学中,您是否遇到过类似的情况,请与同伴分享您的案例。

_____

_____

_____

二、关注个体分层指导标准解读

《北京市朝阳区教师教学基本能力检核标准》(以下简称《标准》)对关注个体分层指导的检核标准如表6-1所示。

表6-1

能力要点	合 格	良 好	优 秀
关注个体分层指导	能够观察各类典型学生的反应,对边缘学生予以特别关注,并能适时对学生进行个别指导	能够了解不同学生的个性特点、学习风格和学习态度,对沉默和边缘的学生进行情感和智力支持	能够通过不同的教学方式照顾不同学生的学习基础、个性特点和学习风格,并能布置有一定层级的学习任务

▶▶ **活动2 阅读《标准》**

步骤1 《标准》中的不同层次分别使用了"边缘学生""个性特点""学习风格""沉默学生"等术语或名词,您对这些术语或名词是如何理解的?

步骤2 根据自己的理解向小组中的同伴讲述《标准》中的要求,将不理解的问题提出来,看是否能得到同伴的帮助。将小组中没有理解的问题写在下面。

_____

_____

_____

下面就其中的名词和各层次中的一些结果性指标进行解读。

（一）名词解释

1. 个性

由于个性的复杂性，我国心理学界对个性的概念和定义尚未有一致的看法。我国第一部大型心理学词典——《心理学大词典》中的个性定义反映了多数学者的看法，即："个性，也可称人格，指一个人的整个精神面貌，即具有一定倾向性的心理特征的总和。个性结构是多层次、多侧面的，由复杂心理特征的独特结合构成的整体。这些层次有：第一，完成某种活动的潜在可能性的特征，即能力；第二，心理活动的动力特征，即气质；第三，完成活动任务的态度和行为方式的特征，即性格;第四，活动倾向方面的特征，如动机、兴趣、理想、信念等。这些特征不是孤立存在的，是错综复杂、相互联系、有机结合的一个整体，对人的行为进行调节和控制的。"

现代心理学一般认为，个性就是个体在物质活动和交往活动中形成的具有社会意义的稳定的心理特征系统。

2. 学习风格

学习风格（learning style）是指人们在学习时所具有或偏爱的方式，换句话说，就是学习者在研究和解决其学习任务时所表现出来的具有个人特色的方式。

从感觉通道的角度，学习风格可以分为听觉型学习者、视觉型学习者和动觉型学习者。在传统的教学模式中，听觉型的学生是最有利和得益的，因为大部分的教学都是用语言、用听觉模式进行的，即老师讲、学生听。近年来视觉型的学生也得到了不少益处，因为很多老师选用多媒体教学，大量图片、视频的使用帮助了这部分学生的学习。但最吃亏的是动觉型学习的学生，他们经常被说成是好动、不专心、爱搞小动作、难于安静和集中，其实他们只不过是善于用动作或运动来学习而已。作为老师，如果我们了解了学生的学习风格，那么在教学中，就会采取有针对性的教学方法，譬如说遇到有演示实验的时候，可以让动觉型学习者多参与，协作老师完成，扬其所长，从物理学科开始逐步改变老师或同学们对他们的看法。

3. 学习态度

学习态度是指学习者对学习较为持久的肯定或否定的行为倾向或内部反应的准备状态。它通常可以从学生对待学习的注意状况、情绪状况和意志状态等方面加以判定和说明。学生的学习态度，具体又可包括对待课程学习的态度、对待学习材料的态度以及对待教师、学校的态度等。

影响学生学习态度的因素有家长、教师、教学过程、社会风气。

4．情感

《心理学大辞典》中认为："情感是人对客观事物是否满足自己的需要而产生的态度体验。"一般的普通心理学课程中还认为：情感更倾向于社会需求欲望上的态度体验。

5．智力

智力指人认识、理解客观事物并运用知识、经验等解决问题的能力，包括记忆、观察、想象、思考、判断等。智力的高低通常用智力商数即智商来表示。

6．分层指导

本模块中的分层指导主要针对学生个性特点不同及学习风格、学习态度、学习情感、学习智力的差异，在教学中尊重学生的个体差异，在充分发挥学生非智力因素的基础上，给予他们学法指导。

阅读理解 1　常见的学习风格差异

1．感觉通道

在学习过程中，有些人善于通过读（看）来学习，有些人善于通过听来学习，有些人善于通过做来学习。还有些人最善于通过谈来对概念性的材料进行分类、组织和比较。一般说来，所谓感觉通道的差别是指学习者对于视觉、听觉和动觉刺激的偏好程度。

2．认知风格

认知风格是指个体感知、记忆、思维、问题解决、决策以及信息加工的典型方式。其主要特征是持久性与一致性。认知风格与学生个性相关，而且与学生的情感和动机特征等联系在一起。通过测试了解学生的认知风格，可以补充能力测验和能力倾向测验等提供的有关学生认知构成的信息。下面介绍几种常见的认知风格。

1）场独立型和场依存型

场独立型与场依存型这两个概念来源于威特金（H. Witkin）对知觉的研究。第二次世界大战期间，威特金为了研究飞行员怎样利用来自身体内部的线索和见到的外部仪表的线索调整身体的位置，专门设计了一种可以摇摆的座舱，舱内置一座椅。当座舱倾斜时，被试者可调整座椅，使身体保持垂直。研究发现，有些被试者主要利用来自仪表的视觉线索，不能使自己的身体恢复垂直。另一些人则主要利用来自身体内部的线索，尽管座舱倾斜，仍能使身体保持垂直。威特金将前一种人的知觉方式称为场依存方式，后一种称为场独立方式。后来的研究发现，场独立型与场依存型是两种普遍存在的认知方式。场独立型者对客观事物作判断时，倾向于利用自己内部的参照，不易受外来因素的影响和干扰，在认知方面独立于周围的背景，倾向在更抽象和分析的水平上加工，独立对事物做出判断。场依存型者对物体的知觉倾向于以外部参照作为信息加工的依据，难以摆脱环境因素的影响。

他们的态度和自我知觉更易受周围的人，特别是权威人士的影响和干扰，善于察言观色，注意并记忆言语信息中的社会内容。

场独立型、场依存型与学生的学习有密切的关系。研究表明，场独立型学生一般偏爱自然科学、数学，且成绩较好，两者呈显著正相关，他们的学习动机往往以内在动机为主。场依存型学生一般较偏爱社会科学，他们的学习更多地依赖外在反馈，他们对人比对物更感兴趣。场独立型者善于运用分析的知觉方式，而场依存型者则偏爱非分析的、笼统的或整体的知觉方式，他们难以从复杂的情境中区分事物的若干要素或组成部分。

此外，场独立型与场依存型学生对教学方法也有不同偏好。场独立型学生易于给无结构的材料提供结构，比较易于适应结构不严密的教学方法。反之，场依存型学生喜欢有严密结构的教学，因为他们需要教师提供外来结构，需要教师的明确指导与讲解。

2）反思型和冲动型

反思型和冲动型是学习风格研究的重点范畴之一。杰罗姆·卡根通过一系列实验发现，有些学生知觉与思维方式以冲动为特征，而另一些学生则以反思为特征。冲动型思维学生倾向于根据几个线索做出很大的直觉的跃进，往往以很快的速度形成自己的看法，在回答问题时很快就做出反应；反思型思维的学生则在做出回答之前倾向于进行深思熟虑的、计算的、分析的和逻辑的思考，往往先评估各种可替代的答案，然后给予较有把握的答案。

沉思与冲动的认知方式反映了个体信息加工、形成假设和解决问题过程的速度和准确性。沉思型学生在碰到问题时倾向于深思熟虑，用充足的时间考虑、审视问题，权衡各种问题解决的方法，然后从中选择一个满足多种条件的最佳方案，因而错误较少。而冲动型学习者倾向于很快地检验假设，根据问题的部分信息或未对问题做透彻的分析就仓促地做出决定，反应速度较快，但容易发生错误。总之，冲动与沉思涉及在不确定的情境中，个人对自己解答问题的有效性的思考程度，以及对其判别标准题的反应时间与精确性。

沉思型学生与冲动型学生相比，表现出具有更成熟的解决问题策略，更多地提出不同的假设。而且，沉思型学生能够较好地约束自己的动作行为，忍受延迟性满足，比冲动型学生更能抗拒诱惑。此外，沉思型学生与冲动型学生的差别还在于，沉思型学生往往更容易自发地或在外界要求下对自己的解答作出解释；冲动型学生则很难做到，即使在外界要求下必须作出解释时，他们的回答也往往是不周全、不合逻辑的。

在学习方面，沉思与冲动这两种方式存在明显差异。一般来说，沉思型学生阅读成绩好，再认测验及推理测验成绩也好于冲动型学生，而且在创造性设计中成绩优秀。相比之下，冲动型学生往往阅读困难，较多表现出学习能力缺失，学习成绩常不及格。不过，在某些涉及多角度的任务中，冲动型学生则表现较好。

3）整体性和系列性

英国心理学家戈登·帕斯克对学生怎样学习做了大量的调查研究，从而发现学生在学习策略方面的重要差异。系列性策略就是从一个假设到下一个假设是呈直线的方式进展的；整体性策略就是有一些学生倾向于使用比较复杂的假设，每个假设同时涉及若干属性，即从全盘考虑如何解决问题。

帕斯克认为，这两种策略是学生在思维方式与问题解决方式上表现出来的最基本、最重要的差异。与这两个策略相对应，存在着结构和随意的两种学习风格。

整体策略和系列策略单纯使用时都有其缺陷。如整体性学习在寻找问题之间的相互联系时，由于不能合适地运用证据而表现出盲目无序的现象；系列性学习则由于不能有效地运用类比和寻找问题间的联系而变得缺乏远见。因此不能片面地认为哪种策略更优，最佳的学习方式是根据不同性质的问题或任务，把两者有机地结合起来，进行综合性学习。

阅读理解 2　学生学习差异的分析

影响物理学习的因素众多，主要体现在原有知识、智力水平、学习风格、学习态度等四个方面。

1. 原有知识的影响

原有知识中对物理学习影响较大的包括原有的数学水平和生活经验。首先，数学基础对物理学习有明显的制约作用。一方面，在学习物理的过程中，表达物理概念、规律和解决物理问题，都离不开数学知识的应用；另一方面，数学水平的高低客观上反映了学生逻辑思维能力的强弱。从历史上看，杰出的物理学家往往也是杰出的数学家，牛顿在研究流体力学的过程中发明并且运用了微积分就充分说明了数学与物理的紧密联系。在教学中，学生的数学基础在很大程度上制约了物理知识的学习。其次，生活经验对物理的学习产生重要的影响。物理知识涉及众多日常生活现象，让学生从身边熟悉的生活现象中探究并认识物理规律，往往起到事半功倍的效果。在物理教学过程中，力求使物理规律贴近生活，把物理规律同学生的生活经验联系起来，用物理规律去解释日常生活中遇到的现象，既可以加深学生对所学规律的理解，又会使学生觉得物理知识非常有用，从而激发学生学习物理的浓厚兴趣。

2. 智力水平的影响

智力水平的高低与学习物理知识密切相关，智力影响着学生掌握物理知识的速度、深度和灵活性。智力的高低体现了一个人的观察力、注意力、记忆力、思维力、想象力等方面。学生智力的差异来源于人的先天素质和后天条件的不同。在教学中主要表现为两个方面：一是智力的水平差异，多元智能理论告诉我们，不同的学生，其智能的组合方式是不同的；二是智力表现早晚的差异，在物理教学中，不同难度的知识受智力的影响也不同。一般而言，知识越难，受到的影响越大。

3.学习风格的影响

学习风格的构成非常复杂，其分类方法有许多种。但有一点是确定的，那就是，在通常情况下，人们会采用自己感觉最舒适的方式进行学习，而较少采用感觉不舒适的方式学习。所以，当教学策略和方法与学生思考或学习风格相匹配时，学生会获得更大的成功。因此，差异教学要求合理设计教学系统或材料，采用多种呈现方式，尽量适应每一位学生。

4.学习态度的影响

俗话说"态度决定高度"。不同的学习态度，学习的效果不同。

首先，学习态度直接影响学习行为。在学校里，如果其他条件基本相等，那些学习态度端正的学生，上课注意听讲，按时完成作业，学习成绩就优良；相反，那些学习态度不端正的学生，课堂行为问题多，学习成绩就差。在实际教学中，学生智力水平总体上不会有根本性差异的情况下，学习态度是学习效果产生差异的根本原因。物理知识的学习需要一定量的训练，教师安排的课堂练习和课后作业是针对性训练。如果学生不能认真独立地完成，针对训练就起不到应有的效果，学生的物理成绩很难提高。

其次，学习态度影响学生的耐受力。当学生在学习和生活中遇到挫折时，学习态度端正的学生百折不挠、勇往直前，而学习态度不端正的学生往往表现出灰心丧气，甚至一蹶不振。学生学习态度受社会环境、家庭环境、任课教师、交往同学的影响较大。

（二）结果指标解读

根据《标准》和物理教学的特点与现状，我们确定物理学科该能力要点的结果指标如表 6-2 所示。

表 6-2

关注个体分层指导	通过学生在课堂上的表现、作业及常规检测中反映出来的问题，对学生（重点是边缘学生）进行个别指导
	能够了解不同学生的个性特点、学习风格和学习态度，对沉默和边缘的学生进行情感和智力支持
	能够通过不同的教学方式照顾不同学生的学习基础、个性特点和学习风格，并能布置有一定层级的学习任务

1.通过观察学生在课堂上的表现、作业及常规检测中反映出来的问题，对学生（重点是边缘学生）进行个别指导

《标准》中对"合格"层级的解读是这样的：要求教师了解所教班级学生的学习状况，把握学生所在的层次；在教学活动中，关注教室内各个空间位置的学生；关注班内学习困难的学生，能够给予个别指导。

初中学段，边缘学生通常分为及格边缘生和优秀边缘生；高中学段，边缘学生通常分为重点大学边缘生、一本边缘生和二本边缘生。虽然划分的角度不同，但是老师们主要是

以学习成绩作为标准进行划分的。

用学习成绩来划分边缘学生是最容易操作的，但为了对边缘学生的指导有针对性、有实效性，我们还要观察、分析形成边缘生的原因，是智力因素造成的还是学习方法不科学造成的，是家庭变故造成的还是沉迷于网络游戏造成的，是单一的原因还是多种原因的综合，等等。归根到底，作为老师要找对成因，在此基础上因材施教、坚持不懈，就能够使这些学生的学业成绩有一定程度的提高。

下面以及格边缘生为例，谈一下边缘生的确定和指导方法。

1）确定及格边缘生的方法

课堂上：学生听讲过程中是否记笔记、是否参与提问与应答、是否倾听同学的提问与应答、是否完成老师布置的学习任务，等等，还可以观察学生听课的状态、眼神、表情等等。譬如，有的学生在听课过程中，经常表情木然、眼神游离等，说明他的听课状态不好，课堂效率不高，这必然导致学习成绩不佳，最终成为一个学习困难生。

作业：根据学生作业的上交情况、独立完成作业的质量确定学习困难生。

检测：在物理教学过程中，通常每学完一章，就要进行一次检测，目的是了解学生对该章节物理知识的掌握情况。考试成绩从一个角度反映学生的学习情况，通过分析学生错题的层次（了解、理解）以及几章检测成绩的整体分析，就会对某学生的学习状况有个初步的判断。

根据上述三个维度的考察、分析，可以确定哪些学生是及格边缘学生。

2）指导方法

传统的做法是：课上关注这些学生。当发现他们注意力不集中，如眼神迷离、若有所思、搞小动作的时候，教师及时提醒这些学生，比如适时提问、请他们回答问题，在讲课的过程中，看似无意地走到他们身边、用肢体语言示意，总之把他们的注意力转移到课堂教学中。课余时间，老师对他们进行个别辅导。也可以在班级中采用学生帮扶学生的方式，建立相应的激励机制，鼓励学有余力的同学帮助学习困难的同学。

老师利用课余时间对学生进行辅导常常受到时间（只能利用课间、中午、放学后）、地点（校园）的限制，而学困生往往不仅在物理这一科是学困生，而是在几个学科如数学、化学学科也都是学困生。因此对于教师，辅导的时间与个别辅导之间形成了一对矛盾。但随着网络和信息技术的不断发展，随着智能手机的普及和移动通信的不断进步，移动学习正逐渐成为一种新的学习方式，建议大家可以利用现代信息技术手段指导个别学生。

需要补充的是，由于学生先天智力水平存在着差异，有的学生学业成绩一直在及格线上下徘徊，对于这类学生，教学要求不宜过高，以基础题为主，适当有点中档题。有的学生智力水平较高，但由于后天的一些因素，如父母由于工作原因疏于管教、父母离异、学生身体不好等原因使学生变成及格边缘生。对于这类学生，工作中必须因人而异，及时与家长沟通，进行有针对性的工作，指导方法同前。

案例 1

分类指导及格边缘生

本案例由北京市第八十中学骆玉香老师提供

初二年级第一学期物理的教学内容，由于"现象类知识"的内容比较多，通常学生的学习成绩比较接近，差距不太大，学习困难生也相对较少，但到第二学期，进入力学知识的学习后，学生的差距就逐步地显现了出来，在完成"力和运动""压强"后，根据之前学习过程的观察，我确定所教班级的学困生为 6 名，大致可以分为 3 种情况（见表 6-3）。

表 6-3

学生	章检测平均成绩/分	学习习惯与方法	听课情况	完成作业情况	物理学习存在的主要问题
A	50	死记公式、规律	上课能够认真听讲	独立完成作业有一定困难	数学基础不好，遇到物理中的数学计算运用比较吃力
B	55	不注重基础，喜欢题海战术	上课比较爱说话	有时上网抄作业或抄同学作业	在物理学习中不善于进行反思、总结
C	53	不习惯对教材上的知识进行深入的思考和理解	上课容易走神	不能够独立按时完成作业	学习无计划、自控能力弱、上课容易走神

对于 A 类同学，我首先利用课余时间，针对学生在数学基本运算知识与技能方面的这些缺陷，逐一对其进行针对性的辅导，逐一进行强化训练，使其掌握这些数学基本运算知识与技能。比如，针对他们在计算稍微复杂一些的除法上的困难，尤其是含有 10^3、10^{-3}、10^4、10^{-4}……的运算，我就把除法中幂指数的计算法则详细给其讲解，做示范，并对其进行了除法运算的强化训练，使其克服在进行除法运算方面的障碍。物理单位换算问题，给他们讲清楚换算关系是多少，譬如面积单位是长度单位的平方，体积单位是长度单位的立方，速度的常用单位与国际单位之间的关系都是建立在基本单位的换算基础上，每天出 5 道单位换算题，进行强化训练，从而使其能够正确地进行单位换算。其次在课堂上，遇到该类问题，适时让他们回答问题，让他们在同学的面前获得赞扬与认可，增加自信，排除心理障碍。

对于 B 类同学，我首先利用课余时间单独找他们，让其把作业中的某道习题或重新写一遍或给我讲一遍，结果是，他们 10 分钟或 20 分钟也不能完全正确地解答，总是存在这样或那样的问题，在这个过程中，他们常常面红耳赤、不知所措……学生认识到自己的不求甚解、自欺欺人，同时我指出他们在纪律上、学习上的问题。课堂上约束其行为，需要他们说的时候，把机会提供给他们，让他们的发言得到大家的认可；课堂练习时，多去巡视他们，做题正确的时候，优先通过实物投影展示他们的正确答案，经过一段时间的关注，学生有了长足的进步。

对于 C 类同学，在他们第三次不按时完成作业，我根据前期对他们的了解，将其单独找来进行一次深谈，一方面帮助他们分析现状，确立学习目标；另一方面激发学习热情，老师和他们一起制订学习计划，讨论提高自控能力的办法。为了养成作业按时完成的习惯，我采用的办法之一就是放学后让这部分学生完成物理作业后再回家，这样也能确保作业的真实性，学生有疑问能及时答疑解惑，做到问题及时清，不积累，坚持了两周之后，再适度放手，回家写作业与在校完成作业交错进行，逐渐加大回家写作业的次数。此阶段教师与家长密切配合，有时要求作业在晚上 8 点前完成，用手机拍成照片微信发给我，我及时进行批阅回复，这种信任与坚持不懈拉近了学生与老师的距离，感动了学生。渐渐地，学生的物理成绩稳步上升，维持在 70 分左右。

通过两个多月的努力，这 6 名学生都有了不同程度的进步，期间物理成绩虽有起伏，但及格的次数逐渐增加，最后在期末考试中，他们的成绩分布在 65～80 分之间。在这个过程中，由于老师与他们接触比较频繁，相互的了解加深，师生间的感情逐渐拉近，老师传递的信息他们也乐意接受，学生的自觉性和坚持性逐渐增强，对物理学习的热情与信心有了很大的提高。

案例评析

及格边缘生共同的特点是物理成绩在 60 分左右，但是形成及格边缘生的原因却是各不相同，为此教师要深入观察，了解每个学生的实际情况，因人而异，对症下药。另外学生的自尊心都是很强的，也要面子，所以对于他们的问题，前期尽量利用课余时间从学科知识方面帮助他们，充分发挥非智力因素的作用，与学生建立良好的感情，"亲其师，信其道"，建立他们学习物理的自信。之后课上课下相结合，在课堂中寻找适当机会让他们回答问题。虽然这些学生在成绩方面不够突出，但心理健康，阳光向上，这也达到了教育者的目的。

2. 能够根据不同学生的个性特点、学习风格和学习态度，对沉默和边缘学生进行情感和智力支持

《标准》中对"良好"层级的解读是这样：能够根据不同学生的个性特点、学习风格和学习态度，分层进行指导；能够关注沉默学生，激发其参与学习活动的积极性，使他们努力参与到课堂活动中来；能够对边缘学生的具体情况，适时给予学习动力、学习方法等的指导，为他们提供情感和智力支持。

要想落实分层指导，首先要弄清沉默学生的成因。《现代汉语词典》对"沉默"一词的解释是：不爱说笑，不说话。对于沉默学生来讲，如果从学习成绩的角度分类的话，应该是各个层次的学生都有可能存在，对于学习困难生，可以采用"合格"层级中的方法指导。而对于其他学习层次的沉默学生，要想了解他们的个性特点、学习风格和学习态度，除了观察他们在学校的表现外，还要了解家庭状况、成长背景，进行综合分析，找出成因；另一方面可以借助调查表或心理学上的专用量表进行测试、评估，也可以找出成因。学习态度通常可以从学生对待学习的注意状况、情绪状况和意志状态等方面加以判定和说明。学生的学习态度，具体又可包括对待课程学习的态度、对待学习材料的态度以及对待教师、学校的态度等。对于学生学习态度的了解，通常是采用观察法，为了对学生有一个比较客观全面地了解，也可以通过"学习态度调查问卷"进行判定。附录6-3为您提供了一份"学习态度调查问卷"，仅供参考。

学习风格是一个专业的心理学术语，要想了解某位学生的学习风格要通过专业的检测表进行检测、分析，在分析的基础上再采取相应的指导方法。附录6-4为您提供了一份"中学生感知学习风格调查问卷"，供您参考。

在此基础上，有针对性的采取措施，调动其非智力因素，关注并鼓励他们，多给予情感上的支持。

案例2

八十中初三学生学习态度调查

本案例由北京市第八十中学骆玉香老师提供

调查目的：了解2016届初三学生的学习态度，落实分层指导工作。

调查对象：八十中初三学生

调查人数：110人

调查时间：2016年8月27日

具体分析如下：

【第1题】你认为学习最重要是为了什么？（多选项）

A. 满足家长的要求和期望　　　　　　B. 得到老师或家人的表扬和认可

C. 考上大学以后有一份好工作　　　　D. 学习知识将来可以成为一个有用的人

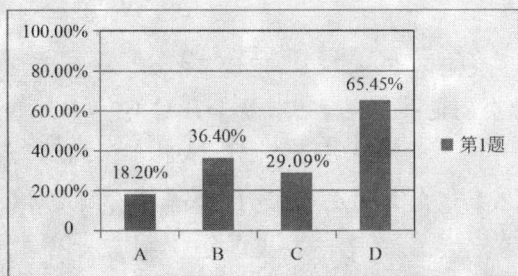

图 6-1

从图 6-1 所示数据可以看出，36.40% 的同学认为，学习最重要是为了得到老师或家人的表扬和认可，说明三分之一的学生愿意通过学习成绩来证明自己的能力；29.09% 的同学认为，学习最重要的是考上大学以后有一份好工作，说明这部分学生对自己的未来有个初步的规划和良好的期待；65.45% 的同学认为，学习最重要的是将来可以成为一个有用的人，大多数学生把学习与成为有用的人密切联系在一起，站位更高一些。

【第 2 题】对自己目前的学习成绩，你感觉怎样？

A. 很满意　　　　B. 比较满意　　　　C. 不太满意　　　　D. 很不满意

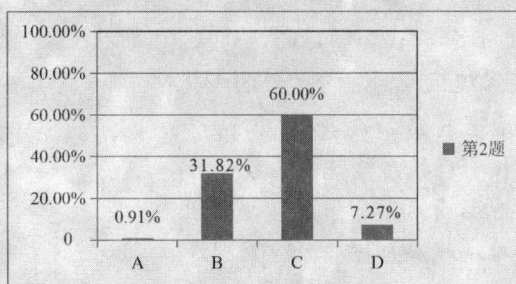

图 6-2

从图 6-2 所示数据可以看出，67.27% 的同学对自己的学习不满意，占总人数的三分之二；对自己学习比较满意和很满意的同学有 32.73%。

【第 3 题】你是否有学习压力？

A. 压力很大　　　　B. 有一点压力　　　　C. 没什么压力　　　　D. 不确定

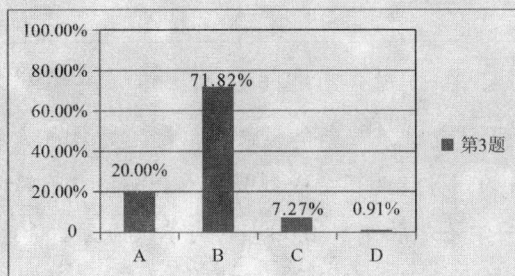

图 6-3

从图 6-3 所示数据可以看出，20.00% 的同学压力很大，71.82% 的同学有一点压力，但又不是很大，说明大多数同学有一定的心理调节能力。

【第 4 题】学期初你会制定并实施学习目标和计划吗？

A. 有明确的目标和计划，能坚持实行　　B. 都曾制定过，但未坚持执行

C. 想过要制定，但不知道怎么制定　　D. 从来没有制定过，觉得没用

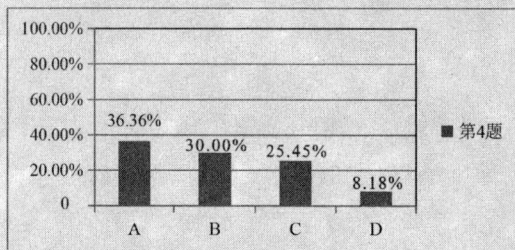

图 6-4

从图 6-4 所示数据可以看出，前三个选项的数据差距不大，36.36% 的同学有明确的目标和计划，能坚持实行；30.00% 的同学都曾制定过，但未坚持执行；33.63% 的同学不知道怎么制定或者没有制定过。说明在制定并实施学习目标和计划方面，我们要进行干预和指导，增加学生们的目标意识和学习的计划性。

【第 5 题】如何看待客观因素对自身学习的干扰？

A. 不会受到影响，会坚持自己的学习

B. 会受诱惑干扰，但会理性对待，以学习为主

C. 会受影响，但要看影响因素是什么

D. 受影响很大，很难抗拒和自控

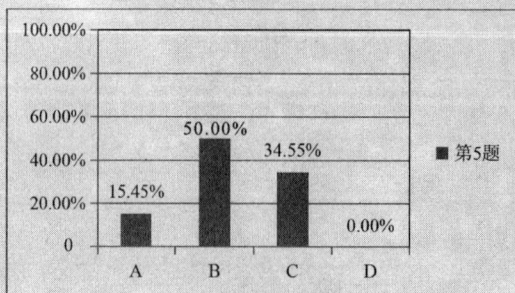

图 6-5

从图 6-5 所示数据可以看出，首先令人欣喜的是，受影响很大、很难抗拒和自控的学生为 0；只有 15.45% 的同学认为不会受到影响，会坚持自己的学习，也就是说自控能力比较强、免受干扰的同学还是很少。50.00% 的同学认为会受诱惑干扰，但会理性对待；34.55% 的同学认为会受影响，但要看影响因素是什么，这点说明如果诱惑是学生们的兴趣点，学习就会受到影响且会较大。

【第6题】考试后，你发现考的科目很糟糕，你会怎样？

A.无所谓，来日方长，我会努力的　　B.从头开始，扎扎实实再从头学起

C.从现在开始努力　　　　　　　　　D.情绪低落，很难重拾学习的信心

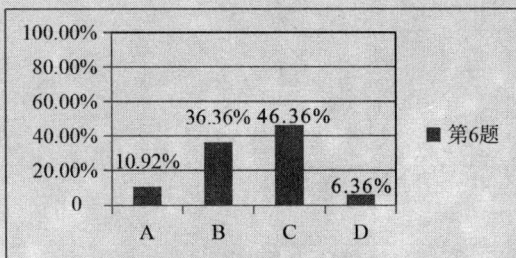

图6-6

从图6-6所示数据可以看出，36.36%的同学要从头开始，扎扎实实再从头学起，46.36%的同学从现在开始努力，这两部分加在一起有82.72%的同学表示要好好学习，扎扎实实学习，说明绝大多数学生的学习态度是很端正的。

【第7题】你认为你目前的学习态度有何改进之处？（答案按人数由多到少依次排列）

A.课上积极发言，认真听讲、认真完成作业

B.制订学习计划并严格遵守

C.将更多的时间投入学习中

D.每天坚持复习和预习

E.对自己有信心

F.抵制诱惑，不受外界的干扰

这里所摘录的同学们的想法或做法，都是很具体的，具有可操作性的，能够落实的。

通过对问卷的整体分析，我们看到，2016届初三学生的学习态度端正，当学习成绩不理想时，绝大多数的同学能够认真对待，且静下心来好好学习，做法具有可操作性，具有一定的心理调节能力和承受能力。由于初中学生的心理水平呈现半成熟、半幼稚状态，所以在制定并实施学习目标和计划方面、自控能力方面需要老师的指导，另外这届初三学生比较整齐，个别生较少。

///案例3

第八十中学初一学生感知学习风格的调查

本案例由北京市第八十中学骆玉香老师提供

调查目的：了解初一学生的感知学习风格，针对学生的学习风格偏好，改进教学方法，落实分层指导工作，提高学习效率。

调查对象：八十中初一（1）班学生

调查人数：33 人

调查时间：2016 年 7 月 7 日

调查结果如表 6-4 所示。

表 6-4

学习风格种类 / 重视比例		视觉型	听觉型	触觉型	动觉型	合作型	独立型
主要学习风格倾向	人数 / 人	20	24	17	27	26	3
	占总人数百分比 %	60.6	72.7	51.5	81.8	78.8	9.1
次要学习风格倾向	人数 / 人	11	7	14	5	6	5
	占总人数百分比 /%	33.3	21.2	42.4	15.2	18.2	15.2
可忽略学习风格倾向	人数 / 人	2	2	2	1	1	25
	占总人数百分比 /%	6.1	6.1	6.1	3.0	3.0	75.8

具体柱状图如图 6-7 所示。

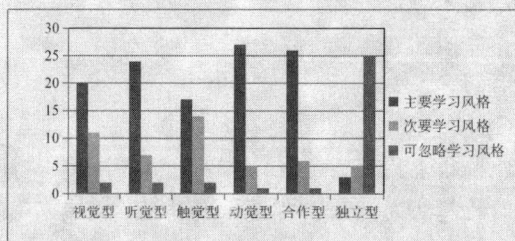

图 6-7

结果分析如下：

（1）从统计表可以看出，调查班级的学生学习风格的整体趋势是：动觉型＞听觉型＞视觉型＞触觉型；合作型＞独立型。从调查结果可知，学生比较喜欢体验式的学习方式和听觉式的学习方式，而且在学习过程中，喜欢以小组合作的方式来获取知识，最不喜欢的就是独立学习。

（2）统计结果显示，学生的学习风格呈现多样性，而且很多学生具有两种以上的主要感知学习风格倾向。这就要求在教学中要采用多种教学方式相结合的方法来进行教学。

（3）在六种学习风格倾向中，合作型学习风格与独立型学习风格差异最大，绝大部分学生都喜欢合作型的学习方式，他们喜欢与同学合作来完成学习任务，很少有学生喜欢独自学习。这就要求在初二的物理教学中，精心设计小组合作教学的方案，对每位学生的分工责任到人，明确分工后每个人先独立思考自己负责的内容，再进行合作交流，充分保证学生有独立思考的空间和时间。也就是说，在让学生按照自己的学习风格倾向进行学习的同时，也要对学生的短处采取弥补措施。

（4）触觉型学习风格倾向表现不突出，有差不多一半的学生是把此种倾向作为次要学习风格。因为物理学科是一门实验学科，很多概念、规律都是建立在实验基础上的，这一项不突出，提示我们在教学中要有意识地增加实验的趣味性、参与度，使其在体验中提高学生学习物理的兴趣。

案例评析

案例 2 和案例 3 分别是利用附录 6-3 和附录 6-4 提供的问卷在北京市第八十中学进行的调查，根据问卷调查结果和日常教学中的观察，可以比较全面客观地了解学生的学习情况，使分层指导工作更具有针对性和实效性。

案例4

用爱唤醒学生的潜能——对沉默生的关注
本案例由北京市黄冈中学垡头校区魏莲靖老师提供

在课堂教学中我们经常会遇到沉默的学生，上课从不举手发言，教师一提问他就马上把头低下。这类学生往往是由于各种原因造成了他的不自信。这就要求教师找出原因，对症下药，逐步培养他们的自信。

例如，我之前教过的一个叫侯毅的孩子，他总是沉默寡言，低着头一点自信也没有。上课走神，衣服总是不太干净。考试要么都不及格，要么一两科及格。于是我向曾教过他的老师了解情况，从中得到了一些实情：他来自一个单亲家庭，和母亲一起生活。而母亲患有严重的尿毒症。眼睛看不清东西，家里的所有家务都落在了他的肩上。了解到这种情况，我首先在生活上给予关心，学校中午的水果有时我就留给他吃，看到他的脸色不好，显然是营养缺乏，于是我就把早餐中的鸡蛋拿给他吃。

经过一段时间的观察、接触和了解，我知道了侯毅同学很喜欢物理实验，对物理在生活中的运用更感兴趣，加上他在家里承担了所有的家务，生活经验丰富。于是，我上课每当遇到结合实际的问题，我总留给他，他十之八九都能答对，我就不断地表扬鼓励他。

还有，课上遇到计算题时，有些同学不爱动手写步骤，就直接写个结果，后来我就让他们比比，看谁做得又对又快，就让谁当这个小组的组长，负责给组里的同学检查讲解。他们果然都积极动了起来，步骤写完整了，做题效率也高了，因为他们都想当小组长。侯毅这孩子在做简单计算题时，速度还可以，我就有意让他作为他们组的小组长给其他同学讲解。

　　在我的不断表扬鼓励下，侯毅的脸上笑容多了，话也多了，头也敢抬了，从自卑逐渐拾回了自信。侯毅中考时所有学科都及格了，五科考了370分。正是教师对学生的这份爱，唤醒了学生的潜能；因为这份爱，学生在心里也深深地感激着老师。快要中考时，侯毅用平时攒下的零花钱给我们每个老师买了一根冰棍，这根冰棍包含了孩子对老师的感激。那年教师节，侯毅发来一条信息，说："老师，您还记得我吗？是您让我走出了迷茫"，这句话是对老师最大的鼓励和奖赏！

案例评析

　　这个案例体现了教师了解学生的个性特点，对沉默的学生给予情感支持。教师通过生活上的关心，学习上的关注使学生有了自信心，脸上多了笑容，在中考中取得了较好的成绩，更重要的是老师的爱唤醒了孩子的自信，让孩子走出了迷茫。

　　3. 能够通过不同的教学方式照顾不同学生的学习基础、个性特点和学习风格，并能布置有一定层级的学习任务

　　教学中采用的分层形式有两种，一种是分层走班教学，一种是同一个班级内的分层教学。前者是通过学校的教学行政管理采用的教学方式，不是由教师个人决定的，目前只有很少的学校在采用。后者则是教师通过优化教学设计实现的，也是鼓励老师尽量做到的。

案例5

探究压力作用效果与哪些因素有关（初中）

本案例由北京市朝阳外国语学校马琳老师提供

　　我们学校实行的是走班制，两个行政班分成三个教学班，同时上课，两个行政班中程度较好的学生（每个班大约15人）组成A班（共30人），一名老师上课。每班剩下的学生为两个B班，各有一名老师上课。根据不同层次学生的知识水平和接受能力，设计不同层次的教案，采用不同的教学方法，因"层"而教，因此能使教学内容较好地适合每个学生的要求。根据"最近发展区"理论，分层教学可使每个学生得到最好的发展。对于优等生，可以充分发展自己的个性，可以最大限度地挖掘自身的潜能；对于学困生，可以从非智力因素方面入手，激发学生的学习兴趣，从他们的实际情况出发，为他们"量身定做"适合他们理解和接受水平的知识内容，从而使他们对物理学习产生兴趣，达到逐步提高学习成绩的目的。由于分成不同的层次，学生会产生许多不同的想法。对于成绩好的学生来说，他们被分在同一层，班内高手云集，而且这部分学生自尊心、争胜心特别强，都不甘示弱，因此学习更富有竞争力。分到低层次的学生，看到分在较高层次的同学，意识到自己的差距，会奋起直追，努力赶上成绩优异的同学。这样你追我赶，形成一种良好的学习氛围，分层教学对于学生起到一个很好的促进作用。由于这种分层教学模式，使同一层次的学生学习水平大致相当，因此老师在讲课时不必重复讲授同一个知识点。对于不同层次的学生，针对同一教学内容，教师的教法也有所不同。以"探究压力的作用效果与哪些因素有关"为例。

A层（程度较好）——学生讨论、确定影响因素，教师只是引导。

教师：力的作用效果有哪些？

学生：形变，改变物体运动状态。

教师：那么压力的作用效果主要表现在哪些方面？

学生：使被压物体发生形变。

教师：哪些因素会对压力的作用效果产生影响？请大家讨论，组织语言说明你提出来的这个因素的原因是什么？

（学生讨论……）

老师组织学生安静之后，请有想法的同学进行发言，其他同学认真倾听。

学生A：我认为既然是压力的作用效果影响因素，所以压力的大小会对压力作用效果有影响。

教师：非常好，其他的同学同意他的想法吗？

（其他学生频频点头）

学生B：我认为和面积有关。

教师：什么面积？

学生B：接触面积。

学生C：我觉得是受力面积，因为之前讲压力的时候说过，接触不一定有力的作用。

学生B：对，C说得对，确实我现在也觉得是受力面积了。

教师：非常好，在三位同学的发言后，我们已经确定了压力大小、受力面积大小两个因素，同学们还有其他想法吗？

学生D：我觉得会不会和在上面的物体的质量有关？因为我觉得质量越大的物体就越容易把下面的物体给压坏了。是不是就说明压力作用效果和质量大小有关？

教师：其他同学是怎样理解他的想法的，同意与否？请说明你的观点。

学生E：我觉得不对，质量大的物体重力大，水平面上的重力等于压力，斜面上的压力大小不等于重力大小，所以我觉得其实质量这个因素是不是可以和压力大小看成是同样的因素。

教师：其他同学是否同意？

学生：同意！

教师：其他同学还有想法吗？

学生F：作用点呢？会不会有影响？但是我不确定。

学生B：我觉得没有关系，比如说一块海绵？作用点在哪儿都是会把海绵压出坑来，只不过坑的位置发生改变，和坑的大小应该是没有关系的。

教师：同学们还有其他想法吗？

学生：差不多了……没有了。

教师：那咱们来一起总结一下，在压力作用效果与哪些因素有关的实验中，我们的猜想与假设：压力作用效果与压力大小、受力面积大小都有关系。这就意味着我们在做实验的时候需要注意什么？我们的实验方法是什么？

学生：控制变量法。

教师：好的。现在大家的实验台上有海绵、四角小桌、钩码、钉板（相同面积上钉子多少不同）、装有水大小不同的气球、封有卷子纸的纸盒。请大家自主进行实验，十分钟之后，讲述你的实验能证明什么？讲述过程中请说明你的实验过程。

（学生自主实验……）

生A：我所需要的实验器材是纸盒和小桌，还有钩码。先将小桌正放在纸盒上面的纸上，纸没有被扎坏，然后将两个钩码放在小桌上，纸被扎破了。说明受力面积相同时，压力越大，受力效果越大。然后是小桌反放在纸上面再加上两个钩码纸没有破，正放加上两个钩码纸却破了。说明压力相同时，受力面积越小，压力作用效果越明显。

教师：非常好，还有没有其他的实验设计？

学生C：我用的是海绵、小桌、钩码。

学生D：我用的是水球和钉板，相同的水球放在钉子多的地方没有破，放在钉子少的地方却破了，说明压力相同时，受力面积越小，压力作用效果越明显。相同钉子数的地方，小的水球没有破，大的水球却破了。说明受力面积相同，压力越大，压力作用效果越明显。

○○

B层（程度较差）

教师：力的作用效果有哪些？

学生：形变，改变物体运动状态。

教师：那么压力的作用效果主要表现在哪些方面？

学生：使被压物体发生形变。

演示实验：水球放在钉子密集的顶板上完好无损，放在钉子数量很少的钉板上，水球爆裂。

教师：同一个水球在不同的钉板上的最终的状态之所以不同是为什么？

教师：现在请大家拿起你记笔记的笔，用两只手指顶住这支笔，你有什么感受？

学生：笔尖的手指会更疼一些。

教师：为什么同样大小的力，两只手的感觉是不一样的呢？主要的区别是什么？

学生：疼的那只手是和笔尖接触。

教师：笔尖和笔尾有什么区别？

学生：比较尖……笔尖面积小。

教师：那么我们能不能理解为压力的作用效果是和面积有关？

学生：可以。

教师：现在请大家双手合十，轻轻地接触，不要用力，大家感受一下接触着一定有力吗？

学生：不一定。

教师：所以咱们应该注意压力作用效果应该是和受力面积有关，而不是接触面积。大家再考虑一下压力作用效果还可能和什么因素有关？

学生A：既然是压力的作用效果是不是和压力大小有关？

教师：你是怎么想的呢？给你一块海绵作为实验器材。

学生A：一次用大点的力，一次用小点的力。海绵的形变程度是不一样的。

教师：非常好，我们一起来总结一下，影响压力作用效果的因素有压力大小和受力面积大小，所以我们在做实验的时候是不是要注意一下用什么实验方法？

学生：控制变量法。

教师：现在我们的实验桌上有四脚小桌、一块表面平整的海绵、一盒砝码。请大家思考怎样表现压力的作用效果？

学生B：海绵的形变程度。

教师：现在大家开始做实验。

（学生实验。教师巡视并指导实验过程出现问题的学生）

教师：根据大家的实验结论，我们一起总结一下。

学生C：压力越大，压力作用效果越明显。

教师：没有条件吗？

学生C：受力面积一定时，压力越大，压力作用效果越明显。

教师：压力作用效果与受力面积的关系，请大家注意说全面了。

学生D：压力大小一定时，受力面积越小，压力作用效果越明显。

⟪ 案例评析

> 本教学片段是关于压强概念的建立，针对 A、B 两个层次的班级，不同之处体现在以下五点。
>
> 引课阶段：B 层的引课实验，在 A 层是把实验器材留给学生，在做探究实验时自主设计实验。
>
> 猜想假设阶段：A 层完全由学生进行猜想，并且学生讨论是否可行，而 B 层是在老师的引导下进行的。
>
> 实验阶段：A 层学生实验器材除了课本给的实验器材之外还有其他自制实验器材供学生选择。B 层的实验器材就是课本上的实验器材，这样可以降低实验的难度。
>
> 实验结论：A 层学生自主总结，B 层老师帮助一起完善。
>
> 整个环节：A 层更多的是体现学生的自主学习能力，老师的作用是辅助作用。B 层老师要做好引导作用，帮助学生进行思维上的递进。

▰ 案例6

《内电阻的引入》教学片段（高中选修3-1）

本案例由北京市朝阳外国语学校李伟老师提供

我所教的两个分层班是12A层和34C层，这两个教学班的学习能力、学习习惯等各方面都有较大差异。12A层学生学习主动性强，善于探索研究，而且思路敏捷，逻辑分析能力强，学习物理兴趣高，学习习惯好，课前多数同学能够做好预习工作，对课本上的实验往往有事先的分析和初步结论。课堂上表现积极认真，习惯于小组讨论的学习方式。34C层学生学习的主动性不强，学习基础薄弱，部分学生已经确定选文科，所以对物理学习重视不够，多数学生不善于主动思考，学习往往依靠被动记忆，对物理实验缺乏比较深入的分析，概念不清，逻辑混乱。很少有学生在课前进行有效的预习，课堂上往往习惯于以听讲形式学习。

在选修3-1关于内电阻这一教学内容的引入教学中，我针对两个班级学生的不同特点，选择了不同的教学呈现方式。

针对34C层学生，我采用搭台阶、小步走的策略。首先，我先给大家展示两幅电路图（如图6-8所示），针对第一幅图提出问题：如果闭合开关，灯泡 L_1 的亮度如何变化？多数学生能够判断出灯泡 L_1 会变暗，接着针对第二幅电路图，让学生描述依次闭合开关 S_1、S_2、S_3 后，会发生什么现象，学生在没有细致思考的基础上回答灯泡依次亮起。我马上追问：会不会有特别的现象发生？这时有个别学生会猜想灯泡的亮度会有变化。在此基础上，展示事先准备好的实验电路，请一个同学上来依次闭合开关，并提醒大家进行细致观察，学生发现，在闭合第二个开关时，第一个亮起的灯泡变暗了一点，在闭合第三个开关时，前两个灯泡又变暗了一点。这时请学生描述发生的现象，并解释灯泡变暗的原因，由于有前面分析的基础，学生很容易联想到在电源里存在一个隐形的内电阻。

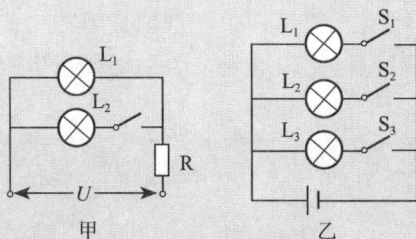

图 6-8

　　针对 12A 层学生的教学，我判断多数学生已经通过预习，了解了电源有内阻，不要任何事先引导，直接进行上述实验，学生也依然不会对实验的现象惊奇。因此采用完全不同的实验引入。首先，我用两节干电池组成的电池组接在电压表的两端，显示示数大约为 3 V，然后将一个小灯泡接在电池两端，灯泡发光，此时学生会感觉很平常。接下来取出 10 节电池，依次串联起来，此时学生的兴趣被调动起来。我将电池组接在电压表两端，电压显示大约为 15 V，这也在学生的意料之中。接下来我提出问题，让学生猜想如果用这个电池组给刚才的小灯泡供电，会出现什么现象？学生们七嘴八舌地说，灯泡会爆炸，会闪亮一下就烧毁……我提出试一试，学生的注意力都集中到了小灯泡上，结果闭合开关的瞬间没有发生学生们期待的那一幕，小灯泡不但没有烧毁，而且亮度与两节电池供电时的亮度差不多，接着我用电压表测量此时电源两端的电压，发现只有 3 V 左右，同学们感到非常意外。根据实验出现的现象，请同学们在小组内讨论出现这个现象的原因。经过一段时间的讨论，同学们逐步确定问题出在电池的内阻上，同学发言指出是这一点之后，我要求大家通过计算估算出这 10 节干电池组的内电阻（认为小灯泡的电阻大约为 10 Ω）。同学们很快得出了答案，内阻大约为 40 Ω。接下来揭晓实验中的小秘密，介绍干电池的内阻，指出新电池的内阻一般在 0.5 Ω 以内，随着电池不断放电，内部的化学物质发生了变化，内阻也随之逐渐增大，一般的旧电池内阻往往达到 1 Ω 以上，当电池废旧到一定程度，每节电池的内阻可能会达到 5 Ω 以上，实验中的 10 节电池选用的就是这种几乎不能用的废电池，而与之对比的那两节电池是新电池。

案例评析

> 12A 层的学生基础很好，所以李老师设计了一个对比强烈的实验，让学生进行观察、体验，2 节干电池与 10 节干电池分别接在同一个小灯泡的两端，为什么预计的实验现象没有出现？在实验现象与原有认知的冲突中，同学们思考、讨论，充分感受到电源内电阻的分压作用！在记忆中留下了十分深刻的印象。而 34C 层的同学，由于基础薄弱且学习主动性不强，所以采用了一种循序渐进的方式，三个小灯泡并联，逐一进行闭合开关，观察灯泡的发光情况，分析为什么闭合第二个开关，已经发光的第一个灯泡要变暗？……对内阻分压的作用有了初步感受，学生的学习过程比较顺畅，为后面闭合电路欧姆定律的理解与应用做了良好的铺垫。

案例7

千方百计测密度（初中）

本案例由北京市黄冈中学堡头校区魏莲靖老师提供

不同学生的学习水平和接受能力不同，这就要求教师在教学过程中不能搞一刀切，对不同层次的学生施以不同的教学方法，力求使每个学生都获得最大的收获。我在教学过程中正是朝着这个方面在不断努力。下面以"千方百计测密度"为例简单地介绍一下自己的做法。

一、学生编组分好层

复习课，要使基础较差的学生跟得上，基础好点的学生吃得饱，需要教师精心设计，由浅入深，分层教学。例如，我在复习密度实验时，将学生按学习能力和基础知识的差异，分为四个大组，每个大组又分成两个小组，每个小组两名同学。两名同学中又是有一个动手能力较强的，一个动手能力较弱的。

二、课堂设计有梯度

"千方百计测密度"的复习课，我设计了四组不同的实验。

前两组做基本实验。

第一组：天平（砝码）、量筒、细线、金属块、水、烧杯。用天平直接测出物体的质量，再用量筒测出物体的体积，然后根据密度公式即可求出物体的密度。

第二组：弹簧测力计、刻度尺、细线、长方体金属块。用弹簧测力计测出物体所受的重力，利用重力和质量的关系求出质量；用刻度尺测出物体的长、宽、高，求出体积；然后根据密度公式即可求出物体的密度。

这两组实验留给基础较差的学生，作为对学过实验的复习。

第三组：天平（无砝码）、两个完全相同的烧杯、量筒、水、金属块、滴管；第四组：弹簧测力计、两个完全相同的烧杯、水、细线、金属块。

这两组实验用到等效替代和浮力的知识，留给基础较好的同学。

同是测金属块的密度，设计不同的方案，使不同层次的学生经过探索，都能找到测量的方法，获得成功的喜悦。各组方案汇总于表6-5。

表6-5

方案	器材	实验步骤	公式推导
方案一			
方案二			
方案三			
方案四			
方案五			
方案六			
方案七			

三、作业设计有梯度

形成性检测和作业的布置也要注重分层。例如在作业中有1题是根据实验报告提供的器材［天平（砝码）、量筒、细线、弹簧测力计、刻度尺、滴管、金属块、水、烧杯］设计测金属块的密度，看谁设计出的方法最多。这道题，学习差点的学生能找到的测量方法可能少些，学习好点的同学找到的方法更多些。像这样的分层课堂设计和作业，就不至于使基础较差的学生觉得学不会，也不至于使基础较好的同学觉得吃不饱。

案例评析

本节实验课是在同一个教学班内进行的分层教学。首先根据学生学习基础和动手能力的强弱对学生进行分层；课堂设计分层，不同学习基础的学生可以完成难度不同的学习任务，即有的组可以采用最基本的方法测定金属块的密度，有的组利用浮力知识测金属块的密度；作业分层，作业还是测定金属块的密度，但是从测定方法的角度体现的差异教学。

案例8

互联网助力个性化学习

本案例由北京市第八十中学张桐老师提供

随着互联网技术的不断发展，互联网＋已经渗透到生产生活的各个行业。在教育行业内，也出现了各种各样的教育软件、网络平台支持学生学习，利用互联网学习已经是现代社会的发展趋势。网络平台可以实现学生学习的个性化，教师辅导的针对性。本案例就如何利用互联网学习平台辅助学生个性化学习，进行案例说明。

一、学生利用学习平台进行预习

传统教育总是存在遗憾，因为教师在备课时，对学情的分析一般基于经验。但由于学生不同，这种经验往往存在偏差，并且针对具体问题，教师对学生的分析出现误差的概率会更大。没有准确的学情分析，教学设计在实施过程中的针对性和实效性就不强。而一般情况下，要掌握学生在学习之前对知识的认识，应该对学生进行调查问卷或者访谈。访谈的形式比较简单，但数据记录不够完整，而使用调查问卷进行学情分析，需要对学生的答案进行统计分析。我们只是看到有些教师在上公开课的时候做过，平时教学中这样做的教师几乎没有，因为这个过程需要占用教师大量的时间。每一节课，对每一个知识点都进行详细的分析，这对于教师来讲是不现实的。其实这项工作很简单，并且具有高度的重复性，对互联网上的学习平台来说可以非常轻松的实现。

网络平台可以实现对学生课前预习的诊断分析。首先教师可以在平台上发布诊断题目，题目的设计针对新课的重点难点进行分层设计，然后通过学生作答进行数据统计，教师通过分析统计结果进行备课。例如，2015年12月，北京市由于雾霾黄色预警，两次实行了停课不停学。我校初三物理组就采用了网络学习平台对学生进行预习情况的学情分析。第一次安排的内容为电磁继电器，学生的预习效果通过网络平台进行测评，教师通过对测评数据的分析得出结论。测评发现：学生基本掌握电磁继电器的工作原理及工作过程，但对于电铃如何反复工作以及电磁继电器的作用存在争议。于是待学生返校后，教师只引导学生针对不清楚的内容进行讨论和实验，大大提高了课堂效率。

二、教师利用学习平台进行个性化辅导

复习是学习过程中不可或缺的部分，通过题目诊断可以发现学生在学习过程中所建构的知识是否存在偏差，虽然较好的做法是分层作业，但也不能完全解决问题。因为学生的个体差异，每个学生在建构知识的过程中出现的问题也各不相同，只有一生一卷才

能彻底解决问题。这个工作教师做是不现实的,但学习平台完全可以做到,而且非常容易,下面举例说明。

图6-9是老师布置给学生的题目内容,学生作答后的结果显示错误。

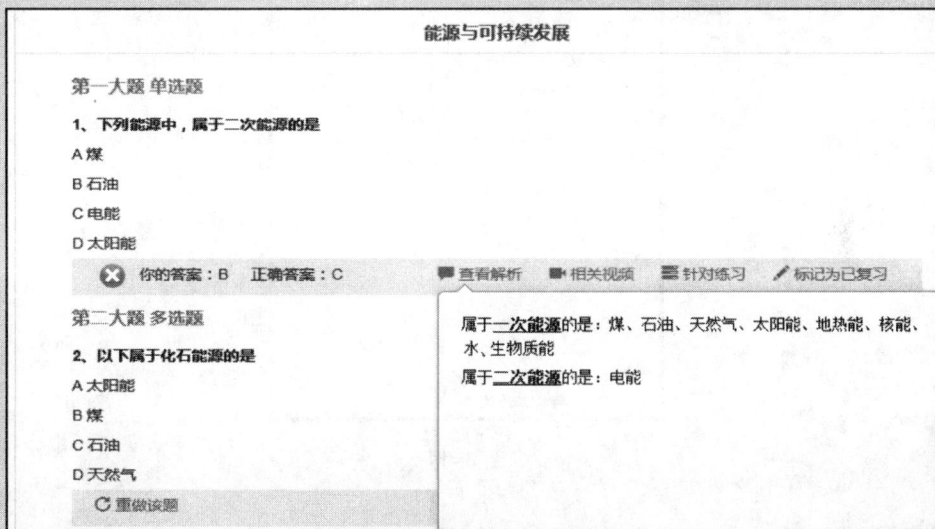

图6-9

第一题表示,学生已经改过错题。第二题表示,学生还没有改过错题。

学生做错题后可以通过"重做该题"进行改错,如图6-10所示。

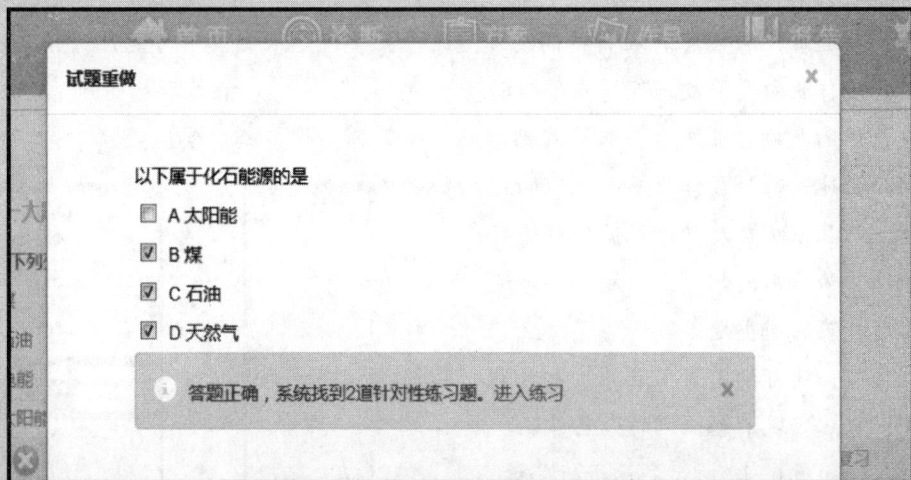

图6-10

改错正确后,进入针对性练习,平台会自动出现与此题知识点相同的题目,学生可以进行针对性练习,如图6-11所示。

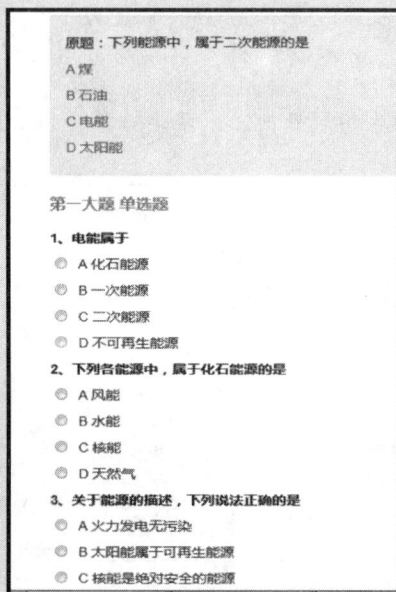

原题：下列能源中，属于二次能源的是
A 煤
B 石油
C 电能
D 太阳能

第一大题 单选题

1、电能属于
　Ⓐ A 化石能源
　Ⓑ B 一次能源
　Ⓒ C 二次能源
　Ⓓ D 不可再生能源

2、下列各能源中，属于化石能源的是
　Ⓐ A 风能
　Ⓑ B 水能
　Ⓒ C 核能
　Ⓓ D 天然气

3、关于能源的描述，下列说法正确的是
　Ⓐ A 火力发电无污染
　Ⓑ B 太阳能属于可再生能源
　Ⓒ C 核能是绝对安全的能源

图 6-11

▮案例 9

利用现代化手段进行分层作业

本案例由北京市黄冈中学垡头校区魏莲靖老师提供

为了达到最佳的教育效果，我们都在追求因材施教。过去要想在班级授课制的条件下实现因材施教比较困难。在科技高度发达的今天实现起来更具有可能性，今天我就个性化的分层作业向大家做一下简要介绍。

我借用的是刷作业平台，只要在网络的环境下各种设备都能实现操作，它可以在一分钟内轻松地进行分层作业或个性化的作业布置，而且系统自动进行批阅，可进行错题统计，为每名同学建立错题本。每道错题都有相应的同类题练习。为了防止学生瞎写答案，还可设定达不到分值重做的功能等，真正实现了个性化的分层作业。

进入，如图 6-12 所示界面进行登录。

进入后，教师就可以选择相应的年级和内容。选择"老师手动出题"下面的"留作业"功能就可以利用现成的试题有选择

图 6-12

性地针对不同学生进行题目的筛选。对于不想要的试题,上面有删除按钮,直接删除即可。当然教师也可以手动出题。

图 6-13 和图 6-14 所示就是我将学生分成两层留的作业情况,当然分多少层都可以,或者每人留不同的作业都很容易实现,只要在学生管理处分成不同的层即可。

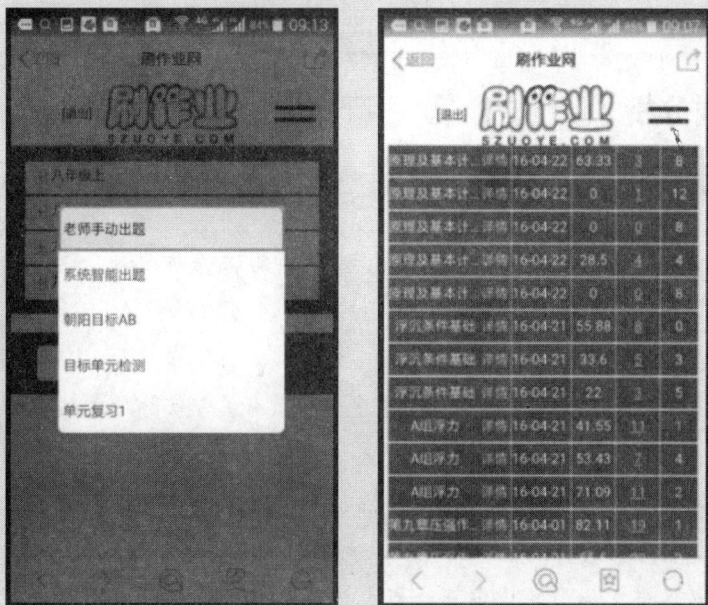

图 6-13

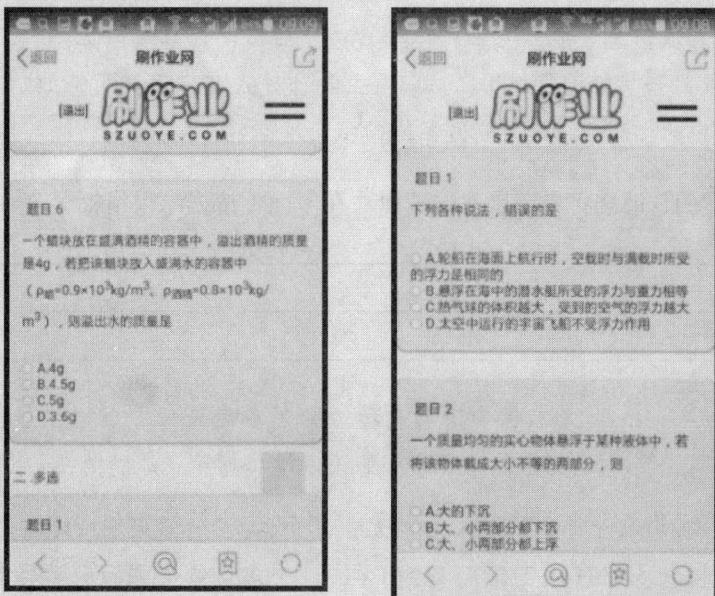

图 6-14

案例点评

案例8和案例9都是利用现代信息化手段进行个性化教学的一种方式。前者是体现对学生个别辅导方面，后者是分层布置作业方面，共同特点是借助于网络完成，对于选择题都有自动评阅功能，给每位同学建立错题本，便于老师随时了解学生的思维障碍，为有针对性的选题、组题提供便捷。

三、案例分析

（一）初中案例

《测量小灯泡的电功率》的课堂练习

在"测量小灯泡的电功率"教学的课堂练习中，可以针对A、B、C三个层次的学生提出三种层次的问题。

第一类，通过实验可以知道小灯泡的亮度跟什么有关？实际功率又跟什么有关？——C层

第二类，如果在实验中移动滑动变阻器，小灯泡亮度都不发生变化，原因是什么？如果灯泡不亮，电流表没有示数，而电压表却有较大的示数，是什么原因呢？——B层

第三类，电路当中如果缺少电压表或电流表，如何测量小灯泡的电功率？如果只有一个电压表或电流表，是否可以仅仅通过开关的通断来实现呢？——A层

第一类主要针对C类学生提问，让他们通过做作业加深对基础知识的理解，学会运用基本的方法完成作业。第二类主要针对B类学生提问，让他们既要回忆电压表和电流表的特征，又要结合实际进行应用。第三类主要针对A类学生提问，让他们既要结合"伏安法测电阻"中的相似点，又要创造性地回答问题。

针对上述案例，请您将界定层次的理由写在下面（依据结果指标）。

_____

_____

_____

探究滑动摩擦力的影响因素
本案例由北京市朝阳外国语学校赵健老师提供

在我们学校,物理学科被分为A、B两层。其中,A层的学生基础比较好,理解能力强;B层同学基础较差,有一些习惯不好的同学。两个班成绩优秀的同学共同构成了A层,大概30人,每个班剩下的同学分别是两个B层,有25人左右。A、B层之间有人员流动,

让 A 层的同学感到有压力，让 B 层的同学也能有个目标。这样分层教学的好处就是，可以最大限度地激发学生的自主学习能力，最大限度地让不同学习特点和风格的学生都被充分照顾，而且能够根据不同层次的学生布置不同的学习任务和作业。

但是在实际教学中，不管是 A 层同学还是 B 层同学，都会有沉默和不爱说话的学生，A 层沉默学生的特点都是听话、踏实，但是不爱提问，不喜欢思考问题。B 层沉默的同学大多数是对学习不感兴趣，不善表达，缺乏自信。而对不同层的沉默学生，老师的应对方式也是不同的。A 层沉默的同学应以提问引导建立信心为主，B 层沉默的同学以激发兴趣为主。

【案例描述】（A 层）

教师：（介绍完三种不同的摩擦力之后）请同学猜测一下影响滑动摩擦力大小的因素，并简述理由，请大家先小组讨论一下，一会儿陈述观点。

（学生讨论之后）

学生 A：我认为滑动摩擦力跟接触面粗糙程度有关，比如有些鞋防滑、有些鞋不防滑，就是因为鞋底的纹路不同。

学生 B：我认为滑动摩擦力跟重力有关，推动一个重的物体会比较难，推动一个轻的物体会比较容易。

学生 C：我认为滑动摩擦力跟压力大小有关，就跟老师在上课前做的实验一样，把手重按在桌子上运动，跟轻按在桌子上运动，感觉不同。

教师：大家还有什么意见吗？

学生 D：老师，我认为还与接触面积有关，一个物体接触面积大的话，推动会比较容易。

（此时沉默学生 E 还未表达观点，但是在倾听，E 同学学习习惯良好，比较缺乏信心，考试也容易紧张。）

教师：（点出 E 同学）你们小组有什么观点吗？

学生 E：没有其他的了。

教师（追问）：那你认为在这些影响因素之中，哪个因素是可以首先排除的？

学生 E：……

教师：大胆地说，说错了没关系（鼓励学生）。

学生 E：我认为应该是重力排除掉。

教师：大家认为她说得对不对（侧面肯定学生）？

其他学生：对！

教师：你可以说说你的理由吗？

学生 E：比如一开始我们手按桌子，我们的重力都是固定的，但是我们手摩擦桌子产生的摩擦力却可以变化。

教师：大家觉得她说的有没有道理？

学生：有道理！

教师：所以，咱们同学要敢于表达自己的观点，大家都是很有潜力的（鼓励全班不敢说话的学生）……

（设计实验部分）

教师：在设计实验时，我们采用的实验方法是什么？

学生：控制变量。

教师：很好，所以我们在探究滑动摩擦力的影响因素中，探究与哪个变量的关系，就要控制其他变量不变。大家思考一下，滑动摩擦力如何测量？（这个问题教师打算让沉默学生 F 来回答，F 基础较弱，性格内向，不爱思考）请相互讨论。

老师特意走到 F 组倾听，发现该组有个成绩不错的同学说出了正确的方案。

教师：F，请你说一下你们组的看法。

学生 F：用弹簧测力计拉动小车，拉力就是滑动摩擦力（基础薄弱，遗漏关键信息）

教师（不急于否定）：这两个力一定相等吗？

学生 F：一定相等。

教师：如果这两个力相等，方向还相反，那么这两个力叫什么力？

学生 F：（思考一阵）二力平衡。

教师：对呀，二力平衡需要物体做一个什么样的运动？

学生 F：静止或者匀速直线运动。

教师：你再陈述一下，如何测物体所受到的滑动摩擦力？

学生 F：用弹簧测力计拉着物体做匀速直线运动，拉力就等于滑动摩擦力。

教师：非常正确，所以我们测量滑动摩擦力的原理就是二力平衡。请同学按照 F 同学的做法，自行设计实验，设计表格，设计完成之后与实验报告册相对照。

B 层：

（介绍完三种摩擦力）

教师：大家思考，我们走路时，产生的摩擦力属于哪一类摩擦力？

学生：滑动摩擦力。

教师：大家观察这两幅图片（见图 6-15），这两个是什么东西？

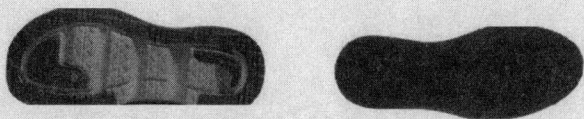

图 6-15

学生：鞋底。

教师：如果我告诉大家，这两个鞋有一个是防滑鞋底，有一个是普通鞋底，大家能猜得出哪个是防滑鞋底吗？教师指定沉默学生 A（A 性格内向，对学习兴趣不高）。

学生 A：（很轻松地猜测）能。

教师：（笑追问）你怎么猜到的？

学生 A：因为防滑鞋底要防滑嘛，所以纹路比较多。

教师：因为防滑，你认为需要的滑动摩擦力应该？

学生 A：应该大一些。

教师：所以你觉得滑动摩擦力应该与什么因素有关？

学生 A：粗糙程度。

教师：非常好。大家还能举一些其他例子吗？

（学生举例中）

教师：大家请跟我一起做一个实验，边上同学把手放在墙上，中间同学放在课桌的侧面，用不同的力摩擦接触面，大家感受摩擦力大小一样吗？

学生：不一样。

教师：所以我们前后改变的哪个力使摩擦力大小发生变化的？

学生 B：对接触面的压力。

教师：很好，我们自身重力发生改变了吗？

学生：没有。

教师：所以影响滑动摩擦力的一个影响因素应该是压力。那么大家在推东西的时候，为什么推动重的物体要用更大的力呢？是不是证明了重力也会影响滑动摩擦力的大小呢？

学生 C：此时压力等于重力。

（设计实验部分）

教师：大家想想，如果我们测量滑动摩擦力，应该用什么样的测量仪器呢？

学生：弹簧测力计。

教师：能不能用弹簧测力计直接测量出滑动摩擦力大小，请各组思考讨论。

（学生讨论实验）

（叫沉默学生 D 回答问题，学生 D 成绩稳定，性格内向，不善表达。）

学生 D：我们没想到。

教师：那么不能直接测量，你们能不能想到间接测量的方法？

（学生继续讨论）

教师:(再次提问 D)你们想到了吗?

学生 D:没想太清楚。

教师:你觉得我们在这些仪器的基础上这个实验应该怎么做?

学生 D:拉着小车向前运动。

教师:很好,小车受什么力?

学生 D:(很慢地)重力、支持力、拉力、摩擦力。

教师:这些力有什么关系呢?

学生 D:相等。

教师:在什么情况下会相等呢?我们上节课刚刚讲到的。

学生 D:(恍然大悟)二力平衡时。

教师:在什么情况下力才能平衡呢?

学生 D:静止或者匀速直线运动。

教师:很好,请你总结一下,我们如何用现有的实验器材间接测量滑动摩擦力。

学生 D:拉着物体匀速前进,拉力就等于滑动摩擦力。

教师:你忘了什么东西了吧(笑)?

学生 D:用弹簧测力计拉着匀速前进。

教师:所以请你总结一下,我们用到了之前学到的哪个知识来完成的这个实验?

学生 D:二力平衡。

针对上述案例,请您将界定层次的理由写在下面(依据结果指标)。

_____

_____

_____

(二)高中案例

加速度概念的建立
本案例由北京市第八十中学何德强老师提供

由于学生个体性格、出身、成长环境、思维品质、智能特长各不相同,即使是同一个班级同一个老师所教,对于同一个知识点也会有不同的思维起点和理解方法,老师需要针对不同学生所表现出来的问题特点进行分类指导。老师的作用就是竭尽所能地引导学生充分把自己的疑问真正显现出来,再巧妙地将这些疑问聚焦,寻求大家的帮助,让学生共享各自的智慧和体验,便可以达到资源互补共享的效果,如果真有大家都无法企及的难关,老师还可以发动大家一起来攻克这个难关,下列是一段加速度教学片段,从中可以体会学生们对于同一问题理解不同的情况下,老师是如何分类引导的?

教师：大家听说过 F1 赛车吗？它与 F18 战斗机相比？哪个快？

学生集体回答：F18。

这个时候一个同学大声说：不一定。（学生对教师的提问有疑惑）您问的问题不准确呀！

教师：那你教我一下这个问题应该怎么问。

学生：应该问哪个的最大速度快？哪个在正常运动的时候、匀速直线运动的时候更快一些？

学生：F18 战斗机最大速度快。

教师：你能够在同一个 $v-t$ 图像中把它们两个的运动表达一下吗？就是做最后匀速运动的那一段？我先把坐标轴建好了（教师在黑板上建立了直角坐标系）。你来画一下。

学生：老师，向正方向运动还是向反方向运动？

教师：自己设吧，你觉得往哪个方向方便啊？人家在没有给你规定的情况下，你最好假设都是正的，而且两个都是正的，这样是最好的了。示意一下就好，画它们常规运动的情况就行了，匀速运动的时候。（老师巡视学生画图的情况，请一名同学 A 到黑板上画）……

（学生作图中）

教师：大家看 A 同学作的图怎么样？承认吗？对，肯定是 F18 快，匀速运动，图像的形状应该是平行于横轴的，所以我们能定性比较，应该是这样的图像。大家来看一下真正的 F18 和 F1，看它们在起动的时候是什么样的？看谁能把这事说清楚。

	每个物理量有自己的"使命"，也就是其物理意义。速度的变化，要用瞬时速度的差来描述。

（播放视频）……

教师：B 同学请你描述一下它们起动的场面。

学生 B：F1 比 F18 的速度要快。

教师：他说 F1 比 F18 要快。

学生 B：刚起动的时候。

教师：刚起动的时候，它们的速度都是 0，那这是在说什么时候呢？

学生 B：就是现在这段时间。

教师：就现在这段时间内吗？

学生 B：对。

教师：那我们在说速度的时候，最好说是什么速度？什么速度描述运动是最准确的？

其他学生：瞬时速度。

教师：对，瞬时速度，你愿意再说一遍吗？用你自己的语言说。

学生 B：此时刻 F1 比 F18 的速度要快。

教师：此时刻，好的，请坐，这是一种描述方法，很好，B 同学说得不错。

教师：C 同学，还有补充吗？

学生 C：两个都做加速运动。

教师：大家承认吗？较多学生回答承认。

学生 C：两个都做加速运动，F1 比 F18 加速得要快。

教师：他说 F1 比 F18 加速得快，你们能理解吗？怎么看出来它加速得快呢？

学生 C：他们两个是同时、从同一个位置开始行进，在这个过程中 F1 在前面，F1 加速比 F18 加速得要快。

教师：请坐，同学们，他比的是什么？F1 走得比 F18 远。为什么它走得远了就说明它加速得快了呢？（许多学生想要发言）

教师：我们怎么描述是比较准确的？

学生 D：F18 和 F1 在相同的时间内比较他们的位移，F1 的位移比较大。

教师：然后呢？

学生 D：F1 的平均速度就大。

教师：然后呢？

学生 D：它们刚开始的时刻，那个位置的……

教师：就叫作"0"时刻最好。

学生 D："0"时刻它们的速度都是 0。所以，F1 加速得快。

教师：好，请坐。我还想听听别人的说法。这事怎么来研究？E 同学你的看法是什么？

（E 学生没有更好的解释。）

教师：那么我问同学们，到底什么叫作速度的变化呀？我们说"加速"，意思是不是说速度变化了？那么什么是速度的变化呀？你们明白吗？来，你们互相说说。（学生相互讨论）…… 教师：说得清楚吗？好，你们一直在说速度变化得快，速度变化得慢，到现在什么是速度的变化，反而不知道了。（教师提问一名学生 F） 学生 F：就是在相同时间内走的位移不同。 学生 G：（犹豫）就是相等时间内走过的位移不相同。 教师：我问的这句话，有比较的意思吗，有相同还是不相同的问题吗？我只问什么叫变化？G 同学，就在这个图像里面，t_1 和 t_2 之间速度的变化，你会算吗？ （教师在图像上标示，G 仍然说不清楚） 教师：你请坐，H 同学你来说。 学生 H：速度变化就是速度差，末速度减去初速度。 教师：多明白呀，请坐。是不是说到速度变化的时候涉及到两个端点呀，那两个速度分别叫什么呀？一个叫初速度，一个叫末速度。末速度用 v_t，初速度用 v_0。那什么叫速度变化呢？末速度减去初速度。在讲到速度变化的时候，你用的是瞬时速度的差来描述的，与平均速度有关系吗？没有。所以你在讨论速度变化快慢的时候引入平均速度有意义吗？也没有啊！	引导学生将"加速快慢"与"速度的变化"建立联系。
教师：联系到我们刚才说 F1 变化得快，大家都认同这一点了，怎么看出来它变化得就快呢？用正确的物理语言描述一下。I 同学，你试着说一下？ 学生 I：就是末速度减去初速度的差大。 教师：末速度减去初速度，也就是速度的变化，我们先给它起个名字，这样咱们就好说话了，这个式子好理解吗，末减初就叫变化，她说大就叫变化得快，这事对不对？ 学生 I：在相等的时间里。 教师：太棒了，至关重要的一句话，必须得加上，请坐。昨天，我说我儿子身高变化的时候，他第一个月长 3 公分，第二个月长 3 公分，第三个月长 2 公分，是不是都在相等的时间内进行比较。我如果告诉你它一个月长 3 公分，从第二个月开始到现在他长了 10 公分，我说他后来比原来长得快，你觉得我这么说符合逻辑吗？所以一定要有一个限定的条件，这个条件是什么啊？ 学生 I：相同的时间。 教师：在相等的时间内速度的变化量比较多，就叫它变化得快，这是一种比较方案。你还有别的方法来比较速度变化的快慢吗？ 学生 J：速度变化一样，比较所用的时间。 教师：在变化量相同的情况下，用的时间越短，就叫变化得越快。那接下来还是那个问题，如果不一样，怎么比较快慢啊？ 学生：比值。 教师：比值的意义是什么？是不是我用 $\Delta v/\Delta t$，比值越大表示越快，还是比值越小表示越快？ 学生：越大。 教师：那么它的意义是什么呢？还是在找相等的时间里的速度的变化量，只是这个时间比较特殊是单位时间而已，能理解吗？那换过来，我如果用这个比值 $\Delta t/\Delta v$ 行不行？可以吗？ 学生：可以。 教师：这个比值是越大越快，还是越小越快？ 学生：越小越快。 教师：其实它求的是什么啊？ 学生：单位…… 教师：单位速度变化量所对应的时间，那么看起来我用比值直接就可以来描述这个速度变化的快慢，是不是比我们刚才那样的叙述简洁多了，就不用老说在相等的时间内怎么，不相等时间又怎么，我直接说一个比值就可以了。习惯上用哪个比值比较方便啊，我们单独为这个比值赋予一个物理意义，就把它叫作加速度。	通过讨论，学生认识到其所学习的物理量都无法描述启动快慢（速度变化快慢）这个运动现象，需要一个新的物理量对其进行描述。从而为对加速度概念物理意义的认识打下基础。

案例评析

> 加速度是一个非常重要的概念，本案例在其建立的过程中，由浅入深，逐层递进，五个小片段上，分别选择了相应的同学回答，什么样的问题由哪位学生回答最适合，既能暴露问题，又能通过同学的讨论、师生的对话解决问题，是要认真思考的，它要求老师对学生个体的学习情况要了如指掌。从何老师的课堂实录中，我们可以感受到这点。

针对上述案例，请将界定层次的理由写在下面（依据结果指标）。

_____

_____

四、训练

分层教学的总原则是，根据学生的知识和能力水平分成不同的层次，确定不同的教学目标，运用恰当的教学策略，辅以不同的训练和辅导，借助各层本身的力量促进每一层次的学生都得到最好的发展。在具体实施中要注重以下四点：全体性原则、保底性原则、动态性原则、主体性原则。

（一）分层指导技能概述

▶▶ **活动7　分层指导技能的策略**

步骤1　请根据自己的理解，结合教学实践，以小组为单位进行交流讨论，给出分层指导的策略。

_____

_____

步骤2　组与组之间交流讨论，最后形成一个大家认可的策略（策略参见附录6-5）。

_____

_____

▶▶ **活动8　讨论分层指导技能的构成要素**

分层指导可以体现在课堂教学中，可以体现在作业布置中，可以体现在课后辅导中，从手段看，可以采用传统的面对面辅导，也可以借助互联网（如微信等），结合前面的案例，你认为分层指导技能包含哪些基本要素？

（二）如何进行分层指导设计

1. 分层指导的原则

1）差异性原则

根据心理学研究，学生的差异分为可变差异和不变差异。可变差异就是指学生在知识储备、学习策略、态度与技能等方面的差异，这种差异是习得的，是可以改变的。不变差异是指学生在个性特征、学科特长、兴趣爱好等方面的差异。相对于可变差异而言，它们在短时间内不可改变，这些差异是学生的优势差异。

2）主体性原则

学生的学习是在教师指导下的认识过程，这个过程的主体是学生。教学过程是建立在学生的全部心理活动基础上的。从学生的实际出发，承认差异，保护学生的学习热情，不断培养学生的学习兴趣和愿望，启发他们自觉地学习，积极地思考，引导他们发现问题和提出问题，指导他们掌握正确的学习方法，增强他们学习的内驱力。

3）激励性原则

对各层次学生的评价，以纵向性为主。教师通过观察，反馈信息，及时表扬激励，对进步大的学生及时调到高一层次，相对落后的同时转层。从而促进各层学生学习的积极性，使所有学生随时都处于最佳的学习状态。

2. 分层指导设计要素及操作要点

分层指导设计要素及操作要点如表6-6所示。

表6-6

分层指导设计要素	操作要点
学生分层	按照知识基础、能力水平和学习态度、学习习惯等表现出来的差异性，将学生分成A、B、C三个不同层次。 A层：知识基础、智力水平较差，接受能力不强，学习积极性不高，成绩欠佳。 B层：知识基础、智力水平一般，学习比较自觉，有一定的上进心，成绩中等。 C层：基础扎实，接受能力强，学习自觉，方法正确，成绩优秀
目标分层	以教学大纲、考试说明为依据，根据教材的知识结构结合学生的认知能力，合理指定各个层次学生的教学目标，并将层次目标贯穿于教学的各个环节。 A层：达到课程中最基本的教学要求，使他们在学习上有所收获； B层：达到课程中所有的要求； C层：深化熟练课程的教学要求，侧重于知识的迁移、能力的提高和创造性学习
新授课的分层教学	教学设计和安排应向A层和B层的学生侧重，而对C层学生只需点到为止，保证A、B层学生听懂吃透，又使C层学生学有余味，即下要保底，上不封顶
习题课的分层教学	对每一章常见的问题及对应解决问题的方法进行归类、整理，将各类问题由易到难编排，精选出典型例题。基础题在选题时，适当选择一题多解、一题多变

续表

分层指导设计要素	操作要点
分层作业	作业分为三类：基础题、提高题和拓展题。 A层：限制数量、控制难度； B层：调节数量，把握难度； C层：不限数量，放开难度。 作业批改：基础题全批全改，提高题、拓展题：精批细改
分层辅导	A层：重点辅导，倾注爱心、鼓励自信、由浅入深、弥补缺陷，做到优先发言、优先辅导、优先批改。 B层：夯实基础，在静心钻研和独立思考方面加强指导。 C层：夯实基础，扩大视野、横向拓宽、纵向加深、鼓励创新

（三）分层指导技能微格训练

步骤1 仔细阅读前面的理论部分及案例。

步骤2 请各位老师撰写一节习题课的分层教学设计。

课题：《初中物理（九年级）》第十七章第三节《电阻的测量》习题课或者《高中物理（必修1）》第三章第五节《牛顿运动定律的应用》习题课。

步骤3 组内进行交流，归纳出习题课分层教学设计的关键点，再在全班内进行交流。

步骤4 通过交流对自己撰写的教学设计进行评价。

存在问题：_____

_____

_____

意见和建议：_____

_____

_____

（四）综合实践训练

1. 在充分了解学生实际的情况下，根据学生的智力水平和学习态度等，将所教班级学生大致分成三个层次。

2. 以某知识点新授课为例，设计前测问卷，了解学生的知识基础，根据问卷情况，对各层次的学生制定不同的教学目标。

3. 根据不同层次的教学目标，进行本节课的教学设计。重点是课堂提问、课堂练习、作业要有层次和梯度。

4. 班里的某位教师上一节研究课，大家围绕上述内容进行研讨、交流。

五、反思提升

（1）学习日记：请您写出本模块的学习要点。

_____

_____

_____

（2）您怎样理解"关注个体分层指导"？

_____

_____

_____

（3）通过训练，您在分层指导的哪些方面有了提高？请结合教学实例谈一谈自己的学习体会。

_____

_____

_____

（4）在实施分层指导中，您所遇到的困难或问题是什么？

_____

_____

_____

（5）您认为在教学中怎样才能持续、有效地实施分层指导，从而促进教学？

_____

_____

_____

附　录

附录 6-1　加德纳的多元智能理论

多元智能理论是由美国哈佛大学著名教育学和心理学家霍华德·加德纳（Howard Gardner，1983 年）所提出的，他根据哈佛教育研究所多年对认知科学、神经科学和不同文化知识发展及人类潜能开发进行研究所得到的结果，提出"智力应该是在某一特定文化情境或社群中所展现出来的解决问题或制作生产的能力"。

加德纳提出，人类至少存在 8 种智能，分别是语言智能、逻辑——数理智能、空间智能、肢体——动觉智能、音乐智能、人际智能、内省智能，以及他后来补充的智能观察者智能，如表 6-7 所示。每一种智能代表着一种区别于其他智能的独特思考模式，但这些智能之间是相互依赖、相互补充的。

表 6-7

智力维度	界　定
语言智能 （linguistic intelligence）	对声音、节奏、单词的意思和语言的不同功能的敏感性
逻辑——数理智能 （logical-mathermatical intelligence）	能有效地运用数字、推理和假设的能力
空间智能（spatial intelligence）	能以三维空间的方式思考。准确地感觉视觉空间，并把所知觉到的表现出来，对色彩、线条、形状及空间关系敏锐
肢体——动觉智能 （bodily-mkinesthetic intelligence）	能更巧妙地运用身体来表达想法和感觉，能灵活地运用双手灵巧地生产或改造事物的能力
音乐智能（musical intelligence）	能察觉、辨别、改变、欣赏、表达或创作音乐的能力
人际智能（interpersonal intelligence）	善于觉察并区分他人的情绪、动机、意向及感觉。具有有效与人交往的能力
内省智能（intrapersonal intelligence）	能正确建构自我的能力，指导如何利用这些意识察觉做出适当的行为，并规划、引导自己的人生
自然观察者智能 （naturalist intelligence）	对生物的分辨观察力及对自然景物敏锐的注意力

多元智能理论还指出这8种智能都是独立的，无优劣之分，一种智能不能替代另一种智能。它们对人的成长、社会生活等都是必需的，我们无法说哪一种智能最重要，哪一种智能比哪一种智能更重要，我们只能说每种智能在个体的智能结构中都占有重要的位置、处于同等重要的地位。由于每个人在这8种智能上所拥有的量参差不齐，组合和运用他们的方式也是各有特色。使得每个人的智能各具特点，各有独特的表现形式。

加德纳在他的著作中指出，单纯依靠使用纸笔的标准化考试来区分儿童智力的高低，考察学校教育的效果，甚至预言他们未来的成就和贡献是片面的。这样做实际上过分强调了语言技能和逻辑—数学技能，否定了其他同样为社会所需要的智能，使学生身上的许多重要技能得不到确认和开发，造成他们当中相当数量的人虽然考试成绩优异，但在社会上却难以解决实际问题。加德纳提出了一种新的教育观——"以个人为中心的教育"，从课程、活动、评估方法和教学方法上都进行了深入的实践探索，对美国各级学校有深远的影响。多元智能理论带来的教育新内涵，对我们树立正确的学生观和教学观，实施因材施教，进行素质教育，推动教育改革的发展有重要的启示。

——摘自《当代教育心理学》陈琦　刘儒德主编

附录6-2　布鲁姆的掌握学习理论

布鲁姆的掌握学习理论认为，任何一个学生只要有充分的学习时间都能完成任何学习任务，并非只有能力强的学生才能完成（高级）学习任务。同时指出，除了百分之几的天才儿童和百分之几的低常儿童外，大部分的学生（90%）在学习上的差异，归根结底不过是一种"学习速度上的差异"，"只要提供适当的先前与现时的条件，几乎所有的人都能学会一个人在世界上所能学会的东西"。对此，布鲁姆的掌握学习理论提出了一整套相应的教学措施：

第一，明确教学目标。将每一节课的教学目标具体化，使学生明确学什么、怎么学、达到什么程度。

第二，集体教学。采取班级教学的形式对全体学生集体讲授，这同传统的教学并没有什么不同。但是教师要根据先前诊断性测试的结果对不同学生表现出的差异采取对策，实行个性化教学。

第三，形成性评价。使用编制的形成性测试卷对所学单元及时进行评价，对反馈信息进行分析。

第四，个别化矫正学习与加深学习。分析测试结果，凡是达到掌握目标的，可以进行巩固性扩展学习，加宽知识面；未达到目标的学生，则要分析其错误产生的原因，采取各种学习材料和手段进行矫正学习，矫正手段包括合作性的小组学习、个别辅导，教师针对性地解释有关内容，直到掌握为止。

第五，再进行一次平行性形成性测验，学生都掌握了这个单元的知识之后，便转入下一单元学习。

由此可以看出，布鲁姆的掌握学习理论不但承认学生差异的存在，而且还提出了相应的一揽子解决方案，布鲁姆的掌握学习理论成为差异教学的理论依据之一。

附录6-3 学习态度调查问卷

学习态度通常可以从学生对待学习的注意状况、情绪状况和意志状态等方面加以判定和说明。学生的学习态度，具体又可包括对待课程学习的态度、对待学习材料的态度以及对待教师、学校的态度等。

对于学生学习态度的了解，通常是采用观察法，为了对学生有一个比较客观全面的了解，也可以通过"学习态度调查问卷"进行判定。

在这里提供一份"学习态度调查问卷"，仅供参考。

1. 你认为学习最主要是为了什么？

　　A. 满足家长的要求和期望　　　　　　B. 得到老师或家人的表扬和认可

　　C. 考上大学以后有一份好工作　　　　D. 学习知识将来可以成为一个有用的人

2. 对自己目前的学习成绩，你感觉怎样？

　　A. 很满意　　　　B. 比较满意　　　　C. 不太满意　　　　D. 很不满意

3. 你是否有学习压力？

　　A. 压力很大　　　B. 有一点压力　　　C. 没什么压力　　　D. 不确定

4. 学期初你会制定并实施学习目标和计划吗？

　　A. 有明确的目标和计划，能坚持执行

　　B. 都曾制定过，但未坚持执行

　　C. 想过要制定，但不知道怎么制定

　　D. 从来没有制定过，觉得没用

5. 如何看待客观因素对自身学习的干扰？

　　A. 不会受到影响，会坚持自己的学习

　　B. 会受诱惑干扰，但会理性对待，以学习为主

　　C. 会受影响，但要看影响的因素是什么

　　D. 受影响很大，很难抗拒和自控

6. 考试后，你发现考的科目很糟糕，你会怎样？

　　A. 无所谓，来日方长，我会努力的

　　B. 从头开始，扎扎实实再从头学起

　　C. 从现在开始努力

D. 情绪低落，很难重拾学习的信心

7. 你认为你目前的学习态度有何改进之处？

附录6-4 中学生感知学习风格调查问卷

姓名：　　　　　性别：　　　　　年龄：　　　　　班级：

亲爱的同学：

以下是一份美国 J. Reid 博士设计的感知学习风格调查问卷，本次调查旨在了解同学们的总的学习风格及学习方式。学习风格无高低优劣之分，所以表中题目也没有对错，好坏之分。本次调查问卷中个人资料只供学术研究使用，所有信息我们将为你们保密。请你如实填写，并根据你们的第一反应进行选择，将符合你们情况的数字勾起来。

（1＝完全不同意　2＝不同意　3＝不确定　4＝同意　5＝非常同意）

1. 听老师讲解学习效果好。　　　　　　　　　　⑤　④　③　②　①
2. 我喜欢在课堂上"做中学"。　　　　　　　　⑤　④　③　②　①
3. 当我与同学一起做学习活动时，效果较好。　　⑤　④　③　②　①
4. 和小组一起学习，我能学到更多知识。　　　　⑤　④　③　②　①
5. 课堂上当我和其他同学一起学习时，效果更好。⑤　④　③　②　①
6. 我只有看到老师写在黑板上的东西，才能学得更好。⑤　④　③　②　①
7. 课堂上，有人告诉我如何学习时，我学得比较好。⑤　④　③　②　①
8. 当我在课堂上参与活动时，我会学得比较好。　⑤　④　③　②　①
9. 我在课上专注听讲比我看书记忆深刻。　　　　⑤　④　③　②　①
10. 当我阅读时，我更容易记住内容。　　　　　　⑤　④　③　②　①
11. 我有机会模仿的时候学得更多。　　　　　　　⑤　④　③　②　①
12. 当我阅读教学材料时，我理解地更好。　　　　⑤　④　③　②　①
13. 当我一个人学习时，我记得更清楚。　　　　　⑤　④　③　②　①
14. 当动手完成某项课堂任务时，我学得更好。　　⑤　④　③　②　①
15. 我更喜欢在课堂上通过实验来学习。　　　　　⑤　④　③　②　①
16. 我边学边画记得更牢。　　　　　　　　　　　⑤　④　③　②　①
17. 在课堂上，听老师讲课，我学得更好。　　　　⑤　④　③　②　①
18. 当我独自学习时，效果更好。　　　　　　　　⑤　④　③　②　①
19. 当我在课堂上参与角色扮演时，对所学的东西更能理解。④　③　②　①
20. 在课堂上，当我倾听别人讲解时，学得更好。　⑤　④　③　②　①
21. 我喜欢和两位同学一起完成任务或作业。　　　⑤　④　③　②　①
22. 当我制作与上课相关的东西时，更能记住所学的内容。④　③　②　①

23. 我更喜欢和其他人一起学习。　　　　　　　　⑤ ④ ③ ② ①

24. 自己看书比听别人讲解学得好。　　　　　　　⑤ ④ ③ ② ①

25. 我喜欢动手制作些东西来完成某项学习任务。　⑤ ④ ③ ② ①

26. 在课堂上参与相关活动时，我学得最好。　　　⑤ ④ ③ ② ①

27. 在课堂上，我单独学习效果好。　　　　　　　⑤ ④ ③ ② ①

28. 我更愿意独自完成学习任务。　　　　　　　　⑤ ④ ③ ② ①

29. 自己阅读课本比上课听讲学得更多。　　　　　⑤ ④ ③ ② ①

30. 我喜欢独自学习。　　　　　　　　　　　　　⑤ ④ ③ ② ①

计分规则：将各题所选的数字填入相对应的空格中，然后将每种学习风格所对应的 5 道题所得的数值进行总和，最后再乘以 2。

视觉型	听觉型	触觉型	动觉型	合作型	独立型
6	1	11	2	3	13
10	7	14	8	4	18
12	9	16	15	5	27
24	17	22	19	21	28
29	20	25	26	23	30
总分 ×2	总分 ×2	总分 ×2	总分 ×2	总分 ×2	总分 ×2

主要学习风格：38～50 分　　　次要学习风格：50～37 分　　　忽略不计：0～24 分

附录 6-5　分层指导实施策略

1. 分层建组

把学生分层编组是实施分层教学、分类指导的基础。学生的分类应遵循"多维性原则、自愿性原则和动态性原则"，教师通过对全班学生平时的数学学习的智能、技能、心理、成绩、在校表现等进行了解，并对所获得的数据资料进行综合分析、分类归档。在实施分层教学时尊重学生的人格，尊重学生的个别差异，不在班级上公布好、中、学困生的名单，真正使学生在学校里处于主体地位，发挥其主动性和积极性。教师掌握各类学生层次后，按优、中、差搭配的原则编排学生的座位。这样便于学生互助互学，同时便于组织优良生辅导中差生活动。同时把学生分成 A、B、C 三组，并要求逐层辅导与练习作业的检查，这样可相互提高。

2. 分层作业是实施分层教学、分类指导的有效途径

课内作业全班统一标准、统一要求，这是根据新课程标准基本要求设计的，面向中等学生，学困生经过努力也能完成。课外作业则分层设计，一是拔尖提高题，根据优生学习

水平和教材内容设计的要求较高、难度较大的题目；二是巩固练习题，根据中等生设计的，一般指教材后的 C 组习题或设计题；三是放缓坡度题，根据学困生的学习水平和教材内容，将难度较大的课后习题分解成几个小题或给予具体提示。并组织一帮一活动，要求 A 组的同学每天给 B 组同学出三道题并检查，B 组同学每天给 C 组同学出两道题并检查，这样也能够相互促进。

模块七　掌握教学评价标准

学习目标

◆ 通过阅读教材和小组讨论等形式，掌握教学评价标准能力要点中各层次的标准及其含义。

◆ 通过阅读教材与网络学习等方式，了解教学评价的种类及主要内容。

◆ 通过案例分析与相互交流，了解教学评价的一般标准。

◆ 通过训练与指导，能对教学过程及效果进行比较科学的评价。

一、问题提出

▶▶ **活动 1　热身**

同样是买东西，对商品的评价标准男女有别，事例比较分别如图 7-1 和图 7-2 所示。

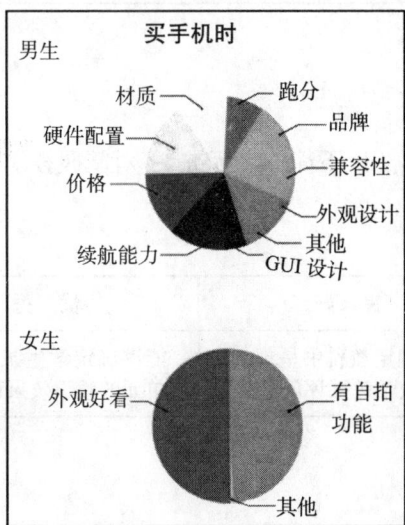

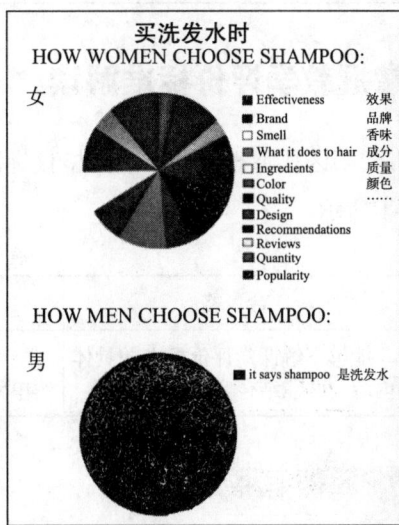

图 7-1　　　　　　　　　　图 7-2

步骤 1 上述事例反映：对同一个事物，不同的人会从不同的角度评价，产生不同的看法。请您结合生活体验，再举出一例。

_____

_____

步骤 2 在您的工作经历中，是否出现过针对一堂课，不同的教师有不同的评价？请您分析一下，产生这一现象的具体原因可能是什么？

_____

_____

步骤 3 请各组教师进行交流，怎样才能比较客观地对一个事物进行评价？

_____

_____

▶▶ **活动2 反思交流**

步骤 1 请结合自身的教学实践，回顾一下，教学评价的对象是谁？您曾对课堂教学有过怎样的评价？

_____

_____

步骤 2 各组教师进行交流，并将对教学评价的内容与方式进行归类，在全班进行展示。

_____

_____

二、掌握教学评价标准解读

《北京市朝阳区教师教学基本能力检核标准》（以下简称《标准》）对掌握教学评价标准内容如表 7-1 所示。

表 7-1

能力要点	合　格	良　好	优　秀
掌握教学评价标准	能够了解课堂评价标准的具体内容，并能结合实例进行解释	能够确定教科书呈现的自然单元教学效果评价标准	能够确定学生某种能力发展单元的教学效果评价标准

▶▶ **活动3 阅读《标准》**

步骤 1 您认为课堂教学评价可以从哪些方面进行？将您想到的方面写在横线上。

_____

_____

步骤2 在教学实践中，您对单元教学效果是如何评价的？请把您的评价方法和标准做一下总结，并写在横线上。

_____

_____

步骤3 依据《课程标准》，请您谈谈中学生在物理学科方面有哪些能力要求？请把您的想法写在横线上。

_____

_____

步骤4 针对上述问题进行组内讨论，并将自己感兴趣的问题写在横线上。

_____

_____

下面就其中的名词和各层次中的一些结果性指标进行解读。

（一）名词解释

1．教学评价

教学评价是以教学目标为依据，按照科学的标准，运用一切有效的技术手段，对教学过程及结果进行测量，并给予价值判断的过程。

2．课堂教学评价

课堂教学评价专指对在课堂教学实施过程中出现的客体对象所进行的评价活动，其评价范围包括教与学两个方面，其价值在于课堂教学。课堂教学评价是促进学生成长、教师专业发展和提高课堂教学质量的重要手段。

3．学科能力 [①]

学科能力表现是指中小学生在各门课程学习过程中表现出来的比较稳定的心理特征和行为特征，是可观察的和外显的学习质量和学习结果。学科能力表现是学生学科学习中学业成就或学习质量的重要组成部分。基于学生的知识学习和认知活动，学生的学科能力表现往往体现为由内隐的学科思维过程和外显的学科行为反应决定的学科素养。

学科能力表现可以分为学科一般能力和学科特殊能力两大部分。学科一般能力是指学生在各学科学习过程表现出来的普遍存在的基本学科能力，包括认知与理解能力、想象与思维能力、观察能力、问题解决与创造能力等在学科中的具体表现。学科特殊能力是指学生在不同学科学习过程中表现出来的具体能力，学科特殊能力由于学科知识性质与学习过程的差异，在不同学科中的具体能力表现不同，如物理学科学习中的观察与实验能力等。

---

① 郭元祥，马友平．学科能力表现：意义、要素与类型［J］．教育发展研究，2012：15–16.

▶▶ **活动 4　思考与分析**

步骤 1　反思本学期您的物理教学，在能力培养方面，主要涉及的比较突出的物理能力有哪些？

_____

_____

步骤 2　针对以上的主要物理能力，您在教学实践中是如何对学生进行评价的？把您用到的方法与同组教师分享一下。

_____

_____

（二）结果指标的制定与解读

根据《标准》和物理教学特点与现状，确定物理学科该能力要点的结果指标如表 7-2 所示。

表 7-2

掌握教学评价标准	能够明确课堂评价标准的具体内容，并依据课堂教学评价标准有效设计与实施教学活动，能够恰当地选择评价手段
	能够根据教科书教学单元的主题确定单元教学目标，依据具体教学目标制定单元教学效果评价标准，在教学中尝试与实践，并不断完善
	能够根据学科对学生发展能力的要求对教学内容进行整合，并制定检测学生能力发展的教学效果评价标准

1. 能够明确课堂评价标准的具体内容，并依据课堂教学评价标准进行课堂教学与交流活动

以北京市中小学课堂教学评价指标（见表 7-3）为例，进行具体分析说明。

案例 1

中小学课堂教学评价指标（北京市）

表 7-3

评价项目	评价要点	符合程度		
		完全符合	基本符合	不符合
教学目标（10分）	符合课程标准的要求和学生实际的程度			
	可操作程度			
学习条件（5分）	学习环境的创设			
	学习资源的处理			

续表

评价项目	评价要点	符合程度		
		完全符合	基本符合	不符合
学习指导与教学调控（30分）	学习指导的范围和有效程度			
	教学过程调控的有效程度			
	知识形成的过程性			
	知识应用的方法性			
学习活动（20分）	学生参与活动的态度			
	学生参与活动的广度			
	学生参与活动的深度			
课堂气氛（5分）	课堂气氛的宽松度			
	课堂气氛的融洽度			
教学效果（15分）	目标的达成度			
	解决问题的灵活性			
	师生的精神状态			
学科特色（15分）				
评价等级	A	B	C	D
评语				

对评价要点的特征描述的说明如下：

1）教学目标

（1）符合课程标准的要求和学生实际的程度：符合课程标准的要求，包括知识、能力、情感态度与价值观等方面；与学生的心理特征和认知水平相适应，关注学生差异。

（2）可操作的程度：教学目标明确、具体。

2）学习条件

（1）学习环境的创设：有利于学生身心健康；有利于教学目标的实现。

（2）学习资源的处理：学习内容的选择与处理科学；学习活动所需要的相关材料充足；选择恰当的教学手段。

3）学习指导与教学调控

（1）学习指导的范围和有效程度：为大多数学生提供平等参与的机会；对学生的学习活动进行有针对性的指导；根据学习方式创设恰当的问题情景；及时采取积极、多样的评价方式；教师的语言准确，有激励性和启发性。

（2）教学过程调控的有效程度：能够根据反馈信息对教学进程、难度进行适当调整；合理处理临时出现的各种情况。

4）学生活动

（1）学生参与活动的态度：对问题情景关注；参与活动积极主动。

（2）学生参与活动的广度：学生参与学习活动的人数较多；学生参与学习活动的方式多样；学生参与学习活动的时间适度。

（3）学生参与活动的深度：能提出有意义的问题或能发表个人见解；能按要求正确操作；能够倾听、协作、分享。

5）课堂气氛

（1）课堂气氛的宽松度：学生的人格受到尊重；学生的讨论和回答问题得到鼓励；学生的质疑问题得到鼓励；学生进程张弛有度。

（2）课堂气氛的融洽度：课堂气氛活跃、有序；教师与学生、学生与学生之间的平等、积极。

6）教学效果

（1）目标的达成度：基本实现教学目标；多数学生能完成学习任务；每个学生都有不同程度的收获。

（2）解决问题的灵活度：有些学生能灵活解决教学任务中的问题。

（3）师生的精神状态：教师情绪饱满、热情；学生体验到学习和成功的愉悦；学生有进一步学习的愿望。

▶▶ **活动 5　思考与分析**

步骤 1　本案例从哪几个角度对课堂教学制定了评价标准？

_____

_____

步骤 2　您在教学中还从哪些角度对课堂教学进行了有益的评价？您可以对本案例中的物理教学评价内容做个性化修改，成为您自己的课堂教学评价标准。

_____

_____

2. 能够根据教科书教学单元的主题确定单元教学目标，并依据具体教学目标制定单元教学效果评价标准

以初中物理浮力单元教学评价标准（见表 7-4）为例，进行具体分析说明。

案例 2

浮力单元教学评价标准（初中）[①]

表 7-4

教学单元	评价要点	水平要求	符合程度		
			优秀	达标	改进
浮力	探究浮力产生的原因	应用			
	知道浮力产生的原因	了解			
	会探究浮力大小与哪些因素有关	应用			
	知道阿基米德原理	了解			
	知道物体的浮沉条件	了解			
	会用物体的浮沉条件分析、计算有关问题	应用			

案例评析

从初中物理浮力单元教学评价标准内容可知，本单元所涉及的物理内容有浮力产生的原因、浮力的大小和物体的浮沉条件三部分。需要了解的知识有浮力产生的原因、阿基米德原理、物体的浮沉条件。本单元重视学生的实验探究，通过探究浮力产生的原因和浮力大小与哪些因素有关，培养学生的科学探究能力。最后，通过运用所学浮力知识分析、计算有关问题，提升学生运用物理知识解决简单问题的能力。本评价标准将知识与能力有机地结合在一起，为教师进行教学评价和对学生进行学习评价提供支持。

---

① 选自《义务教育阶段初中物理能力标准和学业标准（2014 年修订版）》。

3. 能够根据学科对学生发展能力的要求对教学内容进行整合，并制定检测学生能力发展的教学效果评价标准

案例 3

物理学科五种能力（高中）①

物理学科的能力主要有五种，它们分属基础和较高两个层次。基础层次的能力包括"理解能力""推理能力"和"实验能力"，较高层次的能力包括"应用能力"和"探究能力"。各种能力的具体含义如下：

1）理解能力

理解能力是指理解知识的意义，把握物理情景的本质特征，能将知识与情景联系起来的能力。具体要求如下：

（1）理解物理概念和规律的确切含义，明确物理概念和规律的适用对象、适用条件、适用范围，以及与其他相关物理概念和规律的区别和联系。

（2）根据研究对象及运动（变化）的特点，正确选用物理量、物理规律描述其物理状态、物理过程。

（3）领会物理学的基本观点和基本方法。

2）推理能力

推理能力是指根据给定的情景，利用已知的知识和方法，针对问题进行逻辑推断、归纳和论证，并得出正确结论的能力。具体要求如下：

（1）应用物理概念和规律进行正确推断，明确物理状态的存在条件，定性分析物理过程的变化趋势。

（2）根据具体问题，运用物理规律和数学方法确定物理量之间的定量关系，通过运算、估算，进行推理和判断，并能把推理过程和结果正确地表达出来。

3）实验能力

实验能力是指针对问题，根据已有条件，运用已学过的知识和方法制定方案，通过实验解决问题的能力。能独立完成"物理知识内容表"中所列的实验，具体要求如下：

（1）了解基本仪器的主要性能和使用方法，根据需要能合理选择和正确使用基本仪器。

（2）理解实验原理和方法，能够控制实验条件，排除实验故障，正确进行观察、测量、记录实验现象和实验数据。

（3）分析和处理实验数据，对实验结果进行描述和解释，对误差进行初步分析和讨论，评价实验结论。

---

① 摘自《2016 年北京市高考考试说明》。

4）应用能力

应用能力是指综合运用已有的知识和方法，分析和解决问题的能力。具体要求如下：

（1）将较简单的实际情景抽象为与之对应的物理问题，弄清其中的状态和过程，找出相关条件和主要因素。

（2）将较复杂的问题分解为几个较简单的问题，并找出它们之间的联系。

（3）对问题进行合理的简化，找出物理量之间的关系，利用恰当的数学方法进行分析、求解，得出结论。

5）探究能力

探究能力是指通过自主学习和独立思考，发现、解决新问题的能力。具体要求如下：

（1）通过阅读和观察，获取新知识、新方法。

（2）从新颖的物理情景中发现物理问题，提出研究思路或解决方案，构建适当的简化模型，并应用恰当的研究方法得出结论。

（3）论据已有资源，设计简单实验，组合实验器材，拟定实验步骤，探究所要解决的问题。

（4）对探究的过程、方法和结论，做出解释和评价，提出修改和完善的建议。

说明：上述五种能力的要求不是孤立的，着重对某一种能力进行考查的同时，在不同程度上也考查了与之相关的能力。

阅读理解　初中物理科学探究能力评价初探 [①]

《九年义务教育物理课程标准》将科学探究列入内容标准，规定："科学探究既是学生的学习目标，又是重要的教学方式之一。"目前，初中物理课堂教学中的探究学习明显加强，但也出现了不少问题和误区。如何评价课堂教学中的科学探究，促进教学方式和学习方式的转变，既是教学实践中亟待解决的问题，也是物理课堂教学评价研究的重要内容。本文主要讨论如何评价课堂教学中教师对探究学习的指导以及如何评价学生的科学探究活动，旨在抛砖引玉，促进科学探究评价的研究。

1. 如何评价课堂教学中教师对探究学习的指导

在课堂教学中，学生进行科学探究的效果与他们所经历的探究过程密切相关，在这一过程中，教师的作用虽然不是学生顺利探究的内因，但教师能够为学生的有效探究创设条件，并对探究活动进行指导和帮助，从而提高探究学习的效益。因此，评价课堂教学要关注教师在创设探究情景和条件上做得如何，在指导学生的探究活动上是否切实有效。

---

① 秦晓文. 教科研视点. 现代教育报第五版［N］.2003-11-24.

教师应根据探究任务创设必要的问题情景，并且始终组织、指导学生的探究活动，例如，对探究任务提供必要的提示和说明；提供材料和工具的支持；提供足够的时间和空间；指导小组合作探究等。教师对学生探究活动的指导可以根据学生的实际水平和探究任务的难度采用不同类型的指导，根据探究过程中学生自主选择的程度，教师对探究的指导可以分为提供型（学生的探究活动基本上在教师的帮助和安排下进行，学生自主选择的余地很小）、引导型（教师提供探究条件和必要的技能、方法指导，学生经常需要自主判断和选择）、辅助型（教师提供探究条件和必要的方法指导，学生基本上自主探究）。教师对探究活动的指导是否切实有效可用表 7-5 评价。

表 7-5

探究阶段	指导类型			等级		
	提供型	导向型	辅助型	A	B	C
提出问题						
猜想与假设						
制定方案						
收集证据						
分析与论证						
评估						
表达和交流						

2．如何评价学生的科学探究活动

课堂教学中学生能否顺利有效地进行科学探究主要取决于学生的探究技能与探究策略的运用，表 7-6 提供了一种评价学生科学探究活动的方法。

表 7-6

探究过程中技能与策略的运用	水平 1	水平 2	水平 3	水平 4
技能与策略在科学探究中的运用（例如，发现问题与制定研究计划、执行与记录、分析与解释、问题的解决）	在科学探究中运用很少的技能和策略	在科学探究中运用一些技能和策略	在科学探究中恰当地运用大部分的技能和策略	在科学探究中恰当地运用全部或几乎全部的技能和策略
技术和程序的使用（例如，科学探究程序）	使用技术和程序的能力较差	使用技术和程序的能力中等	使用技术和程序的能力较强	使用技术和程序的能力很强

续表

探究过程中技能与策略的运用	水平1	水平2	水平3	水平4
工具、设备和材料的使用	只能在别人的指导下才能正确安全地使用工具、设备和材料	能在一定的指导下正确安全地使用工具、设备和材料	能正确安全地使用工具、设备和材料	能示范和提高工具、设备和材料的使用安全性和正确性
信息和思想的交流	清楚准确地交流信息和思想的能力较差	清楚准确地交流信息和思想的能力中等	清楚准确地交流信息和思想的能力较强	清楚准确地交流信息和思想的能力很强
科学术语、符号以及国际单位制的使用	准确有效地使用科学术语、符号以及国际单位制的能力较差	准确有效地使用科学术语、符号以及国际单位制的能力中等	准确有效地使用科学术语、符号以及国际单位制的能力较强	准确有效地使用科学术语、符号以及国际单位制的能力很强
与不同想法的人沟通	与不同想法的人沟通的能力较差	与不同想法的人沟通的能力中等	与不同想法的人沟通的能力较强	与不同想法的人沟通的能力很强
多种交流方式的使用（例如，报告、论文）	只能掌握几种有限的交流方式	能掌握一些交流方式	能掌握较多的交流方式	广泛地掌握很多的交流方式
为实现科学研究的目的，对信息技术的使用	恰当有效地使用信息技术的能力较差	恰当有效地使用信息技术的能力中等	恰当有效地使用信息技术的能力较强	恰当有效地使用信息技术的能力很强

以上仅就科学探究评价中的两个主要方面进行了阐述，还有很多问题需要进一步研究。

案例4

学生科学探究活动评价表

学生科学探究活动评价表如表7-7所示。

表7-7

探究要素	能力表现	能力水平		
		A（优秀）	B（达标）	C（改进）
搜集信息	1.能从已有生活经验中筛选与本节课有关的经验事实			
	2.能正确地表述筛选出的经验事实			
提出问题与猜想	3.能从已有的生活经验或给出的生活情境中发现有关的科学问题			
	4.能正确地表述所发现的科学问题			

续表

探究要素	能力表现	能力水平		
		A（优秀）	B（达标）	C（改进）
设计实验	5.能考虑影响问题的主要因素，有控制变量的意识			
	6.会选择科学探究方法及所需要的器材			
进行实验	7.具有安全操作意识			
	8.会正确使用工具			
分析论证	9.能明确找出与所探究问题有关的实验现象			
	10.能进行简单的因果推理			
	11.能应用实验结论解释生活中的有关现象			
交流评估	12.能准确表达自己的观点			
	13.能听取他人意见，尊重他人			
	14.能发现实验中的问题，并尝试提出合理的改进方案			
科学精神	15.对生活中出现的科学问题，有较高的兴趣			
	16.乐于参与科学探究			
	17.实验中有较强的合作精神			
综合评价	意见与建议： 本节课等级：A B C 听课人： 日期：			

《《 案例评析

　　教师依据《课程标准》中有关对学生科学探究能力的基本要求和对初中生实践能力的基本要求，结合物理课程所能体现出来的具体的能力要求，编制出具有个性化的评价量表，体现出有关能力评价的教学评价标准的多元化和个性化特征。

三、案例分析

（一）初中案例

大 气 压 强

本案例由北京陈经纶中学姚芳老师提供

【教学目标】

（一）知识与技能

1. 能说出大气压强的测量方法；

2. 能正确说出标准大气压的数值，并会解读物理意义；

3. 能说出大气压随高度的增加而减小；

4. 能举出生活中应用大气压的例子。

（二）过程与方法

1. 通过设计测量大气压值的实验，学习科学探究的方法，会对实验进行评估；

2. 通过将测量大气压值转换为测量液体产生的压强，进一步学习间接测量、等效替代、转换的科学方法；

3. 通过解释生活中的现象，提升应用知识解决实际问题的能力。

（三）情感态度价值观

1. 通过课前"探究大气压强的存在"的小实验，提高学习兴趣，树立关注生活的意识，感受物理就在我们的身边；

2. 通过观察演示实验和视频，逐步形成认真细致、实事求是的科学态度。

【教学过程】（实录）

教师：在上一节课我们模拟再现了"马德堡半球实验"，此实验不但说明大气压强的存在，还说明了什么？

学生：大气压强很大！

教师：大气压强有多大？如何测量？

教师：现在我们来设计测量大气压强的实验，实验器材有注射器、吸盘、测力计、刻度尺，前面我们学习了固体压强公式和液体压强公式（板书），由于气体和液体都具有流动性并受到重力的作用，我们能不能用液体压强公式计算大气压强呢？小组讨论。（讨论）

学生：不能，因为大气层的空气密度是变化的，还有大气层的高度无法测量。

教师：好，同学们说得特别好。我们的大气层随着高度的增加气体的密度在减小，所以密度不是一个定值，而且大气层的高度也确定不了，用对流层的高度还是平流层的高度，他们之外是否还有气体，综合以上原因，液体内部压强公式不能测出大气压强。

教师：那么我们看看能不能用公式 $p=F/S$ 测定大气压强的值。我们的实验器材有注射器、吸盘、测力计、刻度尺，设计实验时大家思考问题，实验中用到了什么原理，实验方案的科学性、合理性、可行性，在实验过程中会产生什么样的误差，如何改进？小组合作实验、讨论。（分组设计讨论）（教师指导）

教师：（实验讨论结束）那组用吸盘设计实验的同学，请说明一下。

学生：首先把吸盘吸在桌面上。

教师：怎么吸？

学生：用力按压。

教师：为什么要用力按压？

学生：使盘内形成真空。

教师：然后怎么办？

学生：竖直向上拉起吸盘，记录拉开瞬间的拉力。

教师：为什么要在拉开的瞬间记录读数？

学生：因为此时拉力等于大气压力，用到了二力平衡知识。

教师：接下来我们要测量什么？

学生：用刻度尺截面积，用公式计算大气压强的值。

教师：在此实验中有没有误差的存在或者在某一环节不好操作？

学生：有，拉开一瞬间的拉力不好记录。

教师：如果我们要测出拉开一瞬间的拉力，怎么办？

学生：录像！

教师：很好，录像可以解决这个问题，还有没有其他问题存在？

学生：吸盘内的空气排除不干净，无法达到真空。

教师：非常好，这是产生误差的一个重要原因。还有没有？

学生：吸盘的面积不好测量。

教师：我们需要改进测量面积的方法。

学生：拉力必须垂直于吸盘表面。

教师：很好，同学们用吸盘可以测出大气压强。

教师：利用注射器设计实验方案的那一组来说。

学生：把吸盘推到底，用手堵住进气孔，用力匀速直线运动拉活塞，记录此时的拉力。

教师：为什么要匀速直线运动？

学生：因为匀速直线运动时拉力与大气压力相等。拉力和大气压力是一对平衡力。（转化的思想）

教师：这样我们就测出了个大气压力的值。匀速直线运动的标志是什么？

学生：弹簧测力计示数较稳定时，就是二力平衡时，活塞匀速运动了。

教师：接下来面积怎么找？

学生：面积是针管上部小孔的面积。

教师：是不是（小组讨论）？

学生：不是小孔的面积，是黑色活塞的面积，测出面积后就可以计算大气压强了。

教师：那么这个实验会在哪出现误差呢？

学生：活塞和针管之间存在摩擦。

教师：你怎么知道活塞和针管之间存在摩擦？（讨论）

学生：不堵针孔拉活塞，发现要用很大的力才能把活塞拉出。

教师：怎么减小摩擦呢？

学生：测出摩擦力。在拉力里减掉摩擦力。

教师：很好的办法！还有吗？

学生：改变材料性质。用玻璃针管。

教师：不错，很好的办法。还有吗？

学生：涂抹润滑油。

教师：很好！我们综合以上办法测量，会很好地减小摩擦。什么时候摩擦已经减小得很小了？

学生：竖直放置的时候活塞能从针管内自由下滑。

教师：总结，我们可以利用身边的实验器材测出大气压强的值，课下我们以小组为单位，实际测量大气压强的值，并对实验过程和结果进行评估。

教师：大家是不是特别想知道大气压强的值？我们历史上托里拆利利用实验的方法首先测出了大气压强的值。（讲述大气压强的发展史）德国工业革命时期，采矿业非常发达，德国的技师们发现最先进的抽水机只能把水抽到10米高，再也抽不上去了，出现了"自然厌恶真空"的说法，也出现了著名的"佛罗伦萨之谜"，于是人们请教当时著名的科学家伽利略，伽利略认为大气压只能把水压到10米高，于是他把测量大气压强值的任务交给了他的学生托里拆利。聪明的托里拆利做了一个著名的实验"托里拆利实验"成功地测出了大气压强的值。

教师：下面请大家带着问题观看"托里拆利实验"的视频。（1）为什么要在玻璃管内灌满水银。（2）实验过程中玻璃管内有没有进空气。（3）为什么水银下落到一定高度就停止下落，是什么力阻止了水银的下落？（4）分析管内外水银液面的压强情况。

学生：（观看实验，思考问题）。

教师：为什么要灌满水银？

学生：使玻璃管中没有空气。

教师：实验过程中玻璃管内有没有进空气？

学生：没有。

教师：那么水银柱上方有没有气压？

学生：没有。

教师：水银柱上方是真空。

教师：水银柱在重力的作用下应该下落，但他下落到一定高度停止了下落，为什么？

学生：（学生讨论）外部的大气压强阻止了水银柱的下落。

教师：分析管内外水银液面的压强情况。内部水银柱有一个向下的压强，没落下来谁支撑着它？

学生：大气压。

教师：说明 76 cm 高水银柱产生的压强和大气压强相等，这是一种什么样的研究问题的方法？

学生：转换的思想，把大气压强转换成 76 cm 高的水银柱产生的压强。

教师：我们计算一下 76 cm 高水银柱产生的压强是多少。

学生：（计算 76 cm 高水银柱的压强）为 1.01×10^5 Pa。

教师：我们把 1.01×10^5 Pa 称为一标准大气压，即为海平面、0 ℃、无风、晴天的大气压称为一标准大气压。那么大气压与什么因素有关呢？

学生：海拔、温度、阴晴天等，所以每个地方的大气压是不同的。

教师：同学们解读一下 1.01×10^5 Pa。

学生：1 m^2 的面积上受到的压力是 1.01×10^5 N。

教师：人的手掌面积约 50 cm^2，作用在手掌上的大气压力为_____N，相当于一个质量为___kg 的人站在手掌上产生的压力。

学生：学生计算，500 N、50 kg。

教师：大气压强这么大，为什么我们却感觉不到呢？学生讨论。

学生：我们适应环境所造成的。

教师：同学课下可以深入了解这个问题。我们现在可以解决"佛罗伦萨之谜"了。

教师：同学们做实验，把试管中装满水，倒插在水中看水是否下落。（学生实验）倾斜看是否下落。

学生：没有下落，为什么？

学生：（学生通过计算发现）大气压强可以托起 10 m 高的水柱，所以德国的技师不能把水抽得再高。

教师：著名的"佛罗伦萨之谜"解开了。

教师：我们学习知识是为了解决生活中的实际问题，那大气压强到底有什么应用呢？

展示学生的作业照片。

学生:(分析原理)吸盘、注射器、吸墨水、吸药液。

教师:还有什么应用?

学生:皮撅子。

教师:(演示用皮撅子提桌子)把皮撅子紧紧地压在桌子上,皮撅子就能把桌子提起来。

学生:(观看)分析其工作原理,内外气压差是皮撅子的工作原理。

教师:今天课上我们分析了大气压强随高度的增加而降低,课下的研学作业中让大家做了水气压计,大家做得很好,下面请李西贝同学展示她做的水气压计。

学生:这是我的水气压计,我上网查资料发现海拔越高气压越低,于是我查资料制作了这个水气压计,当我在一楼时液面在这,当我上到28层时液面上升了,到这儿,为什么呢?因为我上升了,气压降低了,而瓶内的气压不变,比外面的气压高了,这时就把瓶内的水压进了水管,所以液面上升了。

教师:非常好,大家看看自己的气压计,想一想它的工作原理。

教师:同学们在课下的研学作业中录制了瓶吞蛋实验,下面我们大家观看瓶吞蛋实验视频,看的过程中欣赏并评估。(学生观看视频)

学生:(1)不能用塑料瓶,影响实验效果。(2)鸡蛋太大,应该略大于瓶口。(3)没有对比实验。

教师:再看一个视频。

学生:做得很好!尤其是有对比实验。

教师:这个实验像我们大家预估的一样,用玻璃瓶、鸡蛋略大于瓶口,最关键的是还有对比实验。

教师:本节课我们设计实验来测大气压强,观看了"托里拆利实验",知道了大气压强的值,并且知道它在生活中的应用。

》》》 课堂评价

教师将从三个方面对本案例进行评价:教学目标、学习指导和学生活动。

本节课教学目标符合课程标准的要求,与学生实际情况相适应。在知识与技能目标中,教师通过运用"能说出""能举例"等行为动词体现出目标的可操作性;在过程与方法目标中,教师明确指出通过怎样的行为与方式,在哪些科学方法上学会或提升,体现了过程与方法目标的体验性;同时情感、态度与价值观上也表现出很好的接受性,如:"提高兴趣""感受物理""实事求是"等。

本节课在学习指导方面,教师能够为大多数学生提供平等参与学习的机会,通过小组合作学习讨论的方式，学生积极参与。教师在巡视中对个别小组进行有针对性的指导，对学生提出的解决方案能够进行积极引导，并及时鼓励，表现出教师较高的平等与民主意识。

本节课学生活动积极、主动，在小组合作学习中，大多数学生能够协作、倾听、分享，表现出一定的合作意识，并勇于发现自己的见解，学习氛围热烈而融洽。

结合本节课的实录，请对本节课的课堂教学评价进行分析，并将界定层次的理由写在下面（可参考北京市中小学课堂教学评价指标）

（二）高中案例

功和能

本案例由北京陈经纶中学张成老师提供

教学目标	1. 通过实验，初步认识功是能量转移的途径。 2. 通过实验，了解重力势能为 mgh。 3. 通过实验，认识到功能量转化的量度。 4. 由功是能量转化的量度，定义动能。
教学重点	初步体会由功能关系量度能量变化，并定义相应能量的方法。
教学难点	功与能量的对应关系初探。
教学过程	**引入** 教师：初中接触过的能量有哪些？ 学生：动能、势能、机械能、重力势能、电能、热能、风能…… 教师：能量的单位是什么？能量之间能够转移或转化吗？转化了多少能够算出具体值吗？ 学生：单位是焦耳，能够转化…… 教师：不同能量之间可以转化，然而要具体计算，我们需要了解某种能量的影响因素，进而找到能量的具体表达式，进而才能对转化的能量进行具体量度。今天我们以重力势能为切入点，开始能量的研究。 **影响重力势能的因素** 教师：把乒乓球和钩码举到相同的高度，问谁的重力势能大？ 学生：钩码。 教师：把钩码高度增加，问其重力势能如何变化？ 学生：重力势能增大。 教师：影响重力势能的因素是什么？ 学生：重力、高度。 **能量的转移与做功的关系初探** 【演示实验】教师把质量分别为 m 和 $2m$ 的钩码 A 和 B 分别置于杠杆的两端使之处于平衡状态，然后让杠杆绕支点缓慢转动（由图 7-3 变为图 7-4）。

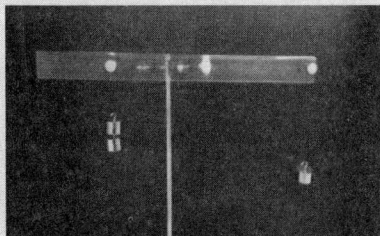

图 7-3

图 7-4

教师：A 升 B 降（缓慢），各自能量如何变化？

学生：A 的能量增加，B 的能量减少。

教师：二者的总能量如何变化？

学生：（分析思考）由于二者的质量比是 $1:2$，臂的长度比是 $2:1$，所以距离变化的比是 $2:1$，即质量为 m 的钩码上升两个单位高度，则质量为 $2m$ 的钩码下降一个单位高度。所以二者总的能量应该不变。

【演示实验】教师用彩色磁片在黑板上演示系统的初末状态，印证学生的分析，即演示系统总的势能不变，如图 7-5~ 图 7-7 所示。

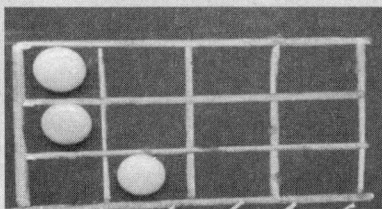

图 7-5

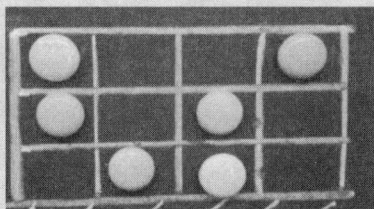

图 7-6

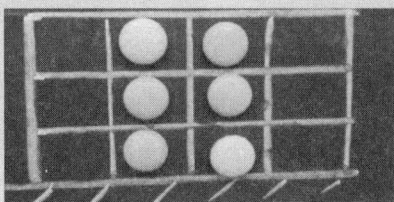

图 7-7

教师：如何定量描述重力势能比较好？

学生：看来用 mgh 定量描述重力势能比较好。

教师：那么 A、B 的重力势能各改变了多少呢？

学生：A 的重力势能增加了 $mg2h$，B 的重力势能减小了 $2mgh$。

教师：B 减小的能量是通过什么方式转移给 A 的？

（观察，疑惑），在教师的引导下发现拉力对 A 做了正功，所以 A 的能量增加了。

教师：请分别求出拉力对 A 和 B 做的功。

学生：$T_A = mg$　$T_B = 3mg$　$W_A = T_A 3h = mg \cdot 3h$

$W_B = -T_B h = -3mg \cdot h$

（在教师的引导下学生意识到两个拉力一个是动力，一个是阻力，用正负来表示动力做功和阻力做功，初步理解正功和负功的含义）

教师：请比较功和能量变化的数量关系，并说出你的看法。

生：拉力做功与物体能量变化数值上相等。

教师：本节课的重要思想方法，功是能量转化的途径，通过本例题，我们又知道，功还是能量转移的量度。

教师：拉力做功的同时，重力也在做功。拉力做的功和重力做的功，用哪个力做的功量度重力势能的变化更好？

学生：重力势能的影响因素是重力和高度，所以应该把重力势能的变化同重力做功联系起来。况且拉力有时不等于重力。

【演示实验】对比：手提物体匀速上升和加速上升对比。

学生：（用理论推导印证自己的想法，并思考研究，拉力功对应什么能量的变化）受力分析如图 7-8 所示。

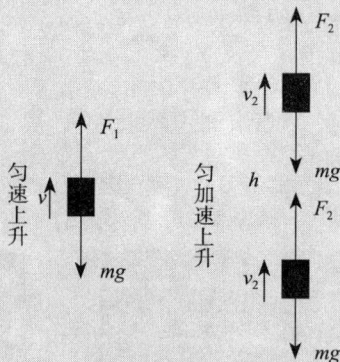

图 7-8

推导：根据

$W_1=F_1h=mgh$

$F_2-mg=ma$

$2ah=v_2^2-v_1^2$

$W_2=F_2h$

联立有：

$$W_2=F_2h=mgh+\frac{1}{2}(mv_2^2)-\frac{1}{2}(mv_1^2)$$

通过推理发现，拉力的功并不总等于重力势能的变化，而重力的功数值上与重力势能的变化大小相等。所以用重力做功来描述重力势能的变化更合理。

教师：合力的功又对应什么能的变化呢？如何理解 $\frac{1}{2}(mv_2^2)-\frac{1}{2}(mv_1^2)$ 呢？

学生：物体运动快慢对应的能量，是不是应该把 $\frac{1}{2}(mv^2)$ 看作是动能的量度呢？由 $W_合=F_2-mgh=\frac{1}{2}(mv_2^2)-\frac{1}{2}(mv_1^2)$ 可知合力做的功应该对应物体动能的变化吧？

教师：有道理，这个问题我们在以后的课程中会深入的研究，看看在不同的情境中是否也有同样的规律。

师：在本情境中，拉力做的功对应什么能量的变化呢？

学生：由 $W_2=F_2h=mgh+\frac{1}{2}(mv_2^2)-\frac{1}{2}(mv_1^2)$ 可知，本情境中拉力做的功对应的应该是机械能的增量，初中学过机械能是重力势能和动能之和。

教师：有道理，这些问题我们在后续的课程中会深入而全面的研究，来印证今天的发现。

小结

1.物体之间通过做功的方式实现能量的传递。

通过"功是能量转移的途径"来定义相应的能量。

拓展思考	2. 弹簧伸缩时，弹力会相应变化。如何确定弹簧弹力做功的大小并量度弹性势能？ 3. 我们通过重力做的功找到了量度重力势能的方法，也可以说定量地定义了重力势能，重力势能由质量和位置决定。但是在物体运动的过程中，阻力往往不可忽略：那么，能否通过阻力做功来定义阻力势能呢？ （教师说明：这两个拓展问题不急于让学生解决，而是带着这样的思考，深入的研究后续课程：《功》《势能》等）

课堂评价

　　教师从三个方面对本案例进行分析：学习条件、教学调控和课堂氛围。

　　在学习条件上，教师利用物理实验室，营造物理探究的学习环境；利用学生初中所熟悉的杠杆模型进行情境分析；利用初中原有的认知进行功和能的讨论，教学手段选择恰当，有利于学生温故知新。

　　在教学过程中，教师能够用激励性的言语与学生交流，用启发性言语指导学生，用积极的方式评价学生，教师能够根据学生的学习表现进行教学进程和难度的调控，真正做到教学服务于学生。

　　课堂氛围宽松，学生与教师在平等民主的交流中学习，学生的讨论、回答、质疑等都得到鼓励和尊重，课堂活跃而有序，使学生身心能够得到健康发展。

　　针对上述案例，请您将界定层次的理由写在下面（依据结果指标）。

_____

_____

_____

活动 6 反冲运动

本案例由北京工业大学附属中学郑蔚青老师提供

教师与学生的活动	设计意图
课前预习 　　在上课前一周，教师向学生布置了预习任务，要求学生针对课文中提到的喷气飞机、反击式水轮机、火箭等内容到图书馆或网上查找更翔实的有关资料。学生们行动起来，图书馆、机房到处都有他们的身影。 　　几天后，学生将查到的资料集中起来进行筛选，每人整理出一份预习报告交给教师。教师又将学生的预习报告分类成组，指导学生将资料重新组合，制作成课件，并进行组内交流，最终每组选一名代表准备课上发言。	学生在教师的引导下查阅资料、搜集信息，筛选信息并整理信息。

续表

教师与学生的活动	设计意图
课堂教学 【复习】动量守恒定律的内容、条件。 【引入新课】： （实验演示）教师拿着一支试管，将它固定在气垫导轨专用的滑块上。接着教师向试管内滴入稀盐酸并在试管中部放入碳酸氢钠粉末，将试管口用胶皮塞塞好。 　教师："请同学们注意观察，当滑块水平放置在气垫导轨上时发生的现象。" 　学生们瞪大眼睛注视着：稀盐酸从试管底部流到试管中部与碳酸氢钠混合发生反应出现气泡……"嘭！"的一声，胶皮塞喷出很远，同时滑块带着试管向后退去。"哇！"学生们十分惊奇。 　教师："同学们能否用学过的知识分析一下刚才的现象？" 　学生："碳酸氢钠与盐酸发生反应，产生氯化钠、二氧化碳和水，由于试管内气体的压强增大推开塞子，塞子与带试管的滑块总动量守恒，且总动量为零，所以塞子与滑块向相反的方向运动。" 　教师："我们生活中常见这种运动，同学们还能举出类似的例子吗？" 　学生："射击时，子弹打出去而枪向后退"，"人从船上跳到岸上时小船向后退"……学生们争先恐后地说着。 【新课教学】 一、什么是反冲运动 　教师："同学们所说这些都叫作反冲运动。我们能不能概括一下什么是反冲运动？反冲运动可以用什么规律来解释呢？" 　学生："反冲运动就是物体向某一方向射出或抛出它的一部分时，另一部分向相反的方向运动。反冲运动可以用动量守恒来解释。"一名学生流利地回答了老师的问题。 二、反冲运动在古代和现代技术中的应用 　由于学生们已经在预习时查阅了很多关于反冲运动在生产、生活和科学技术中应用的资料，所以这部分知识主要由各小组的学生代表来介绍。 　第一组：介绍喷气式飞机及其原理。 　"喷气式飞机是利用喷气发动机向后喷射高速气流以产生推力的飞机。现代喷气飞机，靠连续不断地向后喷出气体，飞机速度能超过1 000 m/s。按使用的喷气发动机类型不同分为涡轮喷气飞机、冲压发动机喷气飞机、火箭飞机和组合动力装置的喷气飞机……"学生一边讲一边放映喷气飞机的图片。 　第二组：介绍反击式水轮机及其原理。 　"反击式水轮机是应用反冲工作的，水从转轮的叶片流出时，转轮由于反冲而旋转，带动发电机发电，反击式水轮机是大型水电站中用得最多的一种水轮机……"学生边做介绍边做实验演示反击式水轮机的工作原理。 　第三组：介绍古代火箭——《中国——火箭的故乡》。 　"追溯源头，中国是最早发明火箭的国家。唐末宋初（公元10世纪）已经有火药用于火箭的文字记载。火箭上扎一个火药筒，火药筒前端是封闭的，火药点燃后生成的燃气以很大速度向后喷出，火箭由于反冲而向前运动。" 　"中华民族不但发明了火箭，而且还最早应用了串联（多级）和并联（捆绑）技术以提高火箭的运载能力。明代史记中记载的'神火飞鸦'就是并联技术的体现；'火龙出水'就是串、并联综合技术的具体运用。……" 　"世界上第一个试图乘坐火箭上天的'航天员'也出现在中国，他就是万户。相传，万户两手各持一个大风筝，请别人把自己绑在一把特制的座椅上，座椅背后装有47支当时最大的火箭（又称'起火'）。他试图借助火箭的推力和风	学生在教师的引导下有目的地观察演示实验，并对实验现象加以描述和解释。从而激发学生的兴趣，培养学生的观察能力及对实际问题的分析能力。 　引导学生抓住"反冲运动"的本质特征，归纳"反冲运动"的定义，从而培养学生的归纳能力和语言表达能力。 　在学生充分交流的基础上，给学生展示成果的机会。 　在此学生能举例说明反冲运动的应用，加深对动量守恒的理解。 　一方面，结合我国古代在火箭技术中的卓越贡献和当前我国在火箭技术中所取得的巨大成就，对学生进行爱国主义教育，激发学生刻苦学习报效祖国的热情。 　另一方面，引导学生通过实例来说明科学是不断发展的，人类为改善生

教师与学生的活动	设计意图
等的气动升力来实现'升空'的理想。虽然万户的勇敢尝试遭到失败并献出了生命，但今天为了纪念这位传奇式的人物，国际上将月球表面东方海附近的一个环形山以'万户'命名……"发言的学生动情地讲着中国古代关于火箭的一个个故事。 　　第四组：介绍现代火箭的结构和发射原理。 　　"现代火箭，原理虽然与古代火箭相同，但结构复杂得多。现代火箭主要由壳体和燃料两大部分组成，燃料产生的高温高压气体从壳体后端的尾喷管喷出，火箭就向前飞去。火箭所能达到的最大速度，就是燃料燃尽时获得的最终速度，主要取决于两个条件：一是喷气速度；二是质量比。" 　　学生详细地介绍着他们找到的有关火箭的资料，并且为同学们放映关于火箭发射的录像片段。 　　第五组：介绍我国现代火箭研究的成就——长征系列火箭。 　　"20世纪70年代初，中国凭借自己的力量，成功发射第一枚长征一号运载火箭，一跃而成为世界上第五个独立研制和发射人造卫星的国家。40多年间，中国研制成功17种型号的长征系列运载火箭。这些火箭千姿百态，巍峨挺拔，技术上成熟可靠，适应了发射不同轨道和不同质量人造卫星的要求。中国已经拥有了酒泉、西昌、太原三座发射基地，运载火箭的发射和测控技术达到了世界先进水平……" 　　发言的学生如数家珍般地介绍着每一种长征火箭的特点，不停地放映着各种火箭的幻灯片。从"东方红一号"到"神舟载人飞船"，他讲得慷慨激昂，令人振奋，台下的同学们也听得全神贯注。 　　最后，这位学生讲道："我们作为中学生，志向当存高远，我们应立志为祖国的航天事业做更大的贡献！"此时台下爆发出热烈的掌声，学生们的目光里都显示出摩拳擦掌、跃跃欲试的架势。 　　"同学们谈了这么多关于火箭的问题，大家讨论一下火箭都有什么用途呢？它对人类生活有什么利与害呢？"老师引导学生思考。 　　学生们开始自由发言："发射卫星""发射宇宙飞船""发射常规弹头或核弹头，用于战争"…… 　　"火箭的发展并非对人类有百利而无一害，当它被用于战争时，人类也会饱受其苦。" 　　三、应用动量守恒定律解决有关反冲运动的问题 　　在这部分，教师引导学生针对一些具体例题进行讨论，练习应用动量守恒定律分析解决问题的思路和方法。 　　【例1】一门旧式大炮，炮身的质量为m_1，射出炮弹的质量为m_2，相对地的速度为v，方向与水平方向成α角。若不计炮身与水平地面间的摩擦，则炮身后退的速度是多大？ 　　学生分析解答，并将解题过程通过实物投影展示给大家。 　　解：将v分解为$v_x = v\cos\alpha$，$v_y = v\sin\alpha$ 　　在水平方向，根据动量守恒定律： $$0 = -m_1 + m_2 v\cos\alpha$$ $$v_{炮} = \frac{m_2 v\cos\alpha}{m_1}$$ 　　【例2】火箭喷气发动机每次喷出$m=200$ g的气体，喷出气体相对地面的速度$v_0 = 1\,000$ m/s。设火箭初质量为$m_1 = 300$ kg，初速度为零，发动机每秒喷气20次，在不考虑地球引力和空气阻力的情况下，火箭1 s末的速度是多大？	活不断地研究出新成果。 　　引导学生关注科技发展；关注与科学有关的社会问题；关心新事物。 　　引导学生真正理解科学对当今世界及人类生活的重大影响。（能带来好处，有时也会带来负面影响） 　　培养学生运用所学知识分析实际问题的能力。

教师与学生的活动	设计意图
解：设竖直向上为正。在竖直方向根据动量守恒定律： $0 = (m_1 - 20m)v - 20mv$ $$v = \frac{20mv_0}{m_1 - 20m} = \frac{20 \times 0.2 \times 1\,000}{300 - 20 \times 0.2} = 13.5 \ (\text{m/s})$$ 【课堂小结】教师根据当时学生的情况灵活安排。 【板书设计】 一、反冲运动：静止或运动的物体向某一方向射出或抛出它的一部分时，另一部分向相反的方向运动。 反冲运动可以用动量守恒解释。 二、反冲运动在古代和现代技术中的应用 古代：反充式的武器，如火箭等。 现代：反击式水轮机，如喷气式飞机、火箭等。 三、应用动量守恒定律解决有关反冲运动的问题 例1、例2解题过程	
课后实践 　　为了培养学生的动手能力并且使学生对反冲运动有更深刻的认识，教师在这节课后组织学生自己动手制作了"水火箭"。学生们兴趣高涨，自愿结成小组，找来可乐瓶、橡皮塞、气门芯等原料利用课余时间制作水火箭。 　　一周以后，学生们把做成的"火箭"拿来"试飞"。 　　在"试飞"时，他们发现可乐瓶中盛水的多少直接影响"火箭"上升的高度。 　　"是不是注水越多，火箭飞得越高呢？"学生们带着问题一次又一次地试验，通过目测的方法记录数据进行比较，最后发现注水过多或过少，"火箭"都不会飞得很高。 　　"同学们能不能从理论上加以分析呢？"我借此机会向他们提出了更高的要求。学生们饶有兴致地分析起来，还不时地激烈争论…… 　　最终，学生们的观点取得了一致——"注水过多，瓶内初始充气量过小，导致喷水时瓶内气体压强迅速下降，待瓶内外气体压强相等时，瓶内还有水未喷出，成为'火箭'上升的累赘，从而影响'火箭'上升的高度；相反，如果注水量过少，喷水量就少，'火箭'自然不会飞高，所以一般注水量为瓶体1/3左右比较合适。"	引导学生将所学知识应用于实践活动。 　　培养学生的动手能力和团结协作的精神。 　　通过具体实践，培养学生实事求是的科学态度。

步骤1　请您对本案例进行课堂教学评价。

_____

_____

_____

步骤2　针对上述案例，请您将界定层次的理由写在下面（依据结果指标）。

_____

_____

_____

四、训练

（一）掌握教学评价的原则 [①]

1. 客观性原则

客观性原则是指在进行教学评价时，从测量的标准和方法到评价者所持有的态度，特别是最终的评价结果，都应该符合客观实际，不能主观臆断或渗入个人情感。因为教学评价的目的在于给学生的学和教师的教以客观的价值判断，如果缺乏客观性就失去了意义，并因此而导致教学决策的错误。

2. 整体性原则

整体性原则是指在进行教学评价时，要对组成教学活动的各方面做多角度、全方位的评价，而不能以点代面，一概而论。由于教学系统的复杂性和教学任务的多样化，使得教学质量往往从不同的侧面反映出来，表现为一个由多因素组成的综合体。因此，为了反映真实的教学效果，必须把定性评价和定量评价综合起来，使其相互参照，以求全面准确的判断评价教学的实际效果，但同时要把握主次，区分轻重，抓住主要矛盾。

3. 指导性原则

指导性原则是指在进行教学评价时，不能就事论事，而是要把评价和指导结合起来，要对评价的结果进行认真分析，从不同的角度找出因果关系，确认产生的原因，并通过及时具体的启发性信息反馈，使被评价者明确今后的努力方向。

4. 科学性原则

科学性原则是指在进行教学评价时，要从教与学相统一的角度出发，以教学目标体系为依据，确定合理统一的评价标准，认真编制、预试、修订评价工具；在此基础上，使用先进的测量手段和统计方法，依据科学的评价程序和方法，对获得的各种数据进行严格的处理，而不是依靠经验和直觉进行主观判断。

5. 发展性原则

教学评价是鼓励师生、促进教学的手段，因此教学评价应着眼于学生的学习进步和动态发展，着眼于教师的教学改进和能力提高，以调动师生的积极性，提高教学质量。

（二）掌握课堂教学评价标准的训练

掌握课堂教学评价标准的训练如表 7-8 所示。

[①]　选自 http://baike.so.com/doc/5395136-5632288.html#5395136-5632288-7.

表 7-8

掌握教学评价要素	操 作 要 点
教学目标	符合课程标准的要求，包括知识、能力、情感态度与价值观等方面；与学生的心理特征和认知水平相适应，关注学生差异；教学目标明确、具体
学习条件	学习环境的创设有利于学生身心健康和教学目标的实现；学习内容的选择与处理科学；学习活动所需要的相关材料充足；选择恰当的教学手段
学习指导与教学调控	学习指导时，能为大多数学生提供平等参与的机会；对学生的学习活动进行有针对性的指导；根据学习方式创设恰当的问题情景；及时采取积极、多样的评价方式；教师的语言准确，有激励性和启发性。 教学过程调控中能够根据反馈信息对教学进程、难度进行适当调整；合理处理临时出现的各种情况
学生活动	学生能够对问题情景进行关注并积极主动参与活动。学生参与学习活动的人数较多、方式多样、时间适度。在活动中，能按要求正确操作，能提出有意义的问题或能发表个人见解；能够倾听、协作、分享
课堂气氛	课堂气氛宽松，学生的人格受到尊重，学生的讨论和回答问题得到鼓励，学生的质疑问题同样得到鼓励。课堂气氛活跃、有序，教师与学生、学生与学生之间平等、民主
教学效果	基本实现教学目标，多数学生能完成学习任务，每个学生都有不同程度的收获，有些学生能灵活解决教学任务中的问题。 教师情绪饱满、热情；学生体验到学习和成功的愉悦，有进一步学习的愿望

▶▶ **活动 7 "大气压强复习"教学案例（节选）**

本案例由北京市豆各庄中学梁晓晖老师提供

【教学目标】

（一）知识与技能

1.能描述大气压的现象及其在生活中的应用；

2.能举例说出改变气体压强的方法。

（二）过程与方法

1.通过整理大气压科学发展的历史，体会科学家研究某个物理问题的过程，体验科学发展的过程，并梳理大气压的知识；

2.学生通过参加喝饮料比赛活动，感受大气压强的存在，并且彻底改变以前对于用吸管吸饮料利用了大气压的作用的怀疑态度；

3.通过对来自生活实际情景的观察，形成观察身边事物并分析相对应的物理原理的习惯。

（三）情感态度价值观

1.通过参加各种活动，感受到生活现象中蕴含的物理知识，激发学习物理的兴趣。通过对视频和实验的观察，培养认真细致、实事求是的科学态度。激发学生关注周围现象的意识，感受身边的物理现象。

2.通过小组合作，讨论与探究，提高与他人合作的能力和交流表达能力。

【教学过程】

教学环节1：讲一个大气压发展的小故事，复习旧知。

学生配合PPT讲故事：

大气压的研究与发展

在亚里士多德提出"自然界厌恶真空"的论断之后，人们就一直相信，抽水机之所以能抽水上来，原因是活塞上升后，水要立即填满活塞原来占有的空间，以阻止真空的形成。后来，意大利佛罗伦萨的工程师们发现抽水机最多只能把10 m左右深处的水抽上来，这个奇特的事实让学者们困惑不已。当时，年近八旬的伽利略提出一个很重要的想法：抽水机虽然能把水提升到10 m左右，但如果是其他液体，则提升的高度未必也是那么高。之后，他的助手托里拆利完成了著名的"托里拆利实验"，无论玻璃管长度如何，也不管玻璃管的倾斜程度如何，管内水银柱的竖直高度总是76 cm。消息传到法国后，引起了帕斯卡极大的兴趣。他重复了这个实验，并和朋友们对多姆山从山脚到山顶的气压进行了测定，结果发现水银柱的高度随海拔高度的增加而减小。同时，1654年5月，德国人奥托冯·居里克在马德堡市中心做了如今我们耳熟能详的"马德堡半球实验"，向普通大众展示了大气压强的存在和魔力。

教师：袁丽晓同学以讲故事的形式，将大气压的重点知识带领我们复习了一遍，请同学看看你的基础知识掌握是否正确。

教学环节2：开心一刻，喝饮料比赛，生活中的大气压现象。

教师：请一名男生、一名女生到前面来参加喝饮料比赛。

学生参加活动，发现男同学的瓶子喝不出来，女同学的瓶子很容易喝完。

教师：为什么男同学的喝不出来呢？请找找原因。

学生：女同学喝的瓶子上有一个小孔，而男同学喝的瓶子完全密封。

教师：能喝到饮料的瓶子和喝不到饮料的瓶子比较，最大的区别是什么？说明什么物理问题？

学生：和大气压强有关系，不密封和大气压强相等，密封和大气压不相通。

教师：现场对同学进行采访，在喝饮料比赛之前你认为利用吸管喝饮料主要通过什么力将饮料压入瓶中，比赛之后，你认为用吸管喝饮料主要通过什么力将饮料压入瓶中？

学生：大气压强。

教师：你现在知道为什么茶壶都要在盖子上留个小孔了吗？

学生：为了和大气压相通。

教师：除了用吸管吸饮料，茶壶上的小孔这两个和大气压有关的现象之外，你们还知道生活中哪些和大气压有关的现象？

学生：吸盘、打气筒、水泵抽水、高压锅、用注射器吸药水等。

教师补充：覆杯实验，捏笔胆吸墨水、输液的空气管、拔罐子、真空包装。教师强调，给打气筒充气的环节是利用了大气压。

教学环节3：气体压强的应用

学生展示利用真空罩吞吐鸡蛋实验，并且和同学互动交流如何吞吐鸡蛋，分析改变密封气体的压强从而引起压强差的方法。

学生：当瓶中氧气燃烧，瓶中的气压迅速降低，用鸡蛋堵住烧瓶口，此时瓶外气压大于瓶内气压，鸡蛋被吸入瓶中；当使用真空罩密封了一部分气体时，抽掉真空罩中的大部分气体，瓶内气压大于瓶外气压，鸡蛋又由于压强差从瓶中吐出。我们可以通过改变密封气体的压强，形成瓶内外气体的压强差。

教师：两位同学在元旦联欢会上表演过广口瓶吞吐鸡蛋的魔术，吐鸡蛋的时候，他们将广口瓶放在了热水中，不管利用真空罩还是热水让鸡蛋吐出来，是什么原因使广口瓶能吞吐鸡蛋？

学生：是大气压。

教师：是大气压，还是气体压强的差？密封一部分气体，然后改变这部分气体的压强，从而形成了压强差。

▶▶ **活动8 电动势与内阻**

本案例由北京陈经纶中学王波老师提供

【教学目标】

（一）知识与技能

1. 理解电动势的物理意义；

2. 能解释化学电池的工作原理。

（二）过程与方法

1. 能通过展示讲解和理解电动势的物理意义，并能通过类比了解不同电源供电方式及供电本领；

2. 在分析、探究过程中，了解认识概念的科学方法，培养探求知识的能力。

（三）情感态度与价值观

1. 培养学生善于思考、大胆猜想、独立思考的能力，并能形成良好的学习习惯和学习方法；

2. 让学生积极参与课堂活动，设疑、解疑，使学生始终处于积极探求知识的过程中，达到最佳的学习心理状态。

【教学重点】

电动势概念和电源内阻。

【教学难点】

电动势物理意义的理解和电动势定义。

【教学过程】

创设情境，引入新课。

教师：同学们想一想形成电流的条件是什么？

学生：有电压，还有闭合回路。

教师：好，请同学们观察实验，验证你的答案。

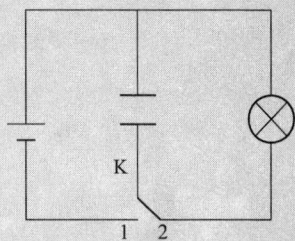

图 7-9

教师：如图 7-9 所示，我将电键接到"1"位置时，电容器充电，再将电键接到 2 位置，同学们观察小灯泡的发光情况。（教师演示）

学生：当电键接到"2"位置时发现小灯泡亮一下，又灭了。

教师：为什么会这样，你能解释原因吗？为什么电池连接小灯泡就可以一直发光呢？请同学们讨论，哪一小组有结论了请解答。

各小组分别讨论，学生对电容器供电解释比较清楚，但是对电池就解释不清了。

教师借此契机，引入电池能持续供电的原理。

【新课开展】

教师：如图 7-10 所示，在电源外部正电荷在电场力作用下向负极移动，当正电荷聚集在负极后它们又如何移动到正极呢？

教师引导学生分析，在电源内部正电荷受到电场

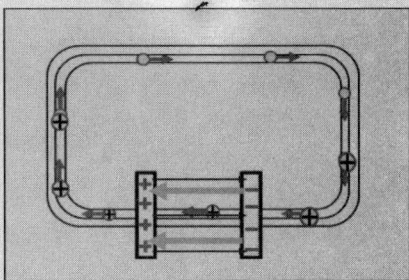

图 7-10

力向右（指向负极），那么一定有另一个力将电荷搬运到正极，我们将这个力命名为非静电力。在这个力做功的过程中，将化学能转化为电能。

为了表征电源将其他形式的能转化成电能的本领大小，物理学中引入了电动势这个物理量。

【板书】

电动势

1. 物理意义： 电动势是描述电源将其他形式的能转化成电能的本领大小的物理量。

教师：同学们，我们平时见过哪些电源呢？

学生：电池、电瓶、纽扣电池……

教师：展示实物（1号、5号、7号）、电池铅蓄电池、手摇发电机，不同的电源转化本领不同，如1.5 V电池，表示干电池每通过1 C的电荷，可以把1.5 J的化学能转化成电能。

教师：演示手摇发电机，使小灯泡发光，我们摇的速度不同，小灯泡的亮度有什么变化？

学生：手摇发电机转得越快，小灯泡越亮，越快说明单位时间内转化的电能越多。

教师：小灯泡的亮暗与什么因素有关呢？说明了什么？

学生：与电压有关。说明快摇时发电机单位时间转化的电能多，电压大。

板书

2. 电动势的大小：E

非静电力搬运1 C电荷从负极到正极所做的功。

3. 当电源没有接入电路时，电压表的示数等于电动势。

教师：我们刚刚认识了那么多电源，同学们还能想到哪些物体两端有电压呢？

（学生各抒己见）

教师：同学们相信我们每天都吃的水果会有电压吗？

学生小组将准备好的水果用铜片、铁片连接后，用电压表测量，学生会惊讶所测量结果，同时教师展示自己的水果电池，用电压表测量电压约为2.8 V，如图7-11所示。

教师：这个电压能否使一只2.2 V 0.5 A的小灯泡发光？

学生：一定能！好像不行，此时学生的脸上现出了怀疑的表情。

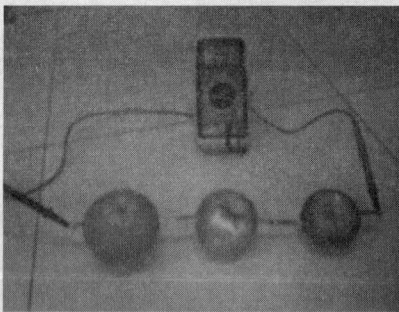

图7-11

教师：我们一起验证好吗？

学生用期待的目光认真地盯着小灯泡，结果小灯泡没亮起来。

教师：小灯泡为什么不亮？

学生：因为电压不够，一定比额定电压小很多！

教师：为什么这么大的电压加在小灯泡两端，而小灯泡却得到很小的电压呢？剩余的电压哪儿去了呢？我们接下来一起寻找答案。

（学生非常兴奋，积极地跟随教师进入下一个环节）

教师连接一个串联电路，如图7-12所示。

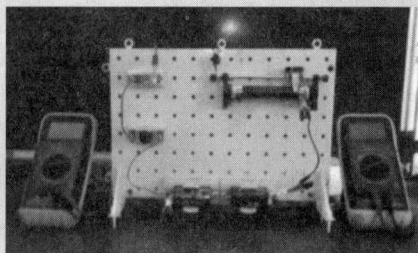

图7-12

当断开电键时，电压表的示数是两节干电池电压的总和 3 V，当闭合电键时，发现电压表示数变小。

教师：闭合前后电压表的示数为什么不同？

这与我们在初中的认识是否矛盾呢？

经过教师不断改变滑动变阻器的阻值，我们读出电压和电流的数值，然后在电子表格中作出 I-ΔU 图像（ΔU=3-U），发现图像是直线，如图 7-13。

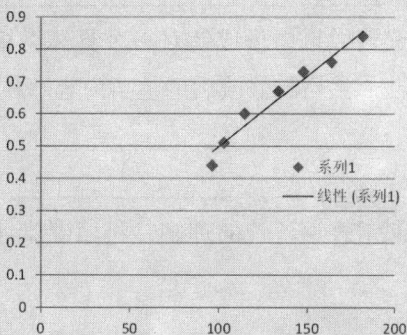

图 7-13

表 7-9

I/mA	U/V
96.50	2.56
103.20	2.49
115	2.40
134	2.33
148	2.27
164	2.24
182	2.16

教师：我们刚刚学过欧姆定律，大家理解这个图像的意义吧？

学生：图像斜率代表电阻。

教师：很好，这里斜率不变说明电阻是定值。

总结：这就可以证明电源电压与电压表示数的差值部分加在了一个定值电阻上，同学们观察电路，这个定值电阻只能存在于电源内部。内阻越大承担的电压就越大，这样电路两端得到的电压就越小。

教师：我们刚刚使用的水果电池不亮的原因同学们能理解吗？（这样，电源有内阻这一事实被同学们欣然接受，为下一课学习闭合电路欧姆定律奠定了基础。）

步骤1　仔细阅读前面的理论部分。

步骤2　每位教师录制一段教学微格（或观看上面两个案例之一）。

步骤3　依据教学评价标准（可参考《北京市中小学课堂教学评价指标》）进行组内教学评价交流，并将主要内容写在下面。

_____

_____

步骤4　结合组内交流成果，形成针对一个具体微格教学的课堂教学评价，并体会课堂教学评价的标准和方法。然后将修改后的主要内容写在下面。

_____

_____

步骤5　结合您对课堂教学评价的理解，将原课堂评价标准进行合理修改，修改的主要内容写在下面。

_____

_____

步骤6　仿照前面的做法，针对知识单元教学效果及能力单元教学效果进行评价练习。并将主要的交流内容记录在下面。

_____

_____

五、反思提升

（1）学习日记：请您写出本模块的学习要点。

_____

_____

（2）通过本模块的学习，您最大的收获是什么？

_____

_____

（3）通过本模块的学习，您还有哪些问题与困惑？

_____

_____

（4）您认为在教学评价方面，还有哪些针对本模块的教学建议？

_____

_____

附 录

附录 7-1 教学评价的功能 [①]

1. 导向功能

按照教育方针，课程计划规定的学校培养目标，各科教学大纲规定的教学目的、任务、内容，是教学评价的基本依据，它们是通过教师的教和学生的学的具体活动实现的。在评价过程中，把师生的活动分解成若干部分，并制定出评价标准。根据这些标准判定师生的活动是否偏离了正确的教学轨道，偏离了教育方针和教学目标，有无全面完成各科教学大纲规定的目的和任务，从而保证教学始终沿着正确的方向发展。教学评价有利于各级各类学校端正教学指导思想和办学方向。

2. 鉴别和选择功能

教学评价可以了解教师教学的效果、水平、优点、缺点、矛盾和问题，以便对教师考查和鉴别。这有助于学校和教育行政领导决定教师的聘用和晋升，有助于在了解教师状况的基础上，安排教师的进修与提高。教学评价能对学生在知识掌握和能力发展上的程度作出区分，从而分出等级，为升留级、选择课程、指导学生职业定向提供依据，也为选拔、分配、使用人才提供参考。同时，也是向家长、社会、有关部门报告和阐释学生学习状况的依据。

3. 反馈功能

经过教学评价，能使教师和学生知道教学过程的结果，及时地提供反馈信息。反馈信息在教学中具有重要的调节作用。信息工程学表明，只有通过反馈信息来调节行为，才有可能达到一定的目标。教师获得评价的反馈信息，能及时地调节自己的教学工作，能使教师了解自己的教学方法和教学过程组织中的某些不足，诊断出学生在学习上存在的问题与困难；并可使教师明确教学目标和实现程度，明确教学活动中所采取的形式和方法是否有

[①] 选自 http://baike.so.com/doc/5395136-5632288.html#5395136-5632288-7。

利于促进教学目标的实现，从而为改进教学提供依据。学生获得反馈信息，能加深对自己当前学习状况的了解，确定适合自己的学习目标，从而调整自己的学习。此外，还能起到激发学生学习动机的作用。研究表明，经常对学生进行记录成绩的测验，并加以适当的评定，可以有效地激发并调动学生的学习兴趣，推动课堂学习。

4. 咨询决策功能

科学的教学评价是教学工作决策的基础。只有对教学工作有全面和准确的了解，才能作出正确的决策。例如，1981年美国教育部组织了一次历经18个月的教育评价活动。在教学方面评价后，明确指出：由于学校课程平淡，学生学习时间短，鼓励学生学习的措施减少，教学质量下降，培养出越来越多的庸才。对教学工作的这个评价结果，在美国引起了强烈反响，有50个州对学校教学进行了决策，采取了以下措施：提高教学要求，延长学生学习时间，改革课程设置、教学内容和方法，有计划地培训教师，提高教师水平。教学决策实践表明，任何科学的教学决策都是建立在教学评价提供的具有说服力的评价结果基础上的。

5. 强化功能

教学评价可以调动教师教学工作的积极性，激起学生学习的内部动因，维持教学过程中师生适度的紧张状态，可以使教师和学生把注意力集中在教学任务的某些重要部分。实验证明，适时地、客观地对教师教学工作作出评价，可使教师明确教学中取得的成就和需要努力的方向，可促使教师进一步地研究教学内容、教学方法，以提高自己的教学水平。对于学生来说，教师的表扬、鼓励以及学习成绩测验等，都可以提高学习的积极性和学习效果。同时，评价能促进学生根据外部获得的经验，学会独立地评价自己的学习结果，即自我评价。自我评价有助于学生成绩的提高。

6. 竞争功能

教学评价尽管不要求排名次等级，但其结果的类比性是客观存在的。如通过学生的学习成果评价，就能引起任课教师之间、学生之间、班级之间、学科之间的横向比较，从而了解到教师、学生、本班、本学科的优势和劣势，看到差距，认识到自己在总体中的相对地位，客观上能起到竞争的作用。

附录7-2 物理核心素养

物理核心素养的内涵包括物理观念、科学思维、实验探究、科学态度与责任。

物理观念是从物理学视角形成的关于物质、运动、能量和相互作用等的基本认识，是物理概念和规律等在头脑中的提炼和升华，是运用物理知识和方法解释自然现象和解决实际问题的能力。物理观念主要包括物质观、运动观、能量观、相互作用观及应用等要素。

科学思维在物理学中的突出体现是一种理想化思维，其内涵是从物理学视角对客观事物本质属性、内在规律及相互关系的认识方式，对物理学中基础理论、理想模型和经验事实之间关系的理解；是分析综合、抽象概括、推理论证等科学思维方法的内化；是基于事实证据和科学推理对不同观点和结论提出质疑、批判，进而提出创造性见解的能力与品质。科学思维主要包括模型建构、科学推理、科学论证、质疑创新等要素。

实验探究是指具有科学探究的意识，能在真实情境中提出物理问题，形成猜测和假设，利用科学方法获取和处理信息，形成结论，以及对实验探究过程和结果进行交流、评估、反思的能力。实验探究主要包括问题、证据、解释、交流等要素。

科学态度与责任是指在认识科学本质，理解科学—技术—社会—环境（STSE）的关系基础上形成的对科学和技术应有的正确态度以及责任心。具有学习物理和探索自然的内在动力，严谨认真、实事求是和持之以恒的探索精神，独立思考、敢于质疑和善于反思的创新精神，以及保护环境、推动可持续发展的责任感。能尊重自然、遵守科学伦理和道德规范。科学态度与责任主要包括科学本质、科学态度、科学伦理、STSE 等要素。

附录 7–3 关于物理能力的基本理论研究（节选）

首都师范大学邢红军老师提供

一般认为，物理学科的基本特点包括：

（1）物理学是一门实验科学，它的根基是实验，一切理论都要以实验作为唯一的检验者。

（2）物理学是一门严密的理论科学，它以物理概念为基石，以物理学定律为主干。

（3）物理学是一门定量的精密科学，从物理概念转变为物理量开始，它利用种种数学表述手段为理论与实践开辟道路，使物理学的结论可随时加以严格检验。

（4）物理学是一门研究物质运动形式最一般规律和应用的十分广泛的基础科学。

（5）物理学从它的早期萌芽到近现代发展，都以它丰富的方法论和世界观等充满哲理的物理思想影响着人们的思想、观点和方法。

因此，物理学是一门带有方法论性质的科学。

可以说，实验基础、逻辑体系、数学表述、思想方法和应用价值是物理学的五种基本成分。把"智力—技能—认知结构"能力理论与物理学的学科特点结合起来，并根据因素分析"从众多变量的交互相关中找出起决定性作用的基本因素，为建立科学理论提供明确证据"的思想，我们进行了理论建构。

首先，我们认为智力中的观察力、思维力和想象力在物理能力中是三个重要因素，而注意力和记忆力则相对不那么重要。其次，技能中的操作技能和心智技能是两个重要的因素，认知结构中的知识和科学方法同样是两个重要的因素。进一步把上述七个重要因素与物理学的五个基本特征进行交互相关，从而建构出新的物理能力理论。

1. 观察、实验能力

从能力理论的角度看，智力中包含有观察力，技能中则包含有操作技能。从物理学的学科特点看，物理学是一门以实验为基础的科学。观察和实验是物理学研究的基本方法，是获得感性材料、探索物理规律、认识物理世界的基本手段，也是检验物理理论真理性的唯一标准。

观察，主要是指人们对物理现象在自然发生的条件下进行考察的一种方法。而实验，则是人们根据研究的目的，利用科学仪器、设备，设法控制或模拟物理现象或过程，排除次要因素，突出主要因素，在有利的条件下重复地研究物理规律的活动。人们对物理问题总是在观察、实验的基础上，再经过一系列的科学抽象，从现象深入到本质，从感性上升到理性，最后形成物理理论。因此，我们把能力理论中的观察力、操作技能与物理学是一门以实验为基础的科学交互相关，从而形成观察、实验能力。

2. 物理想象能力

从能力理论的角度看，智力中包含有想象力。所谓想象，是在外界刺激的影响下，人脑已有的表象经过组合和改造而产生新形象的心理过程。从物理学的学科特点看，想象是物理智慧中最活跃、最富有传奇色彩的成分。正如爱因斯坦所说："想象力比知识更重要，因为知识是有限的，而想象力概括着世界上的一切，推动着进步，并且是知识进化的源泉。严格地说，想象力是科学研究中的实在因素。"根据物理学习的需要以及想象活动的心理特点，可以把物理想象能力分为三个要素：

（1）建立空间位置关系的能力；

（2）形成物理图景的能力；

（3）构成理想化形象的能力。

因此，我们把能力理论中的想象力与物理学的学科特点交互相关，从而形成物理想象能力。

3. 物理思维能力

从能力理论的角度看，智力中包含有思维力。思维的过程主要有：分析、综合、抽象、概括等；思维的形式有概念、判断、推理等。推理一般可分为归纳推理、演绎推理和类比推理。

纵观我国的物理教育，不难发现，重视对学生逻辑思维能力的培养是好的教育传统。然而，忽视对直觉思维的重视却也是历史上一直存在的问题。

因此，我们认为直觉思维与逻辑思维一样，都具有独特的作用。从物理学的学科特点看，由于研究对象的复杂性，人们除了利用实验和逻辑思维的方法去发现或建立新的理论外，还必须借助于直觉思维去推进研究工作。爱因斯坦指出："物理学家的最高使命是要得到那些普遍的基本定律，要通向这些定律，并没有逻辑的道路，只有通过那种以对经验共鸣的理解为依据的直觉，才能得到这些定律。"高屋建瓴地道出了直觉思维的创造价值。因此，我们把能力理论中的思维力与物理学的学科特点交互相关，从而形成物理思维能力。

4．物理运算能力

从能力理论的角度看，技能中包含有心智技能。心算、速算、估算、按合理步骤解题、按一定程序理解概念和规律等，都属于心智技能。心智技能对学习的效率和问题解决的效率均有显著影响。智力活动的自动化、熟练化、简缩化，使新知识学习变快，解决问题时能迅速抓住要害，而这正是心智技能的能力功能。

从物理学的学科特点看，由于物理学是一门精密定量科学，其许多概念既有它的质的规定性，又往往最终表现为特定的可以测量与计算的物理量。物理学中的一些基本定律与公式，正是物理量之间函数关系在一定条件下的规律性反映，这说明物理学和数学的关系是极为密切的。数学作为研究物理学的一种重要方法和工具，其作用主要是：为物理学提供了描述物理概念和规律的简洁、精确、形式化的语言和表达式，简化和加速了思维进程；提供了对观测材料进行科学抽象的手段，促进了物理规律和理论的建立；为分析和解决具体物理问题提供了计算工具。

运用数学处理问题的主要要求是：要求学生理解公式和图像的物理意义，运用数学进行逻辑推理，得出物理结论。要学会用图像表达和处理问题。既重视定量计算，又重视定性和半定量分析。因此，我们把能力理论中的心智技能与物理学是一门精密定量的科学交互相关，从而形成物理运算能力。

5．运用物理知识和科学方法的能力

从能力理论的角度看，知识和科学方法是能力的组成部分。应当指出的是：提出知识和科学方法是能力的组成部分，是指只有当知识和科学方法转变为学生头脑中的认知结构时，才具有能力的性质。知识结构是学生学习内容中的知识和科学方法的组织形式和相互联系。知识结构是客观的，教学内容和教材一经确定，知识结构也就完全确定了，它存在于学生的头脑之外，是不以学生的意志而改变的客观实在，是学生要学习和掌握的学习内容之一。而认知结构通常是指学习者头脑中拥有的知识结构，是知识和科学方法的心理组织结构，是学习者过去全部有意义学习的积累结果。学习者头脑中的认知结构，具有使新材料、新知识、新经验重新结为一体的自我调节功能。

经过对科学方法的不断了解、积累和熟练，能使学生形成一种借助于科学方法获取物理知识的心理定势。这样，学生就能够以快捷的速度去获取知识，深刻地领会和掌握知识，牢固地记住知识。还可以使学生产生一种对问题的敏感性，并能够用科学方法迅速地抓住问题的要害，找出解决问题的途径。这样一种心理定势，就是学生能力的表现。所以掌握科学方法，不仅与学生获取知识的效率有关，而且与学生能力的发展有关。

从物理学的学科特点看，一般认为，物理学科的基本结构包括物理学的基本概念、基本原理（包括基本定律和基本理论）和基本方法以及它们之间的相互联系。而物理学的应

用性则是物理理论的价值所在及其归宿。因此，我们把能力理论中的知识和科学方法与物理学的应用特点交互相关，从而形成运用物理知识和科学方法的能力。

附录7-4　听课评价表（美国）

北京市朝阳区教研中心杨碧君老师提供

班级		学科		教师			
一级要素	二级要素	评价等级					备注
		杰出	优秀	达标	改进		
安全可靠的环境	1.学生了解并遵守课堂常规，能够进入学习状态						
	2.环境友好而富有成效						
	3.学生互相支持合作						
	4.行为管理是无形的和预防性的						
教学水平及层次	5.教师的课堂训练梯度适当						
	6.课堂教学中的分层指导						
	7.教师对学生技能及兴趣表现所给的评估						
	8.训练有挑战性，能运用多种学习方式激励学生获取知识，处理信息，主动思考						
活跃的学生参与	9.学生积极、主动、参与课堂讨论						
	10.教学活动的组织形式与教学内容相统一，有价值，学生参与广泛						
	11.教师提供了学习素材（片段），并由学生分析加工、理解应用						
	12.学生有机会进行自主学习，并展开交流学习成果						
组织/框架	13.新知的学习建立在温故基础上						
	14.教师合理使用空间和图表解释概念（图形、图片、模型、媒体）						
	15.学生自己设计知识结构图，呈现学习内容之间的相互关系						
	16.学生学会运用组织结构图表达和解释自己的观点						
纠正反馈	17.通过提问的形式检查学生掌握情况						
	18.通过分类辅导检测学生的学习效果						
	19.通过个别指导，面批纠正学习中的问题						
	20.根据学生学习效果调整改进教学方法						
综合评估	意见与建议： 本节课等级A、B、C、D　　听课人：　　　日期：						

模块八　掌握学业评价标准

学习目标

◆ 了解"掌握学业评价标准"的要点及各层次的标准。

◆ 能根据课程标准、考试说明，结合具体的教学要求确定评价目标。

◆ 能设计评价学生学业状况的工具。

一、问题提出

▶▶ **活动1　热身活动——"比大小"**

如果我跟你说，图8-1所示中的这两张桌子的台面面积是一样的，你信吗？

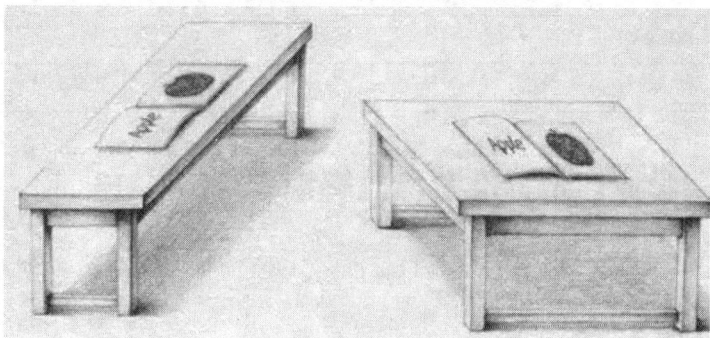

图8-1

▶▶ **活动2　热身活动——"孔子为什么这样评价？"**

颜回是孔子的学生，颜回爱学习，德性又好，是孔子的得意门生。一天，颜回去街上办事，见一家布店前围满了人。他上前一问，才知道是买布的跟卖布的发生了纠纷。

只听买布的大嚷大叫："三八就是二十三，你为啥要我二十四个钱？"颜回走到买布的跟前，施一礼说："这位大哥，三八是二十四，怎么会是二十三呢？是你算错了，不要吵啦。"

买布的仍不服气，指着颜回的鼻子说："谁请你出来评理的？你算老几？要评理只有找孔夫子，错与不错只有他说了算！走，咱找他评理去！"

颜回说："好。孔夫子若评你错了，怎么办？"买布的说："评我错了输上我的头。你错了呢？"

颜回说："评我错了输上我的冠。"

二人找到了孔子。孔子问明了情况，对颜回说："三八就是二十三哪！颜回，你输啦，把冠取下来给人家吧！"

▶▶ **活动3　反思交流**

步骤1　结合本模块的标题，您从上面两个活动中得到了什么样的启示？

_____

_____

步骤2　您认为学业评价应包括哪些方面？请将它写出来。

_____

_____

步骤3　您认为学业评价的依据是什么？您认为学业评价应包括哪些方面？

_____

_____

_____

二、"掌握学业评价标准"标准解读

《北京市朝阳区教师教学基本能力检核标准》（以下简称《标准》）中对掌握学业评价标准的检核标准如表8-1所示。

表 8-1

能力要点	合格	良好	优秀
掌握学业评价标准	能够结合具体的教学内容解释学业评价标准中各目标动词的含义，并能选择符合评价标准的课堂检测题	能够根据相关的学业评价标准和学生的学习情况编制用于教科书的测试卷	能够根据相应的学业评价标准独立编制学期综合测试卷，有对学生思维和情感变化的观测点和具体的观测方法

需要指出的是，学生的学业成就不应只限于智力或者学术表现，而是整体化和全面化的表现。虽然在本模块中的学业评价主要是以课堂检测或考试的方式进行，但是在评价设计时，应考虑对学生的能力和情感态度的考查。

下面就其中的名词和各层次中的一些结果性指标进行解读。

（一）名词解释

1. 学业评价

学业评价是指以国家的教育教学目标为依据，运用恰当的、有效的工具和途径，系统地收集学生在各门学科教学和自学的影响下认知行为上的变化信息和证据，并对学生的知识和能力水平进行价值判断的过程。学生的学业考核和评价应包括学生的思想品德与行为规范，社会实践表现，基础型课程、拓展型课程、研究型课程学习及担任社会工作等方面的情况。

2. 学业评价标准

各学科课程标准是评价学生的学业成就的根本依据，各级教育行政部门和教研部门颁发的具有直接作用的考试说明是评价学生学业成就的直接依据。评价标准以《课程标准》中的课程目标为指南，以规定的教学内容为依据，具体阐述学生在不同关键阶段应达到怎样的目标以及如何检测或观测到学生是否达到了目标，是基于学生学习结果的描述，是对各学科三维目标（知识与技能、过程与方法、情感态度价值观）的细化。

3. 掌握学业评价标准

掌握学业评价标准是指能够根据学业评价标准设计具体的评价学生学业状况的工具，进而得到关于学生的学习状况的质与量的数据，它能够使教师正确把握教学方向、难度，并对学生进行有效指导。题目设计的水平是教师水平高低的标志之一。

阅读理解 1 基于新课程标准的物理学业评价 [①]

《课程标准》是我国物理课程改革的纲领性文件，该标准首次较为明确地提出了新的评价理念与建议，旨在为物理教师进行物理学业评价提供参考。根据《课程标准》的内容，我们可以了解到义务教育阶段物理课程的总目标，可以从知识与技能、过程与方法、情感态度与价值观三方面来介绍。

知识是人类的认知成果，需要从社会实践中获取，它的初级形态是经验知识，高级形态是科学理论。技能是人们在活动过程中,通过不断练习而获得的控制自己行为的个体经验，是一种合乎客观法则要求的行动方式。由于技能作为一种行动方式，既有可能是头脑中完

---

① 王晶莹. 中学物理课程与教学导论［M］. 北京：科学出版社，2014：193-194.

成的内潜技能，也有可能是由外部运动完成的外观技能。而且活动的对象也有可能是观念性的或者物质性的。因此，物理学上将技能分为智力技能和操作技能。前者指智力活动中获得的控制自己智力动作执行的经验。例如：对物体的受力分析和运用公式计算合理解题的能力。后者指控制自己操作动作执行的经验，是通过练习而形成和巩固起来的一种合乎法则的行动方式。这种技能的完成需要操作者整合每个动作成为一个系统，并将动作的各种要素协调好。例如，物理学习中的一些与实验有关的操作技能，如使用天平、秒表，连接电路等。在《课程标准》中，将知识与技能目标分为四个水平：了解、认识、理解和独立操作，其中，"理解"与"独立操作"等同于物理技能中的智力技能与操作技能。

过程与方法领域的目标贯穿于整个物理学习的过程中，评价内容涉及学生的各种物理能力，包括观察能力、提出问题的能力、猜想和假设的能力、收集和处理信息的能力、交流能力。过程与方法的具体目标如下：①经历观察物理现象的过程，能简单描述所观察物理现象的主要特征；有初步的观察能力。②能在观察物理现象或物理学习过程中发现一些问题；有初步的提出问题的能力。③通过参与科学探究活动，学习拟定简单的科学探究计划和实验方案，能利用不同渠道收集信息；有初步的信息收集能力。④通过参与科学探究活动，初步认识科学研究方法的重要性，学习信息处理方法，有对信息的有效性做出判断的意识；有初步的信息处理能力。⑤学习从物理现象和实验中归纳简单的科学规律，尝试应用已知的科学规律去解释某具体问题；有初步的分析概括能力。⑥能书面或口述自己的观点；有初步评估和听取反馈意见的意识及信息交流能力。

情感是人脑对客观现实的一种反映，是思考客观事物是否符合自己需要而产生的主观体验。教学目标中的情感，是个体以实际行动追求真实、美好目标时的内心体验。态度是个人对特定对象所持有的评价总和与内容的反应倾向，不仅指学习态度，还包括生活态度、科学态度和人生态度。价值观是一个人对周围客观事物的意义、重要性的总评价和看法，良好的价值观是学生内心对真善美的追求以及人与自然和谐持续发展的理念的保证。学生物理学习情感领域的评价存在着很多困难，原因在于情感学习目标具有很大的模糊性。学生学习物理的兴趣、态度，学生的人生观、价值观以及审美观都十分抽象，短期内很难充分评价出学生情感态度的基本情况。随着脑科学、心理学的发展，关于情感态度认识会越来越清晰。《课程标准》中情感领域的目标，需要教师通过对学生学习物理的过程中的表现进行观察，进而了解物理学习情感和科学价值观的改变。

阅读理解2 布卢姆关于学业评价的主要观点 [1]

作为掌握学习理论的倡导者，布卢姆对学业评价有着许多独到的见解。归纳起来，主

---

[1] 吴维宁.新课程学生学业评价的理论与实践［M］.广州：广东教育出版社，2004.

要有以下几点：

1．强调形成性测验的重要作用

在布卢姆看来，评价是学习过程的一部分，评价应该更多地关注学习的过程。布卢姆借用了斯克里文（M. Scriven）学说中的形成性评价（formative evaluation）和总结性评价（summative evaluation）的概念。他指出，传统教学只关注总结性评价，而忽视了形成性评价。传统的课堂教学中，成绩测验都用作总结的目的，总结性测验的结果主要被用来对学生进行分类。一旦学生做完测验，就给他评个分数，但很少给学生纠正错误或重新测验的机会。布卢姆认为，这种做法对于学生和教学均毫无帮助。测验不仅是看学生掌握了多少教学内容，更应该成为改进教学的重要依据，所以他更加强调形成性评价的作用。因为在他看来，对于那些已经掌握单元内容的学生来说，形成性测验可起到强化的作用，使学生确信他以前的学习方式是适宜的。如果有若干次优异的测验结果，学生就不会再为这门课的成绩担忧了。对于那些还没掌握单元内容的学生来说，形成性测验可以提示出问题所在，告诉他还需学习哪些内容。因此，"诊断"后应该附有一个非常具体的"处方"。布卢姆还认为，形成性测验可以为教师提供反馈。教学可以利用它们来识别教学中需要改进的地方。因此，形成性测验还可作为学校控制下一轮教学质量的手段。通过把学生每次测验的实际水平与前几年的常模进行比较，既可以明确了解学生现在的学习是否与以前的一样好，又可以保证使教学或教材的变化不会带来比前一轮教学更多的问题和困难。关于形成性测验的实施方法，布卢姆认为，在每一单元教学结束时，教师就要安排一次形成性测验，目的是要确定学生是否已经掌握该单元，如果还没有完全掌握的话，应当寻找弥补的办法。所以，形成性测验常常被用来为学生的学习定速度，保证学生在从事下一个学习任务之前，完全掌握这一单元的内容。由于每一教学单元的内容都是以已学过的单元为基础和先决条件的，因而需要经常给予测验，以保证学生彻底掌握这些学习内容。

2．主张细化教学目标

细化教学目标的一个直接目的，就是便于对学生的学业实施评价。关于细化教学目标的做法，布卢姆认为，可以将一门课分成若干学习单元，再把每一单元分解成若干要素。这些要素的排列是从具体的名词或事实开始，然后是比较复杂抽象的概念或原理，最后再过渡到一些相当复杂的运用过程，如运用原理或分析复杂的理论论述，从而使学习的各种要素形成一个学习任务的层次，确定相应的教育目标系统。这样的教育目标系统，既便于教学又便于评价。

3．不主张给形成性测验结果以分数或等级方式呈现

布卢姆认为，掌握学习的主要目的是使学生所学的内容达到掌握水平，因此，不应该给形成性测验以分数或等级呈现，只需标明掌握或没掌握即可。如果没掌握的话，还要附有详细的诊断和处方，告诉他还要做些什么。因为，如果学生在某门课的一系列测验中常

常得低分，他就认为自己命中注定只能得低分，不会在这门课上获得理想的成绩了，因此会放弃自己的努力。

总之，形成性评价与总结性评价作用不尽相同。总结性评价的作用，是对学生在一门课上的学习结果作出全面的评定，并把评定成绩告诉学生家长和学校管理人员。而形成性评价的作用，则是帮助学生和教师把注意力集中在学生对教学内容达到掌握水平所必备的知识技能上，而不是给学生评定分数或等级，所以掌握学习的重点在形成性评价。

阅读理解3 物理课教学中实施形成性评价的途径 [①]

如图 8-2 所示，我们可以通过学习档案袋、学习记录册、网上学习记录、课堂表现、过程考试等途径对学生进行形成性评价。

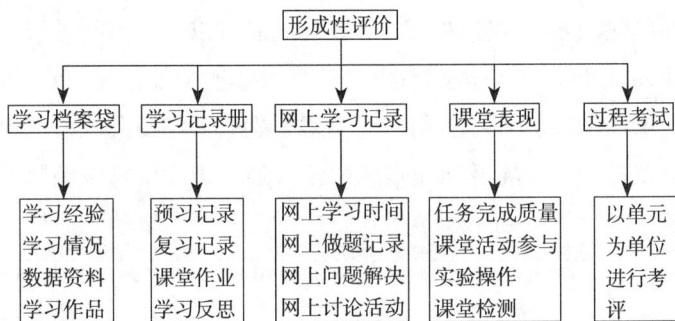

图 8-2

1. 学习档案袋

学习档案袋用于记录学生成长过程，展示学生学习进步状况的有关信息。学习档案袋作为形成性评价的工具，由学生和教师有组织、系统地收集学生有代表性的作品。它们应该能体现学生的学业水平和能力发展，还要能体现学生为达到学习目标所经历的过程和作出的努力。放入学习档案袋中的材料可以包含多种类型，如学生历次考试的物理成绩、物理实验操作情况、学习经验、评价（教师评价、学生互评和自我评价）、反思等。学习档案袋体现了对学生学习过程的评价，它代表了学生在整个学习过程中的表现、成就以及存在的问题。教师通过学习档案袋了解每一个学生发展情况及存在的问题，然后根据学生需要对其进行相应的指导，并适当调整教学活动以促进学生的有效学习。

2. 学习记录册

学习记录册与学习档案袋不同，它是学生对自己的学习进行的记录和评价。学生的学习记录册不仅包括学生每个单元的自学记录，如知识结构图、概念、公式、例题详解、实

---

① 王建中，孟工娟.中学物理教学评价与案例分析［M］.北京：北京大学出版社，2004.

验操作、重点难点以及自我评价等内容，还包括学生根据反馈信息与自身学习情况不断调整的学习目标，以及每个单元的学习反思等。教师可以通过抽取学生的自主学习记录册进行检查并写上反馈意见，对存在问题的学生给予相应指导，使其能够在下一步的学习中做出适当的调整。教师还可以将成功的自主学习者的学习记录册抽出来进行评议，以做示范，促进学生之间的相互学习，共同进步。

3. 网上学习记录

伴随着网络技术的不断发展和广泛应用，网络逐渐进入了学生的学习和生活，网络学习也成为学生自主学习的重要组成部分。因此，对学生网络自主学习的评估也是形成性评价的有效途径。学生在自主学习网站上进行注册，他们每天进行网络自主学习的时间和内容都会自动保存在各自的账号中，教师可以随时以"网络课堂管理者"的身份进入该系统查看学生网络自主学习的情况。教师可以每周一次向学生反馈检查结果，也可以根据实际情况做适当的调整。通过检查结果了解学生的自主学习情况以及存在的问题，并根据学生特点对其进行相应的指导。同时教师通过向学生提供反馈信息，使他们及时掌握自己的学习情况，并根据教师指导和学生之间的相互交流适当地调整自己的学习，以达到更好的自主学习效果。

4. 课堂表现

课堂表现是学生学习情况的最直接表现，而课堂学习也是学生学习的主要形式。因此，对学生课堂表现的评价是教师形成性评价的重要途径。教师可以通过学生听课、课堂回答、讨论、实验操作等方法掌握学生的学习情况。通过观察学生在课堂中各方面的表现来了解学生的学习情况，及时发现他们在课堂学习中存在的问题，并给予适当建议和帮助，以促进学生取得学习的进步。

5. 过程考试

过程考试是通过单元测试等形式对学生的学习进行检测和评价。教师可以以一个单元为单位安排过程考试，使学生都能够及时了解本单元的教学和学习情况。在此基础上，及时发现前一单元学习中存在的问题并采取补救措施，保证学生的学习效果。同时，这种单元过程考试的反馈信息还可以为师生下一单元的教学和学习提供指导，促进教学活动的顺利进行。

阅读理解4 终结性评价与形成性评价

1. 终结性评价

终结性评价就是对课堂教学的达成结果进行恰当的评价，指的是在教学活动结束后为判断其效果而进行的评价。一个单元、一个模块或一个学期的教学结束后对最终结果所进行的评价，都可以说是终结性评价，其目的是对学生阶段性学习的质量做出结论性评价，评价的目的是给学生下结论或者分等，也是反映教学效果、学校办学质量的重要指标之一，如期末考试、结业考试等。

1）特征

终结性评价的特征有：

（1）广泛性特征。终结性评价涉及的教学内容较为广泛，而评价的手段通常以考试为主。

（2）总结性特征。总结性特征主要是对一个单元、一个学期或一个学段的学习内容进行总结，它不仅会测试一些基本原理、方法等，也会检测学生分析问题、解决问题的能力。

（3）代表性特征。以试卷为主要手段的终结性评价，其测试的内容具有典型性、代表性。

2）优势与劣势

终结性评价最大的优势是能够对教学质量做出全面、整体的评价，效率高，有利于学生对相应部分的学习进行总结，同时可以对班级教学质量做出客观的评价。

终结性评价最大的不足是对教学质量的评价与信息反馈、改进脱节。例如，在期末考试后，教师与学生都面临着放假的放松状态，测试卷所得出的信息不能及时地与学生沟通，而使得评价失去真正的意义。

2. 形成性评价

形成性评价是相对于传统的终结性评价而言的。所谓形成性评价，"对学生日常学习过程中的表现、所取得的成绩以及所反映出的情感、态度、策略等方面的发展"做出的评价，是基于对学生学习全过程的持续观察、记录、反思而做出的发展性评价。其目的是"激励学生学习，帮助学生有效调控自己的学习过程，使学生获得成就感，增强自信心，培养合作精神"。形成性评价使学生"从被动接受评价转变成为评价的主体和积极参与者"。

1）特征

形成性评价的特征有：

（1）人文性特征。形成性评价是伴随着教学或教育活动进行的，在评价过程中更注意学生的个体差异，以学生为主自由发展，可以针对学生的课堂表现给予及时的评价，保障学生在学习过程中"不掉队"。

（2）全面性特征。在评价内容上，教学不仅要求提高学生的知识与能力，还要讲求过程与方法和培养学生的情感态度与价值观；在评价主体上，教师可以通过访谈、观察等方式对学生关注，家长可以从作业、日常积累中对学生进行评价与引导；在评价标准上，也可以因人而异，对学生进行全面的评价。

（3）发展性特征。该种学习评价可以通过学生目前的发展状态，给予他们快速、恰当的学习评价。通过评价中的反馈信息对学习进行调整，充分注重学生的身心发展，并能依据学习内容、学习背景、课堂突发状况等对学生的学习给予评价。

2）优势与劣势

形成性评价的优势具体包括：第一，在教学过程中有助于教师及时发现问题，并针对学生的问题给予相应的解决方案，调整教育活动中的计划。第二，可以帮助学生养成良好的规划习惯，在规划中了解知识的重点、难点。

形成性评价主要通过观察、作业、访谈等形式的学习进行评价。第一，目前学校教学班的学生通常超过 30 人，这样使用形成性评价无疑会增加老师的负担。第二，每科作业量的累积，不仅增加了学生的负担，同时在批改作业时，教师使用"优""良"这样的等级进行批改，很难让学生认识到自己的不足。

3. 形成性评价与终结性评价结合

要注意形成性评价与终结性评价的结合，即不仅要关注学生获得了什么，而且应该记录学生参加了哪些活动、投入的程度如何、在活动中有什么表现和进步等情况。动态观察学生在学习过程中的表现，细心了解其内心活动的变化，记录学生的每一点进步，并与过去相关的记录进行比较。

两种评价方式结合，不仅能够帮助学生们在学习过程中认识到自己的优势与不足，更能在阶段总结中让教师、家长、学生共同了解学生的表现，从而为下一个阶段的学习做好规划。在时间上，教师将教学过程中的评价与教学结束后的评价结合，保证评价的连续性。在评价方法上，教师可以把类似考试这样的终结性评价和像成长记录这样的形成性评价结合。

▶▶ 活动 4 思考与分析

请阅读附录 8-1，思考我们在教学过程中如何实施形成性评价？

_____

_____

_____

（二）对结果指标的解读

学生学业评价的内容广泛、手段多样，本模块由于篇幅限制，不能一一展开，下面仅对纸笔测验做进一步的阐述。根据《标准》和物理教学特点与现状，我们确定物理学科掌握学业评价标准能力要点的结果指标如表 8-2 所示。

表 8-2

掌握学业评价标准	试题中没有科学性错误，能考查相应的学科知识
	试题以能力立意，能对学科思想、学科方法进行考查
	试题能渗透情感、态度和价值观的考查

1. 试题没有科学性错误，能考查相应的学科知识

试题没有科学错误是命制一份试题最根本的要求。这里的科学性是指物理试题的编制应符合事实，不与物理学的基本概念和原理相冲突或违背，并且题目本身及答案都应科学合理；试题中的数值要有充足的事实和实验观测结果作为依据。而在实际教学中，很多试题在编制时均存在表述不恰当、数据不合理、设计不严谨、模型不正确等科学性问题，这些问题不仅降低试题的功能，还给教学带来了很多负面影响。

1）表述要恰当

在物理试题的编制中，表述要准确、恰当，以免引起歧义与误解，从而降低试题的考查与检测功能。例如下题：

请用学过的电学知识判断下列说法正确的是（　　　）。

A. 电工穿绝缘衣比穿金属衣安全

B. 制作汽油桶的材料用金属比用塑料好

C. 小鸟停在高压输电线上会被电死

D. 打雷时，待在汽车里比待在木屋里要危险

有些学生会认为，在实际生活中只见过电工穿棉麻等织物制成的工作服，而没有电工穿"金属衣"，从而误选了 A 选项。实际上电工在低压环境下穿绝缘衣是可以的，只是在高压环境下，才应穿用金属丝的织物制成的工作服（见人教版高中物理选修 3-1 第 28 页"问题与练习"第 4 题），题中"金属衣"的表述是不准确的。

我们在命制试题时，有很多容易忽略的细节需要注意，例如：重力加速度是否取 10 m/s^2；质量或重力是否不计；阻力是否要忽略等。

2）数据要合理

对于定量计算的问题，在编制试题时，如果随意设置条件，编造数据，就容易出现自相矛盾、无法自洽或者与实际不相符的后果。例如下题：

如图 8-3（a）所示，MN、PQ 是固定于同一水平面内相互平行的粗糙长直导轨，间距 $L=2.0 \text{ m}$，R 是连在导轨一端的电阻，质量 $m=1.0 \text{ kg}$ 的导体棒 ab 垂直跨在导轨上，电压传感器与这部分装置相连。导轨所在空间有磁感应强度 $B=0.50 \text{ T}$、方向竖直向下的匀强磁场。

从 $t=0$ 开始对导体棒 ab 施加一个水平向左的拉力，使其由静止开始沿导轨向左运动，电压传感器测出 R 两端的电压随时间变化的图线如图 8-3（b）所示，其中 OA、BC 段是直线，AB 段是曲线。假设在 1.2 s 以后拉力的功率 $P=4.5$ W 保持不变。导轨和导体棒 ab 的电阻均可忽略不计，导体棒 ab 在运动过程中始终与导轨垂直，且接触良好。不计电压传感器对电路的影响。g 取 10 m/s^2。求：

（1）导体棒 ab 最大速度 v_m 的大小；

（2）在 1.2~2.2 s 的时间内，该装置总共产生的热量 Q；

（3）导体棒 ab 与导轨间的动摩擦因数 μ 和电阻 R 的值。

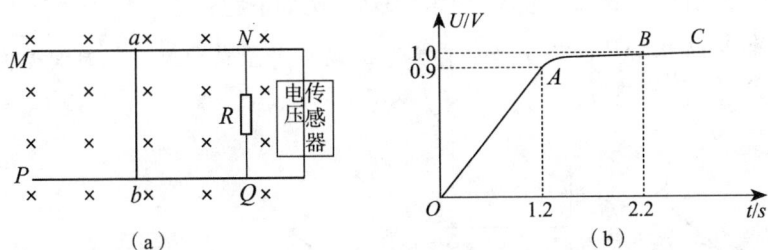

图 8-3

图 8-3（b）中 B 时刻标为 2.2 s，则 AB 的时间为 1.0 s，显然是为了第（2）问用动能定理解题计算方便，但这一数值是不合理的。需要指出的是，$t=1.2$ s 后导体棒做加速度变小的加速运动，它会无限趋近于理论上的最大速度而永远无法达到。经计算可知，当 $t=2.2$ s 时，导体棒的速度还没有达到第（1）问中的最大速度 v_m。

3）设计要严谨

物理试题的求解是一个从前提条件出发，应用相关概念和规律，经过一系列的推理，从而获得结论的过程，如果前提条件不明确或不充分，逻辑推理的结果将变得不可靠，会带来因题目设计不严谨而导致的解题错误，使学生对所学知识产生困惑，同时也削弱了试题检测和评价的功能。例如下题：

如图 8-4 所示，将一个电压表接在 R_1 两端，电压表的读数为 U_1；将电压表接在 R_2 两端时，电压表的读数为 U_2。已知电压表的内阻为 R_V，则 $U_1 : U_2$ 为（　　）。

图 8-4

A. $\dfrac{U_1}{U_2} = \dfrac{R_1}{R_2}$　　B. $\dfrac{U_1}{U_2} = \dfrac{R_2}{R_1}$

C. $\dfrac{U_1}{U_2} = \dfrac{R_1 + R_V}{R_2 + R_V}$　　D. $\dfrac{U_1}{U_2} = \dfrac{R_2 + R_V}{R_1 + R_V}$

题目给出的答案为选项 A。显然该题应用了"在串联电路中，$\dfrac{U_1}{U_2} = \dfrac{R_1}{R_2}$"这一结论，但这在本题中并不成立。第一，电压表与电阻并联后对电路有影响，第二，题目没有强调电路两端的电压保持稳定。

4）模型要正确

有些物理试题是以实际问题为背景的，因此，如何将实际问题正确建模转化为理想的物理模型就成为解题的关键。但如果命题者在编制习题时依据的模型与实际问题有本质的差别，则会由于模型失真带来学生认识上的失真。例如下题：

汽车在恒定的功率下，由静止沿平直公路运动，对于它的速度—时间图像，图 8-5 中画的正确的可能是（　　　）

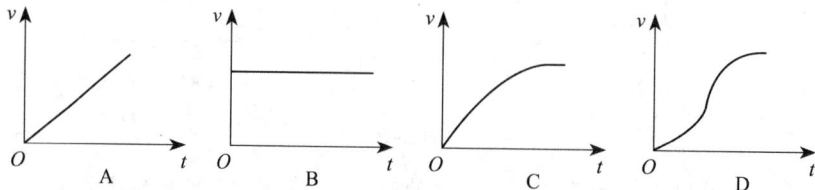

图 8-5

汽车匀加速起动和恒定功率起动是很多老师必讲的问题，但这并不符合实际。在上题中，题目预设答案为 C。由图可知，在 $t=0$ 时，汽车的速度为零，则根据公式 $P=Fv$ 可知，此时 F 为无穷大，显然是不成立的，该题的模型不正确。

2．试题以能力立意，能对学科思想、学科方法进行考查

目前的中、高考着重于考查学生的能力，即综合应用所学各科知识来解决实际问题，试题源于教材，但不拘泥于教材。因此，只要是学生所学过的知识都有可能被考查，对没有学过的知识在给出一定的信息后，也有可能被考查。因此，我们平时的教学和试题的命制，也要考虑如何培养和评价学生的能力。

▰▰▰案例2

身体中隐藏的尺——学生能力评价案例

本案例由北京市豆各庄中学梁晓晖老师提供

一、案例背景

2015 年北京市中考物理试卷第 8 题的内容：

估测在实际生活中的应用十分广泛，下列所估测的数据中最接近实际的是（　　　）。

A. 一个鸡蛋的质量约为 500 g

B. 普通家庭房间门的高度一般大于 3 m

C. 教室中使用的普通日光灯管的长度约为 2 m

D. 完整播放一遍中华人民共和国国歌所需的时间约为 50 s

这道题当时考倒了很大一部分优秀生，网络上关于这道题的段子好多，调侃的背后却引人深思，这道关于生活常识的题目得分率不是非常高，究其原因在于题目考查学生的学业能力，反映的是教学中更多地强调死记硬背，而不是灵活应用，注重知识的记忆，而缺乏知识迁移的学习现象，平时的教学评价与学业评价能力标准有差距。教师想要平时对学生学业能力做出科学评价，需要将教学的测试卷与课堂上的观察、及时的追问、布置多样性的作业相结合，在平时的教学中更多地关注评价的方法和效果，更有效地促进知识的掌握和内化。

二、教师布置任务

（1）在学习完长度测量之后，请同学们统计我们日常生活中常见的长度有哪些？

（2）请找找人的身体中有哪些隐含的尺子，我们如何利用这些尺子进行估测？

（3）根据你所查找的资料，制作讲稿在班上进行展示。

布置任务的目的在于检测两个学业能力维度：了解知识并利用知识解决问题。了解维度的评价侧重于学生是否知道身体中一些部位的大概尺度；利用知识解决问题的评价，属于理解维度，侧重于学生是否能利用身体中隐藏的尺子进行估测。

三、对学生能力的课堂检测过程记录

学生：人的身体中藏着许多"尺子"，人们正常走路跨度为 50 cm，那么正常走一步的距离大约为 1 m。（学生在讲台上演示跨度为 50 cm，走一步为 1 m 的动作）

学生：中学生的身高大约平均为 1.6 m，人的大拇指的指甲盖约为 1.5 cm，遇到我们不熟悉的事物时，我们可以用走路的方式去测量，也可以估计大概有几个自己的身高。

教师：同学讲的方法非常好，她告诉我们如果没有尺子，我们可以用身体上带着的尺子进行度量，在我们熟悉身体这些尺子之后，可以用它们来测量长度。能不能举一个例子，例如用身高测量我们周围这些事物的长度？

学生：我们手上虎口的平均长度为 15 cm，我们可以用手上虎口来度量物体。

教师：有生活经验的老人们看见需要测量的物体，经常利用虎口去度量。那你可以估测一下教室的门的高度吗？

（学生走到门旁边，贴着门站立，并用手比划）

学生：我的身高为 1.7 m，门还比我高大概 0.3 m，所以教室的门高约为 2 m。

教师：同学不仅告诉我们人身体中常见的一些尺子的长度，而且教会我们利用这些尺子估测的方法，我们可以用所熟知的物体估测我们不熟悉的物体。

四、各个环节的预期与效果

（1）布置任务之初，想要学生通过收集大量长度的例子，培养长度直觉思维的形成，并且想在课堂上检测学生是否掌握估测长度的基本方法。

（2）学生查找的人身体的长度并不是很多，例如手掌上手指的长度、脚的长度等，教师通过提问，进一步检测学生是否能举出更多人体长度的例子。学生答出一个手掌虎口的例子，说明学生查阅的资料不仅仅局限于她所说的这几个，反映出学生知道了一些人体常见的尺度。

（3）学生提出可以利用身体的尺子估测身边的物体，教师利用追问，进一步检测学生是否已经具备根据已知长度估测未知长度的能力。学生现场演示利用自己的身高估测门的高度，反映出学生掌握了估测的基本方法。

（4）最后教师点评总结，利用熟悉的事物去估计未知的事物，这是一种估测的方法，有效利用了评价结果。

案例评析

在本案例中，学生主动积极参与，学习过程有效，学生学习心情愉快、个性得到发展。评价不只是老师一个人的事，学生们也应参与进来，比如学生回答完一个问题之后，其他学生及时鼓掌，使被评价的学生有满足感。通过学生自己对学习结果展示的这种方式，学生体验成功，激发学习热情，学习方式也发生了一定的变化，由被动学习变成主动学习。

本案例最后的落脚点是转变学生的学习方式，使学生三维能力都能得到相应的发展，案例强调学生对自己学习结果的表达与学习过程的调整，以及能力的提高。针对纸笔测试仍然是现在学校评价学生学业成绩的常规手段与主要方法，本案例尝试对评价形式与内容的改变。

3．试题能渗透情感、态度和价值观的考查

目前的中、高考试题，在命题思想上以科学发展观、人文精神与科学精神并重的现代意识、公民责任意识为价值追求，体现出对学生的科学素养和人文素养的关注；通过试题引导学生从课内走向课外，从课外走向生活，引导学生关注中华传统文化。

案例3

渗透情感、态度和价值观

本题选自2016年北京市夏季高中会考物理试卷

胡克定律是英国科学家胡克于1678年发现的。实际上早于他1 500年前，我国东汉时期的经学家和教育家郑玄就提出了与胡克定律类似的观点，他在为《考工记·弓人》一文中"量其力，有三钧"一句作注解中写到："假令弓力胜三石，引之中三尺，弛其弦，以绳缓擐之，每加物一石，则张一尺。"郑玄的观点表明，在弹性限度内（　　　）。

A. 弓的弹力与弓的形变量成正比

B. 弓的弹力与弓的形变量成反比

C. 弓的弹力与弓的形变量的平方成正比

D. 弓的弹力与弓的形变量的平方成反比

案例评析

这是2016年北京市夏季高中会考物理试卷中的一道试题，题目考查了胡克定律。题目要求学生对给出的资料进行阅读，了解中国古代对弓的弹力的研究，结合胡克定律选出正确的表述。

题目以中国古代对弓的弹力的研究成果为背景，引导学生充分了解我国历史上在物理方面的杰出成就，增强学生的民族自豪感和自信心，使学生树立起为祖国的繁荣富强而奋斗的远大志向和为祖国而学习的信心。

三、案例分析

（一）初中案例

中国是掌握空中加油技术的少数国家之一。如图8-6所示，在加油过程中，加油机、受油机沿同一方向以相同的速度水平飞行。这时，选取下面哪个物体为参照物，你会认为加油机是运动的？（　　　）

A. 受油机

B. 大地

C. 加油机里的飞行员

D. 受油机里的飞行员

图8-6

针对上述案例，请将界定层次的理由写在下面（依据结果指标）。

_____

_____

_____

（二）高中案例

以往，已知材料的折射率都为正值（$n>0$）。现已有针对某些电磁波设计制作的人工材料，其折射率可以为负值（$n<0$），称为负折射率材料。位于空气中的这类材料，其入射角i与折射角r依然满足$\sin i/\sin r = n$，但是折射线与入射线位于法线的同一侧（此时折射角取负值）。现空气中有一上下表面平行的负折射率材料，一束电磁波从其上表面射入、下表面射出。若该材料对此电磁波的折射率$n=-1$，在图8-7中正确反映电磁波穿过该材料的传播路径的示意图是（　　）。

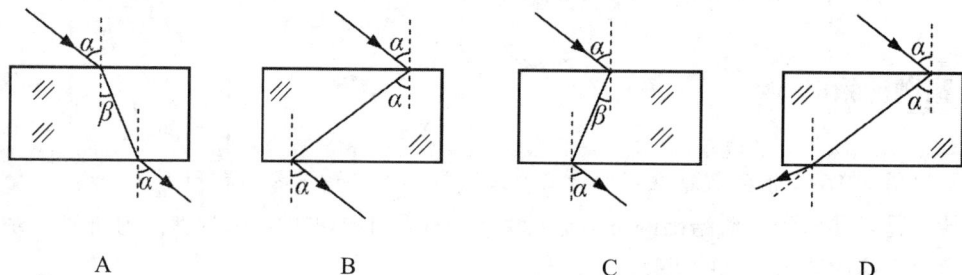

图 8-7

针对上述案例，请将界定层次的理由写在下面（依据结果指标）。

_____

_____

_____

四、训练

（一）如何掌握学业评价标准

1. 根据《课程标准》确定评价目标

我国教育部制定的《基础教育课程改革纲要（试行）》规定："《国家课程标准》是教材编写、教学评估和考试命题的依据，是国家管理和评价课程的基础。应体现国家对不同阶段的学生在知识与技能、过程与方法、情感态度与价值观等方面的基本要求，规定各门课程的性质、目标、内容框架，提出教学和评价建议。"

需要注意的是，《课程标准》规定的培养目标、学生的具体学习目标以及内容领域都比评价的测量目标和内容领域等宽泛得多。因此，在确定评价目标时，不能对《课程标准》的培养目标和分阶段目标照搬照抄，而必须对《课程标准》的培养目标和分阶段目标，甚至内容标准进行分析、研究。从评价的角度，应关注的内容主要有以下三个方面：

第一，分析《课程标准》的总目标中，哪些内容是可测的，哪些内容是不可测的；哪些内容是纸笔考试可测的，哪些内容是纸笔考试不可测的。第二，分析《课程标准》中列出的分阶段目标或分类目标中，哪些内容可以作为行为目标，这些行为目标能否与确定的测量目标相联系。第三，要尽可能完整地列出可以作为考试行为目标的那些分阶段目标或分类目标。

案例４

确定评价目标，根据评价目标选择试题
本案例摘自《初中物理学业评价标准》[①]

【内容要求】

描述固、液和气三种物态的基本特征。列举自然界和生活中不同状态的物质及其应用。

【评价目标】

1. 能用语言、文字或示意图等不同方式描述固、液和气三种物态的基本特征。

2. 能列举自然界和生活中常见不同状态的物质及其应用。

【评价样题】

1. 下列物态变化中，属于熔化的是（　　　　）

A. 铁块熔化成铁水　　　　　　　　B. 盘子里的水 "消失" 了

C. 湖水表面结冰　　　　　　　　　D. 水沸腾时水面出现 "白气"

2. 石头、空气和汽油三种物质在通常情况下的状态一样吗？它们各处于什么状态？列举它们在实际生活中应用的一个例子。

案例评析

在本案例中，"内容要求" 是初中物理课程标准中规定的内容，但它并没有规定学生表现出的行为达到什么程度才算合乎标准，而 "评价目标" 是根据 "内容要求" 进行制定的。

在知识方面，旨在考查学生能否正确理解物质的固、液和气三种物态在相互转化时物体体积变化的宏观特征；能否对物质的固、液和气三种物态分子排

---

① 人民教育出版社课程教材研究所　物理课程教材研究开发中心．初中物理学业评价标准［M］．北京：人民教育出版社，2012.

列的微观结构进行形象的描述，以求达到"描述基本特征"的要求。

在过程体验方面，强调应用的过程，旨在考查学生能否将物质的形态与自然现象和日常生活联系起来；能否通过对自然界和日常生活的观察，进一步认识物质的固、液和气三种物态，以及物态变化对人和环境的影响等。

在样题1中，通过列举学生熟悉的物态变化情境，考查学生能否通过观察、比较来判断在熔化中的显著特征，实现"识别、判断显著特征"的要求。本题考查了评价目标1，在知识领域中属于"知道"水平。

而样题2，旨在考查学生能否通过观察，分辨出石头、空气、汽油三种物质在常温、常压下的固体、气体和液体状态，实现"描述基本特征"的要求。"列举它们在实际生活中应用的一个例子"的要求，旨在考查学生能否将物质的形态与日常生活相联系，实现"列举实例"的要求。本题考查了评价目标1和目标2，在知识领域中属于"知道"水平。

2. 采用纸笔测验时应明确以下设计原则

为了更好地对学生的学业进行评价，提高评价的有效性和针对性，在采用纸笔测验时应明确以下设计原则：

（1）试题的分布必须依据双向细目表，而且题目陈述的内容要有一定的代表性。对于测验编制者而言，双向细目表就是一张"蓝图"，它说明了试题的数量、内容等，是编制试题的指导，而且在测验后，它对得到准确的评价也有促进作用。因此，在试题的编制过程中，试题的分布必须符合双向细目表的要求，而且，试题陈述的内容也要具有一定的代表性。

（2）试题的陈述应清晰、明了，避免使用含混不清的表达。在测验中，试题的陈述不能含糊其辞，致使学生因题意理解错误而不能作出正确的回答，影响对学生学习的正确评价。

（3）试题题目的陈述要简明、扼要，突出重点。这样有利于学生的正确作答，提高作答的效率，否则学生在解题上会花费过多的时间。

（4）试题所使用的材料应切合教学目标且符合学生现有的身心特征。另外所使用的指导语、试题的类型、作答方式等都应符合学生的现有程度，不要让学生因看不懂题目而不会作答。

（5）明确指导语，表述应清楚，便于学生作答。试题的指导语应清晰、明确地指出对学生作答的要求、时间要求、时间限制等，让学生明确具体的要求，而不至于盲目作答，这样有利于提高测验的效率，达到正确评价学生学业的目的。

（6）答案必须是公认的正确答案，应避免有争议答案的存在。

（7）各类试题应是相互独立的，在内容上不应有重叠。在测验中，各试题类型间是相互独立的，而且兼顾教学目标的具体要求，在内容上也不应有重叠，这样编制的试题才能从整体上和各局部上都能反映出所要评价的学生各方面的层次，从而能对其学业的评价提供正确的依据。

（8）试题陈述中避免提供暗示性的语句。题目中不能潜藏着答题的线索，特别是在描述中应避免具有暗示性的特殊字词。这些暗示性的字词很容易被学生当作线索来猜题，从而使学生的作答受到影响，影响对学生的正确评价。

（9）试题应具有良好的鉴别力，利于教师正确评价学生。

传统的纸笔测验大多是侧重于对学生知识掌握的评价，在教育评价中具有重要的作用和意义。一份良好试题的编制必须具备良好的特征（如信度、效度、难易适中、高鉴别力等）和相应的命题原则及技巧。

案例5

北京市朝阳区2014—2015学年第一学期高三期末考试
双向细目表、试题（节选）

一、双向细目表（节选）

双向细目表如表8-3所示。

表8-3

题号	题型	考查内容	考纲要求	分值	预测难度系数值	能力要求层次
1	选择	电流的磁场（学史）	I	3	0.95	理解
2	选择	简谐运动	II	3	0.95	理解
6	选择	电场强度、电场线、电势、电势能	II	3	0.85	推理
12	选择	电磁感应现象、磁通量、法拉第电磁感应定律	II	3	0.60	实验
21	计算	动能定理、闭合电路欧姆定律、安培力、法拉第电磁感应定律	II	12	0.50	探究

二、试题（节选）

1. 在物理学史上，首先发现电流周围存在磁场的著名科学家是（　　）。

A. 欧姆　　　　　B. 安培　　　　　C. 奥斯特　　　　　D. 洛伦兹

2. 弹簧振子在做简谐运动的过程中，振子通过平衡位置时（　　）。

A. 速度最大　　　　　　　　B. 回复力最大

C. 加速度最大　　　　　　　D. 弹性势能最大

6. 图8-8所示为某静电场电场线的分布图，M、N是电场中的两个点，下列说法正确的是（　　）。

A. M点场强大于N点场强

B. M 点电势高于 N 点电势

C. 将电子从 M 点移动到 N 点，其电势能增加

D. 将电子从 M 点移动到 N 点，电场力做正功

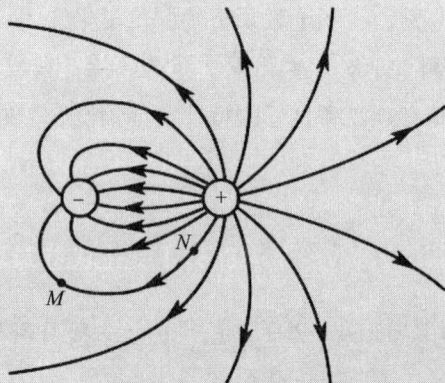

图 8-8

12. 某同学在"探究感应电流产生的条件"的实验中，将直流电源、滑动变阻器、线圈 A（有铁芯）、线圈 B、灵敏电流计及开关按图 8-9 所示连接成电路。在实验中，该同学发现开关闭合的瞬间，灵敏电流计的指针向左偏。由此可以判断，在保持开关闭合的状态下（   ）。

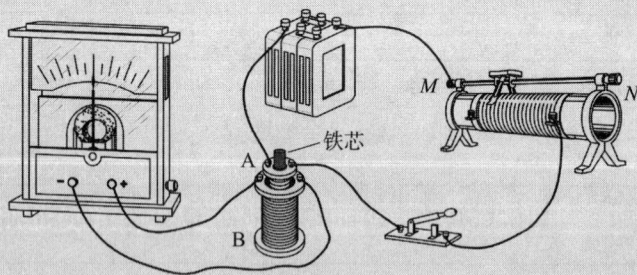

图 8-9

A. 当线圈 A 拔出时，灵敏电流计的指针向左偏

B. 当线圈 A 中的铁芯拔出时，灵敏电流计的指针向右偏

C. 当滑动变阻器的滑片匀速滑动时，灵敏电流计的指针不偏转

D. 当滑动变阻器的滑片向 N 端滑动时，灵敏电流计的指针向右偏

21.（12 分）

如图 8-10（a）所示，两根电阻不计的平行光滑金属导轨 MN、PQ 固定于水平面内，导轨间距 $d=0.40$ m，一端与阻值 $R=0.15$ Ω 的电阻相连。导轨间 $x \geqslant 0$ 一侧存在一个方向与导轨平面垂直的磁场，磁感应强度沿 x 方向均匀减小，可表示为 $B=0.50（4-x）$ T。

一根质量 $m=0.80\text{ kg}$、电阻 $r=0.05\text{ }\Omega$ 的金属棒置于导轨上，并与导轨垂直。金属棒在外力作用下从 $x=0$ 处以初速度 $v_0=0.50\text{ m/s}$ 沿导轨向右运动。已知运动过程中电阻上消耗的功率不变。

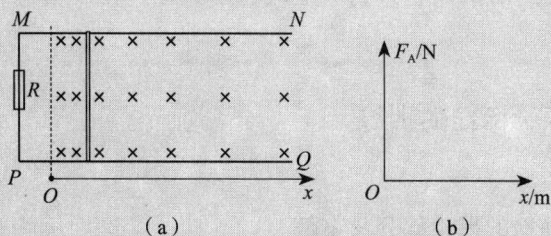

图 8-10

（1）求金属棒在 $x=0$ 处时回路中的电流；

（2）求金属棒在 $x=2.0\text{ m}$ 处速度的大小；

（3）金属棒从 $x=0$ 运动到 $x=2.0\text{ m}$ 的过程中：

a. 在图 8-10（b）中画出金属棒所受安培力 F_A 随 x 变化的关系图线；

b. 求外力所做的功。

案例评析

高三年级的期末考试是高考一轮复习的阶段考试，本次考试考查了高中物理电学部分的主要内容。双向细目表的主要制定依据是课程标准和考试说明，考虑到与北京高考接轨，并没有采用布卢姆的认知目标分类，而是考试说明中所描述的"五种能力"。在双向细目表中，规定了各题所考查的知识和能力，实际也规定了这份试卷的试题结构。

通过这张双向细目表，命题者可以从整体上把握整份试卷的知识结构、能力结构和难度结构，也有利于教师在考试后更好地去分析考试结果。需要指出的是，这张双向细目表的完成，并不是一蹴而就的，需要命题人在命题过程不断地磨合、调整。

在列举的几道试题中，其功能也是有所区别的。第1、2题考查了学生的理解能力，要求学生理解相关物理概念和规律的确切含义，及与其他相关物理概念和规律的区别和联系，在整张试卷中属于基础性试题，要求绝大多数学生掌握，试题的区分度很低。第6题考查了学生的推理能力，要求学生应用相应的物理概念和规律进行正确推断，也属于基础性试题，要求大多数学生能掌握，试题的区分度较低。第12题考查了学生的实验能力，考查但并不局限于课堂演示，要求学生对已有的实验现象进行分析，并推测其他操作的结果，属于发展性试题，试题有较好的区分度。第 21 题是全卷的最后一题，作为电力综合题，全面考查了学生的知识与能力，属于发展性试题，试题的区分度很低，但在高分区间有较好的区分度。

该试题对于学生的知识和能力的考查均有所设计，但对情感、态度和价值观的考查显得不足。

（二）掌握学业评价标准的训练

1．训练步骤

步骤 1 仔细阅读前面的理论部分及案例。

步骤 2 仿照案例 4，以"内容要求"为依据，确定评价目标，并设计一道评价样题。

【内容要求】

初中：知道机械功和功率。用生活中的实例说明机械功和功率的含义。

高中：举例说明功是能量变化的量度，理解功和功率。关心生活和生产中常见机械功率的大小及其意义。

【评价目标】

_____

_____

_____

_____

【评价样题】

_____

_____

_____

_____

步骤 3 在小组内展示您确定的评价目标和评价样题，并进行自评和互评。

存在问题：_____

_____

_____

意见和建议：_____

_____

_____

步骤 4 根据讨论结果进行修改。

步骤 5 以本学期期末考试为例，设计期末考试的双向细目表。参考格式如表 8-4 所示。

表 8-4

题号	题型	考查内容	考纲要求	分值	预测难度系数值	能力要求层次

五、反思提升

（1）学习日记：请写出本模块的学习要点。

_____

_____

（2）您认为通过本模块的学习，您有哪些收获？

_____

_____

（3）现在您还有哪些问题与困惑？

_____

_____

（4）您对本模块的学习有哪些建议？

_____

_____

附　　录

附录 8-1　电阻的测量——电路设计

本附录由北京市朝阳外国语学校李伟老师提供

新课程理念倡导打破传统的教师单一的评价模式，倡导开展学生自评、生生互评、师生互评相结合的多向评价方式。在课堂上，每一位学生都是学习的参与者，当某一个学生提出一个观点，每个学生都会对这个观点产生看法，如果只是教师以权威者的身份，对观点做单一的评价，不可避免地削弱了其他同学进行思考与评价的动力。相反，如果引导学生积极主动地进行互相评价，则可以为学生提供一个思维、研究、探索的空间，那么评价的过程则成为学生进一步深入学习的过程，也是学生自主学习的过程。基于以上的思考，下面的课堂案例是应用小组讨论互评方式的一次尝试。

我的课题是《电阻测量——电路设计》。为了让学生能够充分的讨论，我设计了一道开放性实验设计题目。

待测电阻约为 150 Ω，要求选择合适的器材尽量准确地测量电阻阻值。

（1）电流表 A_1：量程为 0~3 A，内阻约为 0.2 Ω。

（2）电流表 A_2：量程为 0~100 mA，内阻为 20 Ω。

（3）电压表 V：量程为 0~6 V，内阻约为 5 000 Ω。

（4）电阻箱 R_1：0~9 999 Ω。

（5）电阻箱 R_2：0~999.9 Ω。

（6）滑动变阻器 R_3：0~20 Ω，最大电流为 1 A。

（7）滑动变阻器 R_4：0~1750 Ω，最大电流为 100 mA。

（8）定值电阻 R_0=5 Ω。

（9）电源 E：电动势为 12 V，内阻很小。

（10）单刀双掷开关，普通开关，导线若干。

在题目中我给出了 10 种元件，学生可以自由选择进行设计。布置完任务后，各小组开始积极的讨论，15分钟后13份设计方案展现在大家面前。接下来是学生互评的环节，我先为互评做好前期的准备，首先是根据设计原理进行简单的归类，将这13份方案分为4类。为了让学生对其中比较重要的方法进行对比，也为了能让6个小组都能进行更加具体细致和有针对性的评价，从13幅电路设计中确定了6种典型的方案，然后通过抽签的方式分配给每个小组，为了引导学生能从实验原理、实验调控、实验误差等方面入手，我展示给学生一份参考的评价表，建议大家作为评价的参考。

接下来，各小组细致研究本小组抽到的设计方案，进行了讨论和分析，整个讨论的过程非常活跃而又有序，不时有学生提出各种问题，同学们会一起分析，我也在巡视中参与他们的分析，如图8-11所示。

经过大约13分钟的讨论分析和记录后，课堂进入了学生的互评展示环节。按照实验设计编号的顺序，每个小组的发言人依次上台宣讲本小组对电路设计方案的分析和评价，其他同学认真地倾听，从中体会他人的想法，同时也和自己的思考进行比较。有的同学语言风趣，讲解犀利，时时博得同学们的掌声，如图8-12所示。

图 8-11

图 8-12

从同学们的评价内容看，通过小组讨论后综合上来的评价是比较全面的，都能从多个方面对实验的设计阐述比较中肯的观点，同时在评价中学生也同样能抓住重点问题进行阐述，例如有的小组发现原方案是从系统误差分析角度考虑使用电流表外接比较好，但是题目中给出了这个电流表精确阻值，则通过电流表内接法，完全可以消除实验的系统误差。有的小组针对读数误差进行分析，指出在实验中应使仪表的指针偏角大一些，对原电路设计中选择的电流表提出了非常好的建议；有的小组对实验的调控进行了分析，指出实验中应用分压电路时选用的滑动变阻器阻值过大，不方便调节，也对限流控制中用电阻箱代替阻值过小的滑动变阻器提出了肯定的评价。

各小组评价结束后，教师从各小组的方案设计和评价找出亮点进行简单评价，对实验设计和评价中涉及的知识和方法进行小结。

当然在学生的评价中难免存在一定的问题，这就需要教师在接下来的课程中，对学生的评价进行进一步评价。在下一节课中，我将根据大家的设计和评价进行汇总分析，肯定正确合理的分析，指出设计和评价中的问题，进行教师评价。

案例评析

本案例中，教师采用小组合作学习的方式组织教学，小组成员能够在小组内进行充分的语言、思维及胆量的训练。通过小组成员之间的交流，他们能够大胆地将自己的见解通过语言表达出来。在交流中逐步培养学生能主动与别人交往，形成自己独立见解的能力。这样的教学方式为学生提供了更多的锻炼机会，促进了学生的全面发展。

小组合作学习，同学们各抒己见，倾听他人观点，修正自己的看法，不断地提出质疑，各种不同观点的撞击，加深了学习和研究的深度。在这样的过程中，可以使思考结果不正确的学生及时得到纠正；不愿思考的学生在小组学习的氛围中不得不去思考，讨论找到了问题的答案，激发了学生的学习兴趣，使组内的每一个学生都树立起集体中心意识，增强学生为捍卫集体荣誉而学习的强烈动机，这种学习积极性的提高，正是发挥个体主观能动性的具体体现。

在小组讨论以及对方案进行评价的过程中，学生不仅收获了知识，其发现问题、解决问题的能力也得以提升，而教师需要通过学生课堂的表现进行观察，进而对小组或个人作出客观的评价。

附录 8-2 美国高中学业评价的发展趋势分析及启示（节选）[①]

美国高中学业评价的完善是在其教育评价发展和进步的结果。美国教育评价先后经历了桑代克的心理和社会测量学理论影响时期、泰勒的描述性评价时代、斯泰克的判断和描述评价阶段，以及顾巴和林肯的回应、协商和共同构建评价时代。美国学生学业评价理论构建的发展和实践深受教育评价改革创新的影响。回顾美国高中学业评价的发展历程，主要呈现以下趋势。

（一）价值取向的人本化和研究取向的情境化

美国高中学业评价的人本化主要是指从原来的重视教育评价指标的改良、教育评价者知识素养的提升和教育评价方法的标准化等方面，逐渐重视评价对象的权益和需要，即学生对评价指标和评价指向的价值判断。20 世纪的美国教育注重测量的标准化和目标的合理化，如泰勒的教育评价改革、布鲁纳的教育改革，但到 20 世纪后期，被评价者的价值判断和合理需求逐渐受到关注，高中学生学业评价的人本化取向不断体现在美国教育改革的实践中。2001 年，美国评价基金委员会出版了《知道学生所知道的：教育评定的科学与设计》，

---

① 解登峰.美国高中学业评价的发展趋势分析及启示［J］.上海教育科研，2014（2）44-48.

认为评价是参与评价和相关评价的群体或个人对评价对象的共同协商、对话和交流的过程，重视学生作为评价主体的需要和价值评判。2009年，奥巴马政府针对《不让一个儿童掉队法》（NCLB）存在的问题，注重学生和学校的持续发展，改革数学和科学学业评价标准，使学生能够持续在校学习直至毕业，而不是仅仅为了分数惩罚他们。在教育评价上，致力于实现"孩子们的教育不应由他们父母的社会和经济地位决定"的理念。并且强调学校和教师以及学生个人的责任，不仅要对自己负责，还要对国家和社会负责，认为"每一个美国人都应该拥有高中以上文凭，高中辍学不应该是人生选择之一，这不仅是自暴自弃，也是对国家的放弃"。美国高中在学业评价上，逐渐重视学生的差异，还专门对有学习障碍学生的学业成就考试做出了具体规定，制定了详细的一系列适应性政策。2010年后，美国以"升学和就业做准备"理念颁布了《共同核心州立标准》，并研发了相应的评价体系方案。

另外，美国高中教育评价的研究趋向呈现情境化，学生的学业评价逐渐打破全国性标准化考试、学术性向测验或大学考试成绩等单一的评价方式，发展出在特定情境中对学生知识技能的理解、运用和创新程度的学业评价形式。尤其是《2000年目标：美国教育法》的出台，掀起了一场深刻的评价改革运动，促使美国教育专家们纷纷尝试进行另类评价的探索。另类评价突破了传统评价的静态性和确定性，关注学生在评价情境中如何精确、主动应用所学知识的动态性和发展性，评价情景尽量接近效标情景——真实的生活。在实践教学中，开发出的真实评价、表现性评价、另类评价等学业评价方式，其目的都在于设计出避开标准化、多项选择测验而采用与期望的行为密切配合并发生在真实情境中的问题。这样，学生既知道理论知识，又能发挥知识的现实效用和未来解决问题的价值。如美国高中《AP生物课程标准》非常重视实验课程的开设，希望学生通过系统实验课程的学习培养观察、记录、设计、操作、释疑、统计、分析等重要的生物学实验技能及问题意识、科学意识、技术钻研意识、文献查阅意识。此外，还需要遵循严谨周密的科学研究过程，即调查研究、形成假设、验证假设等。

（二）评价内容的综合化和评价指标的系统化

美国学生学业评价内容的综合化和指标的系统化主要体现在美国高中课程改革的内容和指标变化上，学生的学业成就考试严格与课程内容相匹配，表现在测试项目的编制、审查和报告上。这种评价的"有的放矢"局面经过一段改革探索的过程，基于传统教育评价理念的美国高中学生学业评价主要是采用常模的方法，确定个体在群体中的地位，这样整个学生学业评价等级呈现正态分布，但对于学生个体目标。现代美国高中学业评价研究者们认为，发现有"多好（达到目标的程度）"比发现有"多少"（明确在团体中的地位）对学生的发展更有价值。制定内容领域明确、清晰的课程标准成为教育评价改革的重点，对于美国历届政府，都任命组成一个专门机构或委员会针对高中的核心课程和最低限度的学科标准进行研究和制定相应的措施和政策。

美国综合高中的学生学业评价与美国的核心课程标准的制定有着息息相关的联系，核心课程的标准规定了各门学科均需实现的共同培养目标，是高中生必备的综合技能，具有指导学业评价的功能。这也顺应了全球化经济竞争背景下，社会和经济的发展需要，高中教育不仅要强调学科知识的传授，而且要重视学生综合能力的培养，关注学生的社会适应能力的提升。其中以美国纽约州和马里兰州为代表的地方州教育部经过多年的探索，制定和实施了系统的核心课程目标，并在学生学业评价中，努力将每一条学习目标具体落实到课业考核当中，使评价能够全面、准确地检查出每个学生达到《目标》的程度，从而制定出适合学生个人发展的培养方案和学习计划。核心课程的目标不仅体现在统帅作用上，还体现出系统性特征，整个课程目标制定得比较全面、严密，形成一个完整的学习目标系统。目标的阐述从一般到具体，不但确定了高中学生学业评价的主要领域，而且还为评价的实施提供了详细的参照标准。

（三）评价取向的应用性和评价模式的多元化

评价取向的应用性主要体现在美国高中学业评价不仅强调知识和技能的掌握，更关注知识和技能理解的运用上。一方面，鼓励高中生自愿参加全国统一考试，这样使家长、校长和老师真正了解学生是否掌握了阅读和数学的基础知识和技能；另一方面，设置更为宽泛和有意义的目标，包括毕业和高中后教育的成功、学生在学习过程中的参与程度，建立更加清晰透明的量度来控制变革以及辨别出成功的高中教育。美国国会在 1993 年 10 月颁布了《从学校到就业法案》，要求学校的课程与教学必须同学生的就业需要紧密结合起来，全面培养学生适应社会的各种能力。自此，美国各州的综合高中对课程进行广泛而深入的开发，除了语言艺术、数学、科学、社会研究、体育与健康等核心课程，还有丰富多彩的选修课程和综合教育计划。这些既能够支持学生学术进一步深造，又能紧密贴近现实生活和实践，促进了学生创新素质和创新能力的养成和提高。大学和社区学院通过与高中合作开设部分以职业导向为主的双学分课程，为社区培养具有一定职业的劳动者，促进了当地经济文化的发展。

评价模式呈现出打破原有的单一考试类型，发展出多样的考核手段和方式，设计出多元的高中学生学业评价模式。美国高中遵循不同的学科特点，科学综合组合能客观而真实地体现学生的学习效果，激发学生追求知识内涵和智慧的生成的多种评价方式。在加强以课程标准为核心的学业成就考核和考试改革外，学校尝试使用叙事评价、档案袋评价以及自我评价和互评结合等评价方式，实现个体的身心发展和自我完善，提升学生学业自信心和自我效能感。评价模式分为总结性评价模式、临时性评价模式、形成性评价模式。美国高中在使用学生学习结果与课程目标相对照的学业评价模式的同时，发挥诊断与改进学生学业相应的评价方式，重视学生个性化学习过程的体验和经历，提倡教师、学生、家长等共同构建学业评价的意义，形成交流和对话的学生学业评价方式。综合运用量性和质性、过程和目的统一的评价方式。

（四）评价机构的中心化和评价评估的标准化

美国学生学业评价是由得到学校、社会和政府认可的社会中介组织，根据恰当的标准进行评估。评价机构的成员除了教师、家长、地方教育部成员和考试签约商外，还有内容顾问委员会、公平性/敏感性审查委员会、范围标定委员会和标准设定委员会等参与。参与委员会在地方州范围内选拔，代表着文化的多样性，并经过严格训练，从不同侧面对所有试题和评价材料进行检测。美国高中学生学业评价与课程标准保持高度一致性，研发的评估程序和工具主要从四个维度（即知识种类、知识深度、知识广度、知识样本平衡性等方面）进行评估，以保证评价的标准化和科学化。如美国的 NAEP 已周期性地对美国中学生的阅读、数学、科学、写作、美国历史、公民学、地理学等科学进行了全面的测试，收集的数据已运用于美国教育改革和政策出台的重要参考依据。

美国政府自 20 世纪 90 年代，不断营造教育拨款和学业评价结果相联系的"问责文件"，推动学生学业评价的标准化。1998 年美国教育部与科学教育国家委员会提出，"评价应与课程标准相一致，且应当基于课程标准提供关于学生学业成功的持续的、一致的信息，应当把评价、课程与教学的一致性作为州、社区、学校努力实现有挑战性课程标准的一项关键性指标。"2002 年，美国国家标准研究会公布了《学生评价标准》，作为对学生评价的专业化要求。2009 年，美国联邦政府进一步以政府资助方式推动全国阅读和数学考试标准的出台。2010 年，美国颁布共同核心州立标准，运用财政杠杆促使各州采纳，并以竞标形式开发新一代学生学业成就评估系统，拟在 2014—2015 学年正式启动使用。

附录 北京市朝阳区教师教学基本能力检核标准

（试行稿）

2009 年 3 月 30 日

《北京市朝阳区教师教学基本能力检核标准》

维度	关键表现领域	能力要点	合格	良好	优秀
教学设计能力	一、教学背景分析能力	（一）正确理解教材内容	能够分析教材所涉及的基本内容，并梳理出单元知识结构框架	能够准确描述知识的纵向与横向联系，并能将知识置于某一个知识或能力框架内进行解读	能够深入挖掘本单元知识在学生发展中的教育价值
		（二）实证分析学生情况	能够关注学生的学习基础，并分析出学生在新知识形成过程中可能遇到的困难	能够对学生的学习基础进行调研，并根据调研资料和数据分析出在新知识学习过程中可能遇到的认知困难	能够根据调研资料和数据，对学生在新知识形成过程中可能遇到的认知和情感上的困难进行理性分析
		（三）科学确定教学内容	能够根据课标要求和教材内容，确定教学重点与难点	能够根据课标要求、教材内容和学生的学习基础，确定教学重点与难点	能够根据课标要求、教材内容和学生的学习基础，整合教学内容
	二、教学目标制定能力	（四）清晰确定课时目标	能够依据教学内容和学生情况确定符合课标要求的教学目标	能够依据教材分析和学情分析确定符合课标要求的教学目标	能够依据教材分析和学情分析以及二者之间的密切联系确定符合课标要求的教学目标
		（五）科学表述三维目标	能够正确选择行为动词表述三维目标，逻辑严谨	能够恰当表述具有可操作性的三维目标	能够将三维目标进行有机整合，使其具有可测评性
	三、教学过程设计能力	（六）合理安排教学流程	能够安排符合知识逻辑的教学流程，教学重点突出，对时间安排有预设	能够安排兼顾知识逻辑和学生认知逻辑的教学流程，对时间安排的预设合理	能够安排具有开放性和生成空间的教学流程
		（七）有效设计教学活动	能够围绕教学目标设计教学活动，并能设计对教学活动完成情况的检测方案	能够围绕教学目标设计具有连贯性的教学活动，并能有针对性地设计对教学活动完成情况的检测方案	能够设计激发学生思维和情感的教学活动，并能对课堂可能生成的问题设计预案
		（八）灵活选择教学策略	能够根据教学目标和内容进行板书、提问、媒体演示和评价等教学手段的设计	能够根据教学目标和内容，利用小组合作等学习方式突出教学重点、突破教学难点	能够根据教学目标和内容，设计教学策略并灵活运用各种教学手段

《北京市朝阳区教师教学基本能力检核标准》

维度	关键表现领域	能力要点	合格	良好	优秀
教学实施能力	一、激发动机能力	（一）营造良好学习环境	能够营造整洁有序的教学环境，并以稳定的情绪和良好的状态进行教学	能够以稳妥的方式处理课堂中的突发事件	能够将课堂突发事件转化为教育契机
		（二）有效激发学习动机	能够运用教学技能呈现设计的教学活动，并吸引学生的注意力	能够根据课堂情况呈现设计的教学活动，并能激发学生的学习兴趣	能够灵活根据课堂情况呈现设计的教学活动，有效激发学生持久的学习动机
	二、信息传递能力	（三）教学语言精练生动	教学语言表达清楚，语速、音量适中，并能用体语加强信息传递效果	能够正确运用学科术语，教学语言准确、简练	教学语言生动形象，富有感染力
		（四）板书运用熟练巧妙	板书字体端正、大小适中，有一定书写速度	板书设计有整体性，突出重难点和知识间的联系，逻辑层次清晰	板书能够使学生有美的感受，并伴随课堂教学进程有生成性
		（五）教学媒体运用恰当	能够根据教学目标和内容选择运用教学媒体	能够根据教学目标和内容合理选择并恰当运用教学媒体	能够根据教学目标和内容合理改进并综合运用教学媒体
	三、提问追问能力	（六）恰当提问有效追问	能够根据教学设计适时进行课堂提问，问题本身和表述能让学生理解，减少自问自答、是非问答、集体回答等情况	能够根据学生情况选择恰当的对象进行提问，问题精当并有一定层次性，并能根据学生回答问题的情况进行灵活有效地追问	能够根据课堂上变化的学情及时调整提问内容和方式，重视培养学生的问题意识
	四、多向互动能力	（七）教学组织方式有效	能够根据学习需要和特定学情，组织同位交流、小组合作、全班讨论等活动	组织活动时能够掌握恰当分组、有效分工、控制时间等技能	能够调动每个学生参与活动的积极性，并对活动过程中出现的问题进行恰当处理
		（八）认真倾听及时反应	能够倾听学生的想法，与学生互动；鼓励学生大胆发言，并引导学生认真倾听同学发言	能够在倾听过程中随时与发言者交流自己的理解，促进师生互动，并系统地指导同学倾听	能够把课堂发言的评价权交给全班学生并进行适当指导，有效促进生生的真正互动

《北京市朝阳区教师教学基本能力检核标准》

维度	关键 表现领域	能力要点	合格	良好	优秀
教学实施能力	五、及时强化能力	（九） 强化重点 突破难点	能够运用重复、语言变化、板书强化教学重点	能够运用媒体、提问、体态语等多种方式，强化教学重点，突破教学难点	能够选择恰当时机，灵活运用多种手段，进行有效强化
		（十） 强化学生 积极表现	能够关注学生积极表现，并给予肯定	能够根据学生特点对其积极表现进行鼓励	能够通过对学生个体积极表现的强化，感染全体学生
	六、课堂调控能力	（十一） 合理调控 时间节奏	能够控制课堂时间和教学节奏	能够监控学生的状态对课堂时间和教学节奏进行调整	能够根据课堂上不可预知的学情，灵活调整教学设计中各环节的时间分配，并对教学内容做出取舍
		（十二） 准确把握 内容走向	能够按照教学设计的思路，控制课堂教学的走向	能够根据教学反馈的信息，对教学内容和进程进行调整	能够准确把握教学设计的思路，灵活处理课堂生成性问题，控制课堂教学的走向
	七、学习指导能力	（十三） 关注个体 分层指导	能够观察各类典型学生的反应，对边缘学生予以特别关注，并能适时对学生进行个别指导	能够了解不同学生的个性特点、学习风格和学习态度，对沉默和边缘的学生进行情感和智力支持	能够通过不同的教学方式照顾不同学生的学习基础、个性特点和学习风格，并能布置有一定层级的学习任务
		（十四） 指导学法 培养思维	能够在教学中渗透学习方法，培养学习习惯	能够根据教学内容指导学生的学习方法和思维方法	能够根据学科特点有效指导学生的学习方法和思维方法，提高学科素养

《北京市朝阳区教师教学基本能力检核标准》

维 度	关 键 表现领域	能力要点	合 格	良 好	优 秀
教学评价能力	一、学生学业评价能力	（一）掌握学业评价标准	能够结合具体的教学内容解释学业评价标准中各目标动词的含义，并能选择符合评价标准的课堂检测题	能够根据相关的学业评价标准和学生的学习情况编制用于教科书的测试卷	能够根据相应的学业评价标准独立编制学期综合测试卷，有对学生思维和情感变化的观测点和具体的观测方法
		（二）科学选择评价方法	能够根据教学内容和学生情况选择激励性的评价方法；能够选择不同难度的题目布置作业或练习	能够通过观察、追问等多种方式进行学生的学习过程评价；能够选择和编制不同难度的题目并设计不同的作业完成方式	能够从知识、思维、情感等各个方面系统评价学生的学习状况；能够确定多元化的评价主体和选择多样性的评价方式
		（三）有效利用评价结果	能够选择恰当的方法及时解决课堂练习和作业中出现的问题；能够针对学生的知识漏洞及时对学生进行个别辅导	能够根据课堂练习和作业中出现的问题调整教学进度和教学方法；能够根据学生需求为不同学生提供不同的学业指导。	能够根据学生的情绪、情感、思维状态及时调整教学进度与策略；能够根据评价结果为学生提供具有挑战性的学习任务
	二、教学效果评价能力	（四）掌握教学评价标准	能够了解课堂评价标准的具体内容，并能结合实例进行解释	能够确定教科书呈现的自然单元教学效果评价标准。	能够确定学生某种能力发展单元的教学效果评价标准
		（五）科学运用评价方式	能够有理有据地对自己或他人的教学进行评价	能够分析教师行为与学生表现之间的因果关系	能够实现评价主体的多元化和评价方式的多样性，找出导致教学成功与失败的根本原因
		（六）反思评价改进教学	能够积累反思材料，并根据自己的反思和他人的评价改进教学	能够将自己的评价意见与他人进行有效交流，并对他人提出教学改进建议	能够对分析结果进行理论提升，并对教学提出系统的改进方案

备注：良好层次的要求包含合格层次的要求；优秀层次的要求包含良好层次的要求。

参 考 文 献

［1］北京教育科学研究院基础教育研究中心.学科能力标准与教学指南:初中物理［M］.北京：北京师范大学出版集团，2015.

［2］苏明义，方习鹏.普通高中物理课程分析与实施策略［M］.北京：北京师范大学出版集团，2010.

［3］王力邦，帅晓红.高中物理新课程的理论与实践［M］.北京：高等教育出版社，2008.

［4］廖伯琴.物理教育学［M］.北京：高等教育出版社，2012.

［5］王宝珊.朝阳区教师教学基本能力检核标准［M］.北京：北京出版社，2010.

［6］杜云云.“发展性”学习环境的创设——“班级——课堂”层面的视角［J/OL］.南京师范大学，2014（3）.

［7］任友群.以学习者为中心的建构主义学习环境的建构［J/OL］.教育科学，2002，18（14）.

［8］王其华.课堂突发事件的处理艺术［J/OL］.教书育人，2012（4）.

［9］郑秀敏.危机与良机：教学偶然事件的潜在课程资源研究，2013.

［10］赵雪霞.高效教学组织的优化策略［M］.成都：西南师范大学出版社，2013.

［11］杨美凤.组织教学技能训练［M］.天津：天津教育出版社，2010.

［12］陈月茹.课堂教学组织与管理［M］.济南：山东人民出版社，2010.

［13］董洪亮.新课程教学组织策略与技术［M］.北京：教育科学出版社，2004.

［14］刘剑锋，曾园红.物理教学技能综合训练教程［M］.杭州：浙江大学出版社，2014.

［15］雷洪.新课程理念下的创新教学设计－初中物理［M］.长春：东北师范大学出版社，2002.

［16］中国社会科学院语言研究所词典编辑室.现代汉语词典［M］.北京：商务印书馆，1978.

［17］周军.教学策略［M］.北京：教育科学出版社，2007.

［18］魏群，等.教师教学基本能力解读与训练——中学物理［M］.北京：北京理工大学出版社，2012.

［19］杨宣.强化技能训练——中小学教师课堂教学技能训练丛书［M］.天津：天津出版社，2010.

［20］王安民.中学物理策略——物理教师的九项修炼［M］.重庆：重庆出版社，2009.

［21］陈旭远.教学技能［M］.北京：北京师范大学出版社，2015.

［22］施方良.学习论［M］.北京：人民教育出版社，2001.

［23］沙霞.激励理论在初中教学中的应用研究［M］.苏州：苏州大学出版社，2010.

［24］陈振华.积极教育论纲［J］.上海：华东师范大学学报，2009.

［25］李亚东.积极心理学理论指导下的物理课堂教学实践研究［D］.苏州：苏州大学，2013.

［26］王晶莹.中学物理课程与教学导论［M］.北京：科学出版社，2014.

［27］王建中、孟工娟.中学物理教学评价与案例分析［M］.北京：北京大学出版社，2004.

［28］吴维宁.新课程学生学业评价的理论与实践［M］.广州：广东教育出版社，2004.

［29］初中物理学业评价标准［J/OL］.北京：人民教育出版社，2012.

［30］汪贤泽.基于课程标准的学业成就评价的比较研究［M］.北京：教育科学出版社，2010.

［31］杨向东，黄小瑞.教育改革时代的学业测量与评价［M］.上海：华东师范大学出版社，2013.

［32］中华人民共和国教育部.普通高中物理课程标准（实验）［M］.北京：人民教育出版社，2003.

后　记

为了深入贯彻落实《国家中长期教育改革和发展规划纲要 (2010—2020 年)》提出的教育改革要坚持"以人为本""德育为先""能力为重""全面发展"的指导方针，努力培育和践行社会主义核心价值观，更好地落实以培养学生核心素养为目标的新课标（修订版）教育理念，北京教育学院朝阳分院在北京市朝阳区"十二五"培训教材——《中小学教师教学基本能力解读与训练》编写基础上，组织区内骨干教师继续编写了"十三五"中小学教师培训教材——《中小学教师教学基本能力解读与训练（续）》，本教材就是在此背景下编写的。

本教材依据《北京市朝阳区教师教学基本能力检核标准》，在魏群、王少芳主编的朝阳区"十二五"中小学教师培训教材——《教师教学基本能力解读与训练——中学物理》的基础上，依据教师发展专业阶段的规律和特点，根据青年教师教学能力的现状，结合当前我国教育改革和物理学科教学的特点，从《北京市朝阳区教师教学基本能力检核标准》中进一步遴选出 8 个能力要点，编写了这本《教师教学基本能力解读与训练——中学物理》。

本教材由 8 个模块组成，分别阐述了《标准》中的 8 个能力要点。本书的编写仍保持了原书的编写体例，每个模块由学习目标、问题提出、标准解读、案例分析、训练和反思提升等栏目组成。教材努力通过热身活动、研讨、阅读、探究、实践演练、自我评价反思等环节，强化教材培训的针对性和可操作性。

本书从组织、策划到论证出版由北京教育学院朝阳分院培训教师魏群和颜季州负责。教材编撰人员分工如下：模块一由北京工业大学附属中学郑蔚青编写，模块二由首都师范大学附属实验中学张羽燕编写，模块三由北京市东方德才学校尹德利编写，模块四由北京对外经济贸易大学附属中学（原北京市第九十四中学）邓华编写，模块五由第八十中学刘亦工编写，模块六由第八十中学骆玉香编写，模块七由北京市朝阳区教育研究中心陈谦、庄国先编写，模块八由北京市朝阳区教育研究中心王军编写。魏群和尹德利分别对全部书稿进行了初审并提出了初步的修改意见及建议，尹德利还对书中的文字、符号、标点、格式等进行了仔细校对，北京对外经济贸易大学附属中学物理特级教师刘敏对全书进行了终审。

颜季州还组织部分区骨干教师为本书的教学案例录制了视频。

本书在编写过程中参阅了大量的文献，书中案例绝大多数来自朝阳一线物理教师的课堂教学，部分案例选自参考文献，在此一并向这些案例的提供者表示衷心感谢。在编写过程中，刘敏对全部书稿进行了认真批阅并提出了大量宝贵的修改意见和建议，在此向刘老师表达崇高的敬意和谢意！

由于水平所限，时间仓促，本教材难免存在不足之处，我们将在培训过程中不断修改完善，也真诚期待广大同仁的反馈，为本教材的修订提供宝贵的意见及教学案例。

尹德利　颜季州

2016.11